2019 中国经济预测与展望

中国科学院预测科学研究中心

China Economic Forecast and Outlook in 2019

科学出版社
北京

内 容 简 介

　　本书是中国科学院预测科学研究中心推出的系列年度经济预测报告。本书根据截至 2018 年 12 月的各种数据，运用计量经济模型、经济先行指数、投入产出技术等对 2018 年我国经济的不同层面进行了全面系统的总结和回顾，对 2019 年我国的经济发展趋势和主要经济变量进行了预测，并提出了相应的政策建议。全书由宏观经济、行业经济两个部分组成，共收录了 16 个报告。内容涉及我国经济增长、固定资产投资、进出口、最终消费、物价、财政政策、货币政策、世界经济与国际收支等我国宏观经济指标的分析和预测，以及农业、工业、房地产市场、物流业、国际大宗商品价格、农民收入、粮食需求、行业用水及需水量等的走势分析和预测。本书期望对 2019 年我国经济进行一个立体透视，以帮助读者全面地了解 2019 年我国经济及其未来走向，并对未来若干年我国经济增长的态势有一个初步的认识。

　　本书适合国家各级政府部门，特别是中央级政府部门的分析与决策人员、国内外企业的经营管理人员、宏观经济和行业经济的研究人员、关注中国和世界经济形势的各界人士及广大中小投资者参阅。

图书在版编目（CIP）数据

2019 中国经济预测与展望／中国科学院预测科学研究中心编. —北京：科学出版社，2019.6
ISBN 978-7-03-061271-7

Ⅰ. ①2… Ⅱ. ①中… Ⅲ. ①中国经济–经济预测–2019 ②中国经济–经济发展趋势–2019 Ⅳ. ①F123.2

中国版本图书馆 CIP 数据核字（2019）第 097216 号

责任编辑：陈会迎／责任校对：严　娜
责任印制：霍　兵／封面设计：无极书装

科学出版社 出版
北京东黄城根北街 16 号
邮政编码：100717
http://www.sciencep.com

天津新科印刷有限公司 印刷
科学出版社发行　各地新华书店经销

*

2019 年 6 月第 一 版　开本：787×1092　1/16
2019 年 6 月第一次印刷　印张：14
字数：331 000
定价：86.00 元
（如有印装质量问题，我社负责调换）

撰稿人名单

主编

汪寿阳　　　中国科学院预测科学研究中心
杨翠红　　　中国科学院预测科学研究中心

编委

白　云　　　中国科学院预测科学研究中心
鲍　勤　　　中国科学院预测科学研究中心
陈　磊　　　东北财经大学经济学院
陈全润　　　对外经济贸易大学统计学院
陈锡康　　　中国科学院预测科学研究中心
董　志　　　中国科学院大学经济与管理学院
董纪昌　　　中国科学院大学经济与管理学院
冯耕中　　　西安交通大学管理学院
高　翔　　　中国科学院预测科学研究中心
郭婧一　　　中央财经大学统计与数学学院
姜福鑫　　　中国科学院预测科学研究中心
姜青言　　　中国科学院预测科学研究中心
李　享　　　中国科学院预测科学研究中心
李盛国　　　中国科学院大学经济与管理学院
李鑫茹　　　中国科学院预测科学研究中心
李秀婷　　　中国科学院大学经济与管理学院
梁　睿　　　中国科学院大学经济与管理学院
刘伟华　　　天津大学管理与经济学部
刘秀丽　　　中国科学院预测科学研究中心
陆凤彬　　　中国科学院预测科学研究中心
骆晓强　　　财政部财政票据监管中心
孟令蝶　　　东北财经大学经济学院
倪浩天　　　中国科学院预测科学研究中心
秦明慧　　　中国科学院预测科学研究中心
申欣舟　　　天津大学管理与经济学部
孙玉莹　　　中国科学院预测科学研究中心
陶　睿　　　中国科学院预测科学研究中心

汪寿阳	中国科学院预测科学研究中心
王　迪	天津大学管理与经济学部
王　珏	中国科学院预测科学研究中心
王　震	中国科学院预测科学研究中心
王会娟	中央财经大学统计与数学学院
魏云捷	中国科学院预测科学研究中心
相　鑫	中国科学院预测科学研究中心
杨翠红	中国科学院预测科学研究中心
尹利君	中国科学院大学经济与管理学院
张　珣	中国科学院预测科学研究中心
张同斌	东北财经大学经济学院
郑　杉	中国科学院预测科学研究中心
郑嘉俐	中国科学院预测科学研究中心
周　浩	中国科学院预测科学研究中心
祝坤福	对外经济贸易大学全球价值链研究院

前　言

改革开放以来，中国经济实现了 40 余年的持续高速增长，其中资本、劳动力和资源等传统生产要素的强力投入发挥了重要作用。但随着中国发展阶段的转变，资本系数快速增大、投资率波动下降，人口红利和资源红利不断减弱，要素驱动型的经济增长模式面临着诸多瓶颈约束，我国经济进入了由高速增长转向中高速增长的新常态。2012 年以来，经过几年的艰苦努力，我国经济结构在不断优化。尽管经济增速有所放缓，但正朝着更多立足内需和创新拉动的方向发展，经济韧性正在增强，经济发展质量得到了提高。

2018 年，受内需下降、中美贸易摩擦等诸多因素的影响，我国经济增长呈现出了小幅下滑态势，但总体上实现了较为平稳的增长。根据国家统计局发布的初步核算数据，2018 年我国国内生产总值（gross domestic product，GDP）为 900 309 亿元，按可比价格计算，同比增长 6.6%。其中，第一季度 GDP 增速为 6.8%，第二季度和第三季度分别下滑至 6.7% 和 6.5%，第四季度下滑至 6.4%，2018 年全年 GDP 增长率为 6.6%，比 2017 年下降 0.3 个百分点。这是改革开放以来相对最低的年度经济增速，主要原因有二：① 2018 年美国对中国挑起规模较大的贸易摩擦；② 中国内需增速稳中有降。其中，中美贸易摩擦是主要原因之一，而内需增长放缓主要表现为固定资产投资增速下降。2018 年我国的经济增长是克服了各种困难和挑战而实现的，仍属于中高速增长，实属不易。进入 2019 年，我国经济是否能够继续实现较为稳定的增长？又将面临哪些问题和挑战？这是中央及地方各级领导和全国人民都非常关心的议题。

展望 2019 年，世界经济和我国经济均面临着诸多挑战，其增长有着较大的不确定性。从国际环境看，以美国为首的发达经济体贸易保护主义有愈演愈烈的趋势，多边贸易规则受到了严重挑战，世界贸易组织（World Trade Organization，WTO）改革往何处去尚存在严重的不确定性。此外，美国联邦储备系统（以下简称美联储）货币政策的不确定性、英国"脱欧"事件的后续影响等，都给全球经济增长蒙上了一层阴影。从国内环境看，受资金来源和地方积极性等因素的制约，基建投资增速能否回升到一定水平还较难确定，制造业投资能否延续回升态势也不明朗，在房地产从严调控未放松的情况下，房地产投资增速是否会回落等还有待观察。另外，金融领域前期积累的一些潜在风险开始不断暴露，同时也衍生出一些新的金融风险。结合国内和国际的经济形势分析，在中国政府将继续贯彻"稳中求进"总方针，中美在政治、军事和经济上不发生全面对抗，周边地区地缘政治基本稳定等的前提条件下，中国科学院预测科学研究中心预计 2019 年我国经济增速会稳中略降，预测 2019 年中国 GDP 增速在 6.3% 左右，低于 2018 年 0.3 个百分点，但仍远高于世界上发达国家的平均增速，并且分别高于世界上中上等收入、中下等收入和低收入国家的平均增速,是名副其实的中高速增长。从全年走势来看,预计2019年全年经济将趋于平稳发展,经济走势呈现"前降后稳、稳中有进"的态势,季度间起伏波动变化不大。预计第一季度经济增速为6.3%左右,第二季度、第三季度为6.2%左右,第四季度为6.4%左右。

除了对中国经济增速的分析和预测外,本报告还对中国经济的十余个重要指标进行分析和预测。报告共分为两部分,由16个分报告组成。第一部分为宏观经济形势分析与预测,由8个分报告组成,包括:2019年中国GDP增长速度预测与分析、2019年中国固定资产投资分析与展望、2019年中国进出口形势分析与预测、2019年中国最终消费形势分析与预测、2019年中国物价形势分析与预测、2019年中国财政形势展望、2019年中国货币政策展望、2019年世界经济与中国国际收支展望。第二部分为行业经济景气分析与预测,共有8个分报告,包括:2019年中国农业生产形势分析与展望、2019年中国工业行业景气分析与展望、2019年中国房地产市场预测与政策展望、2019年中国物流业发展分析与展望、2019年国际大宗商品价格走势分析与预测、2019年中国农村居民收入分析与预测、2019年中国粮食消费形势分析与预测,以及2019年中国行业用水分析及需水量预测。

本报告是中国科学院预测科学研究中心自2005年以来开始的一项持续性工作,至今已经有14个年头。14年来,这个系列报告较好地把握了中国经济的发展趋势,对当年度经济发展中可能遇到的重大问题进行了系统、深入的讨论。14年来,这一工作为中国各级政府的宏观决策,以及对企业、投资人及民众的经济形势判断和经济决策提供了前瞻性的信息和依据,得到了政府部门、企业界及新闻媒体的广泛关注和赞誉。

本报告的撰写人员主要是中国科学院预测科学研究中心的部分成员及与中国科学院预测科学中心有密切合作的部分同行。报告的研究和撰写耗费了所有作者大量的心血和精力。作为本报告的主编,我们对所有作者表示最衷心的感谢!本报告的出版也得到了科学出版社的领导和编辑同志的大力支持与帮助,我们对他们也表示最诚挚的感谢!

汪寿阳　杨翠红
2019年1月

目 录

宏观经济形势分析与预测

2019 年中国 GDP 增长速度预测与分析 …………………………………… 3
2019 年中国固定资产投资分析与展望 ……………………………………… 19
2019 年中国进出口形势分析与预测 ………………………………………… 33
2019 年中国最终消费形势分析与预测 ……………………………………… 38
2019 年中国物价形势分析与预测 …………………………………………… 53
2019 年中国财政形势展望 …………………………………………………… 70
2019 年中国货币政策展望 …………………………………………………… 80
2019 年世界经济与中国国际收支展望 ……………………………………… 92

行业经济景气分析与预测

2019 年中国农业生产形势分析与展望 ……………………………………… 109
2019 年中国工业行业景气分析与展望 ……………………………………… 124
2019 年中国房地产市场预测与政策展望 …………………………………… 134
2019 年中国物流业发展分析与展望 ………………………………………… 156
2019 年国际大宗商品价格走势分析与预测 ………………………………… 172
2019 年中国农村居民收入分析与预测 ……………………………………… 181
2019 年中国粮食消费形势分析与预测 ……………………………………… 189
2019 年中国行业用水分析及需水量预测 …………………………………… 202

宏观经济形势分析与预测

2019 年中国 GDP 增长速度预测与分析[①]

陈锡康　杨翠红　祝坤福　王会娟　李鑫茹

报告摘要： 经过近几年的艰难调整，中国经济已经进入新常态，经济增速企稳。多项经济指标显示，中国经济结构调整正在进一步加深，经济韧性正在增强。本报告主要从四个部分对 2019 年中国 GDP 的增长速度等进行预测分析，具体如下。

第一部分对进入新常态后的中国中长期经济增长速度进行预测与分析。报告认为，从中长期角度看，随着人均 GDP[或人均国民总收入（gross national income，GNI）]的提高和潜在增长率的持续下降，中国经济增长速度将呈波浪形缓慢下降态势，同时经济总量呈上升趋势。2050 年之前分阶段来看，预测"十三五"期间中国经济增速将保持平稳较快态势，年平均增速为 6.5%左右；预计 21 世纪 20 年代，即 2021~2030 年中国经济的年平均增速为 5.6%左右；预计 21 世纪 30 年代，即 2031~2040 年中国经济的年平均增速为 4.6%左右；预计 21 世纪 40 年代，即 2041~2050 年中国经济的年平均增速为 4.0%左右。

第二部分对 2018 年中国经济增长进行回顾与分析。2018 年中国 GDP 总量首破 90 万亿元，同比增长 6.6%。分季度看，第一季度同比增长 6.8%，第二季度同比增长 6.7%，第三季度同比增长 6.5%，第四季度同比增长 6.4%。从三大产业来看，第一产业增加值增长 3.5%，第二产业增加值增长 5.8%，第三产业增加值增长 7.6%。2018 年最终消费、资本形成总额和净出口对 GDP 增长的贡献率分别为 76.2%、32.4%和–8.6%，分别拉动 GDP 增长 5.0 个百分点、2.1 个百分点和–0.6 个百分点。

第三部分对 2019 年中国 GDP 增长速度进行预测。2019 年世界经济和中国经济增长态势有很大不确定性。预测 2019 年 GDP 增速为 6.3%左右，较 2018 年降低 0.3 个百分点左右，但仍高于世界上各类国家的平均增速，是名副其实的中高速增长。预计 2019 年第一产业增加值增速约为 3.6%；第二产业约为 5.3%；第三产业约为 7.5%。预计 2019 年最终消费的贡献率为 74.2%，拉动经济增长 4.7 个百分点；资本形成总额的贡献率为 30.8%，拉动经济增长 1.9 个百分点；净出口的贡献率为–5%，拉动经济增长 –0.3 个百分点。

第四部分对当前的经济发展提出若干建议和分析。

[①] 本报告得到国家自然科学基金委员会（项目编号：61273208，71473244，71473245，71673269）的资助，特此致谢！

一、中国经济增长速度的中长期预测

（一）从中长期看中国经济增长速度将呈波浪形下降趋势

经济预测按照预测时间的长短，可分为长期预测、中期预测和短期预测。在本节中我们主要讨论中国经济增长速度的中长期预测，重点是讨论中国经济发展的中长期趋势和规律。我们认为，随着中国经济以较快速度增长，中国人均GDP和人均GNI不断提高，中国经济增长速度将呈波浪形下降趋势。主要理由如下。

1. 世界各国经济发展规律表明，当经济发展到达一定阶段后，随着人均GDP（或人均GNI）的提高，经济增长速度呈现下降趋势

根据国际货币基金组织（International Monetary Fund，IMF）公布的2017年世界主要经济体GDP增长率资料，我们可以得出2017年世界主要经济体GDP增长率与人均GDP的关系（图1）。

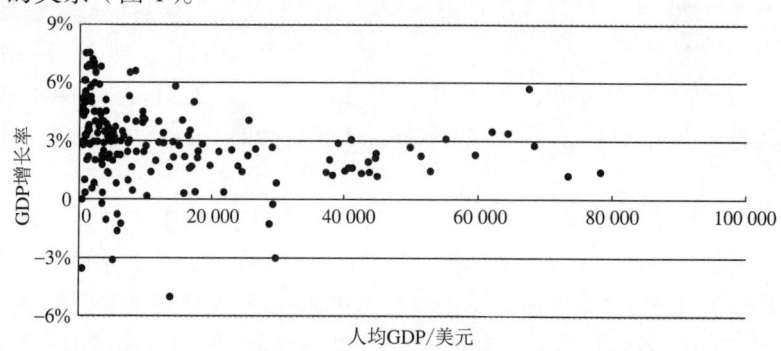

图1 2017年世界主要经济体GDP增长率与人均GDP的关系

资料来源：IMF公布的187个经济体的数据。IMF发布了192个经济体的经济数据，其中埃及（Egypt）、巴基斯坦（Pakistan）、叙利亚（Syria）和科索沃（Kosovo）的人均GDP数据缺失，中上等收入经济体利比亚（Libya）的GDP增速高达53.7%。为保证结果的稳健性，本报告在计算时将这五个经济体剔除

图1是根据IMF公布的2017年世界上187个经济体的GDP增长率与人均GDP的数据绘制而得。纵坐标表示各个经济体2017年的GDP增长率，横坐标表示各个经济体2017年的人均GDP。从图1中可以看出，随着人均GDP提高，经济增速有下降的趋势。

世界银行从1987年开始把所有国家按人均GNI的高低分为四大类，即低收入国家、中下等收入国家、中上等收入国家和高收入国家。2017年的界定标准如下。

第一类，低收入国家，人均GNI少于或等于995美元。

第二类，中下等收入国家，人均GNI为996~3895美元。

第三类，中上等收入国家，人均GNI为3896~12 055美元。

第四类，高收入国家，人均GNI多于或等于12 056美元。

2017年这四大类经济体GDP平均增长率见图2。

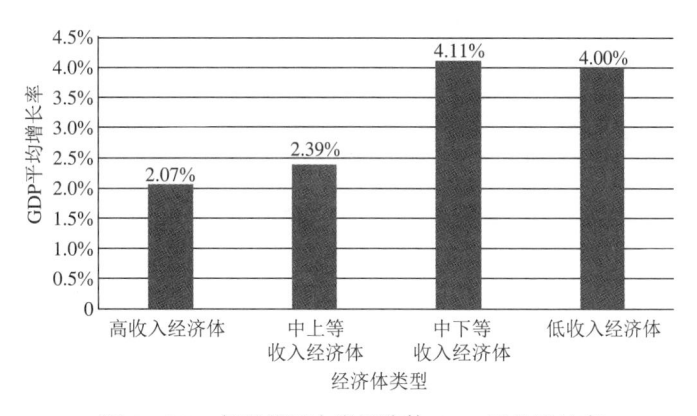

图 2　2017 年世界四大类经济体 GDP 平均增长率

资料来源：IMF 公布的 187 个经济体的数据，以及世界银行公布的收入划分标准

从图 2 可以看出，2017 年中下等收入经济体 GDP 平均增长率为 4.11%，中上等收入经济体 GDP 平均增长率为 2.39%，高收入经济体 GDP 平均增长率为 2.07%。中下等收入经济体 GDP 平均增长率比中上等收入经济体 GDP 平均增长率高 0.72 倍，比高收入经济体 GDP 平均增长率高 0.99 倍。

2. 中国经济增速将呈波浪形下降的主要依据

第一，资本系数快速增大，促使经济增速下降。

资本系数的定义为新增单位产出（GDP）所需要增加的资本[①]，即 $\Delta I / \Delta GDP$。这里 ΔI 表示新增资本。资本系数又称为资本产出率。在其他条件不变的情况下资本系数越高，经济增速越低。本报告中我们通过计算资本形成总额占 GDP 比重与 GDP 增长率之比来近似地计算资本系数，即

$$资本系数 = 资本形成总额占 GDP 比重 / GDP 增长率$$

$$= \frac{\Delta I / GDP}{\Delta GDP / GDP} = \frac{\Delta I}{\Delta GDP}$$

由表 1 可知，中国资本系数整体呈较快增大趋势。2000 年资本系数为 4.04，2010 年为 4.52，2017 年为 6.44。资本系数快速增大，说明技术进步及投资效率降低，使得经济增速趋缓。

表 1　中国 2000 年、2005 年及 2010~2017 年的资本系数

年份	资本形成总额/亿元	支出法 GDP/亿元	资本形成总额占 GDP 比重	GDP 增长率	资本系数（资本产出率）
2000	34 526	100 577	34.33%	8.5%	4.04
2005	77 534	189 190	40.98%	11.4%	3.59
2010	196 653	410 708	47.88%	10.6%	4.52
2011	233 327	486 038	48.01%	9.5%	5.05
2012	255 240	540 989	47.18%	7.9%	5.97
2013	282 073	596 963	47.25%	7.8%	6.06
2014	302 717	647 182	46.77%	7.3%	6.41
2015	312 836	699 109	44.75%	6.9%	6.49
2016	329 138	745 632	44.14%	6.7%	6.59
2017	360 627	812 038	44.41%	6.9%	6.44

资料来源：资本形成总额、支出法 GDP、GDP 增长率来自《中国统计年鉴 2018》

---

① 本报告中的资本系数和资本产出率均定义为增量资本系数和增量资本产出率，而非平均资本系数和平均资本产出率。

第二，投资率下降，使得经济增速减慢。

从表2可见，中国2010年储蓄率为51.5%，投资率为47.9%，以后年度基本呈下降趋势，2017年储蓄率为46.4%，投资率为44.4%。

表2 中国2010~2017年的储蓄率和投资率

年份	支出法GDP/亿元	资本形成总额/亿元	净出口/亿元	储蓄率	投资率
2010	410 708	196 653	15 057	51.5%	47.9%
2011	486 038	233 327	11 688	50.4%	48.0%
2012	540 989	255 240	14 636	49.9%	47.2%
2013	596 963	282 073	14 552	49.7%	47.3%
2014	647 182	302 717	16 152	49.3%	46.8%
2015	699 109	312 836	24 007	48.2%	44.7%
2016	745 632	329 138	16 585	46.4%	44.2%
2017	812 038	360 627	15 958	46.4%	44.4%

资料来源：《中国统计年鉴2018》

根据发展经济学中著名的哈罗德-多马有保证的经济增长率模型，经济增长率的最终计算公式如下：

GDP增长率 = 储蓄率/资本产出率

在哈罗德-多马有保证的经济增长率模型中假定净出口为零，即假定储蓄额等于投资额，则储蓄率等于投资率，上式可写为

GDP增长率 = 投资率/资本产出率

由此可见，经济增长速度与投资率成正比而与资本产出率成反比。预计中国今后储蓄率和投资率仍将继续下降，资本产出率将继续提高，因而，根据哈罗德-多马有保证的经济增长率模型，中国经济增长率有下降趋势。

第三，随着中国人口增速的放缓和人口的老龄化，人口红利逐步减少。

改革开放以后的几十年间中国经济实现了持续快速增长，人口红利（劳动年龄人口占总人口比重较大）是一个至关重要的原因。而近年来，我国人口增速放缓，人口呈现快速老龄化的态势。国家统计局公布的数据显示，2007~2017年的10年间，我国65岁及以上人口占比从8.1%上升至11.4%，提高了3.3个百分点。自2011年开始，劳动年龄人口（15~64岁人口）占比呈现逐年下降的态势，由2010年的74.5%下降至2017年的71.8%。更加值得关注的是，2014年我国15~64岁劳动年龄人口第一次出现了绝对下降，比上年减少113万人。这意味着人口红利逐步减少甚至趋于消失，将导致未来中国经济的"减速"。

第四，国民收入分配不公，贫富差距过大，多年来居民收入增长没有与GDP增长同步，以致内需增长过慢，产能严重过剩，使得中国经济增长速度降低。

根据国家统计局公布的数据，中国的基尼系数从20世纪80年代的0.3，暴涨到2017年的0.47左右，成为世界上收入差距较大的国家之一。根据国家统计局的统计，2017年全国居民可支配收入基尼系数为0.467，呈现下行趋势，但仍远远高于国际警戒线0.40[1]。广大低收入居民受收入水平限制而没有足够的能力购买所需商品，以致出现严重

---

[1] 世界各国通常采用基尼系数来定量地测定社会居民收入分配的贫富差异程度。基尼系数低于0.2表示收入过于公平；而0.4是社会分配不平均的警戒线，故基尼系数应保持在0.2~0.4，低于0.2，社会动力不足；高于0.4，社会不安定。

的供大于求、产能过剩现象。中国收入最高的1%的家庭拥有全国1/3的财富，收入最低的25%的家庭只拥有1/100的财富。

居民收入增长没有与GDP增长同步，突出地表现在国民收入初次分配中资本所得和政府税收比重过高，从业人员报酬比重过低，导致1997~2007年从业人员报酬占GDP的比重大幅度下降（表3）。

表3　中国1997年、2002年、2007年和2012年增加值与初次分配结构

增加值构成	1997年 数额/亿元	1997年 占比	2002年 数额/亿元	2002年 占比	2007年 数额/亿元	2007年 占比	2012年 数额/亿元	2012年 占比
从业人员报酬	41 540	54.9%	58 950	48.4%	110 047	41.4%	264 134	49.2%
生产税净额	10 312	13.6%	17 462	14.3%	38 519	14.5%	73 606	13.7%
资本毛盈余	23 852	31.5%	45 447	37.3%	117 478	44.2%	199 060	37.1%
其中：固定资产折旧	10 245	13.5%	18 741	15.4%	37 256	14.0%	71 682	13.4%
营业盈余	13 607	18.0%	26 706	21.9%	80 222	30.2%	127 378	23.7%
增加值合计	75 704	100%	121 859	100%	266 044	100%	536 800	100%

资料来源：《1997年度投入产出表》《2002年度投入产出表》《2007年度投入产出表》《2012年度投入产出表》

注：本表数据因进行了约分，可能存在比例合计不等于100%的情况

从表3可见，1997年中国从业人员报酬占GDP的比重为54.9%，2002年为48.4%，下降了6.5个百分点，2007年中国从业人员报酬占GDP的比重为41.4%，相较2002年又下降了7.0个百分点。1997~2007年的10年间中国从业人员报酬占GDP的比重下降13.5个百分点，降幅之大令人吃惊，这说明该时期居民收入增长严重落后于经济增长。究其原因，有从业人员报酬核算口径变化的因素[①]，但即使如此，这10年间从业人员报酬占比出现了较大幅度的下降是不争的事实。

此后情况有了很大改变，2012年中国初次分配中从业人员报酬占GDP的比重有很大幅度的提高，达到49.2%。美国2007年初次分配中从业人员报酬约占GDP的56.1%。中国2012年初次分配中从业人员报酬占GDP比重比美国2007年低6.9个百分点，有较大的提升空间。

第五，人民币对多种货币升值幅度过快，影响出口增速。

利用世界银行世界发展指数（world development indicators，WDI）数据库资料计算得到，2005~2014年人民币对美元升值33.4%，对欧元升值43.1%，对日元升值28.2%，对英镑升值47.9%，对德国马克升值25.1%，对港元升值32.9%。人民币大幅度升值使中国出口商品的国际竞争力大幅度降低，出口增速大幅度回落。

第六，从外部环境来看，世界主要经济体经济不景气，美国和欧盟等国家和地区贸易保护主义扩大，严重影响中国出口增长，冲击中国经济。

3. 中国经济增长模式——增速波浪形缓慢下降

在经济文献中，关于经济增长的走势模式有"U"形、"V"形、"W"形、"L"形、

---

① 2007年的从业人员报酬中不再包含个体经营户的报酬，而1997年则是包括的。根据白重恩等[Bai C E, Qian Z. The factor income distribution in China: 1978~2007. China Economic Review, 2010, 21(4): 650-670]的研究，1995~2007年中国的劳动者报酬份额下降了12.45个百分点，其中有6.29个百分点的下降是由口径调整导致的。

倒"U"形等。我们认为从中长期角度看，中国经济增长速度呈波浪形缓慢下降，即波浪形下降模式，相应地，经济总量呈上升趋势。此模式至少有以下三个特点。

第一，增长速度逐步下降，但增长速度较同等发展水平国家为高。

第二，下降速度较为平稳，一般情况下变动幅度较世界上大部分国家为小。

第三，短时期内由于各种有利因素作用，增速可能上升，但中长期看仍呈下降趋势。

（二）中国经济增长速度的中长期预测

在对中国经济增长速度进行中长期预测之前，我们应对中国经济发展现状有一个清晰的认识。中国经济的现状是：第一，从经济总量看中国目前仅次于美国，居世界第二位。根据IMF公布的资料，2017年中国GDP为120 146亿美元，美国GDP为193 906亿美元。中国为美国的62%，但高于其他国家。第二，2017年中国人均GDP为8643美元，美国人均GDP为59 501美元，中国人均GDP为美国的14.5%。

预测"十三五"期间中国经济增速将保持平稳较快态势，年平均增速为6.5%左右。预计21世纪10年代，即2011~2020年中国经济的年平均增速为7.2%左右，增速较21世纪最初10年，即2001~2010年的年平均增速（10.5%）降低3.3个百分点左右。预计能顺利完成党的十八届五中全会提出的在2020年GDP和城乡居民人均收入比2010年翻一番的宏伟目标。

预计21世纪20年代，即2021~2030年中国经济的年平均增速为5.6%左右，增速较21世纪10年代，即2011~2020年的年平均增速降低1.6个百分点左右。

预计21世纪30年代，即2031~2040年中国经济的年平均增速为4.6%左右，增速较21世纪20年代，即2021~2030年的年平均增速降低1个百分点左右。

预计21世纪40年代，即2041~2050年中国经济的年平均增速为4.0%左右，增速较21世纪30年代，即2031~2040年的年平均增速降低0.6个百分点左右。

预计在2030年前后，按现行汇率法计算的中国经济总量将达到美国水平。2017年，虽然中国的GDP总量为美国的62%，但鉴于中国人口为美国的4.3倍左右，按经济发展水平衡量，2017年中国的人均GDP只有美国的1/7左右。预计2030年中国的人均GDP为美国的1/4左右。预计在21世纪中叶，即2050年前后，中国经济总量将为美国的两倍左右，但人均GDP与美国相比仍有将近一倍的差距，在科技创新能力和一系列人文指标上差距也较大，中国要达到世界发达国家水平尚需长期努力。

二、2018年中国经济增长回顾与分析

如上节所述，从中长期看中国经济增速的走势呈波浪形缓慢下降。波浪形表现为经济增长速度高低不同，但经济总量逐年上升。

2011~2018年中国各季度（下文以Q表示）GDP增速见表4。

表4 中国2011~2018年各季度GDP增速

时间	当季增速	年度累计增速	时间	当季增速	年度累计增速
2011Q1	10.2%	10.2%	2015Q1	7.0%	7.0%
2011Q2	10.0%	10.1%	2015Q2	7.0%	7.0%
2011Q3	9.4%	9.8%	2015Q3	6.9%	6.9%
2011Q4	8.8%	9.5%	2015Q4	6.8%	6.9%
2012Q1	8.1%	8.1%	2016Q1	6.7%	6.7%
2012Q2	7.6%	7.9%	2016Q2	6.7%	6.7%
2012Q3	7.5%	7.8%	2016Q3	6.7%	6.7%
2012Q4	8.1%	7.9%	2016Q4	6.8%	6.7%
2013Q1	7.9%	7.9%	2017Q1	6.9%	6.9%
2013Q2	7.6%	7.7%	2017Q2	6.9%	6.9%
2013Q3	7.9%	7.8%	2017Q3	6.8%	6.9%
2013Q4	7.7%	7.7%	2017Q4	6.8%	6.9%
2014Q1	7.4%	7.4%	2018Q1	6.8%	6.8%
2014Q2	7.5%	7.4%	2018Q2	6.7%	6.8%
2014Q3	7.1%	7.3%	2018Q3	6.5%	6.7%
2014Q4	7.2%	7.3%	2018Q4	6.4%	6.6%

资料来源：国家统计局. http://www.stats.gov.cn/

由表4及图3可见，2015年第二季度（增速7.0%）到2016年第一季度（增速6.7%）中国经济增速下降，为波浪形的下降段；2016年第三季度（增速6.7%）到2017年第一季度（增速6.9%）经济增速上升，为波浪形的上升段；从2017年第二季度（增速6.9%）开始，预计到2019年第二季度或第三季度经济增速将下降，为波浪形的下降段。

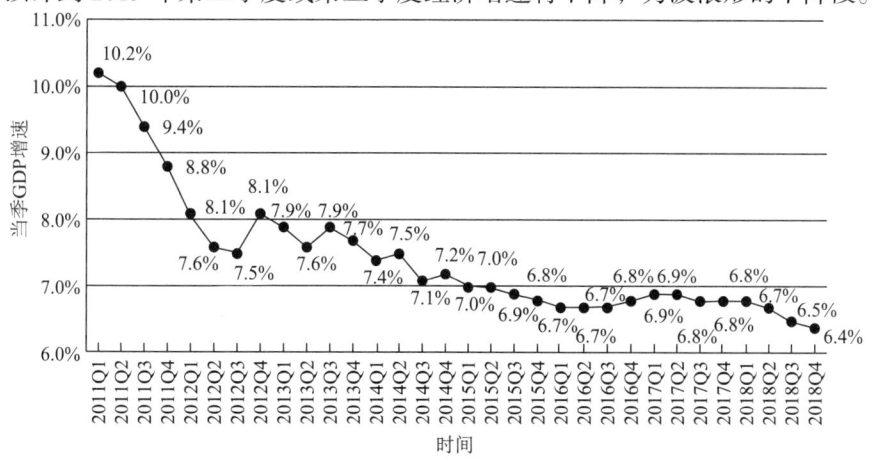

图3 中国2011Q1~2018Q4当季GDP增速

根据国家统计局公布的资料，2018年全年中国GDP为900 309亿元，按可比价格计算，同比增长6.6%。分季度看，2018年第一季度、第二季度、第三季度和第四季度分别增长6.8%、6.7%、6.5%和6.4%。

（一）生产法维度下三大产业增加值增速回顾与分析

2018年全年GDP增长率为6.6%。分三大产业来看，第一产业增加值增长3.5%，第二产业增加值增长5.8%，第三产业增加值增长7.6%，如表5所示。2018年第二产业增加值比2017年增长5.8%，增速比2017年下降0.1个百分点，其中工业增加值增速为6.1%，建筑业增加值增速为4.5%；第三产业增加值比2017年增长7.6%，增速较2017年下降0.3个百分点。

表5 2018年中国三大产业增加值增长率

项目	2017年增长率	2018Q1增长率	2018Q2增长率	2018Q3增长率	2018Q4增长率	2018年增长率
GDP	6.8%	6.8%	6.7%	6.5%	6.4%	6.6%
第一产业	4.0%	3.2%	3.2%	3.6%	3.5%	3.5%
第二产业	5.9%	6.3%	6.0%	5.3%	5.8%	5.8%
第三产业	7.9%	7.5%	7.8%	7.9%	7.4%	7.6%

资料来源：国家统计局公布数据，2017年经济增速按国家统计局于2019年1月18日公布的《国家统计局关于2017年国内生产总值（GDP）最终核实的公告》调整

如图4所示，从三大产业占GDP的比重看，2018年第一产业增加值占GDP的比重仅为7.2%，较2017年降低0.4个百分点；第二产业比重为40.7%，较2017年增加0.2个百分点；第三产业比重为52.2%，较2017年提高0.3个百分点。第三产业比重连续三年稳定在50%以上，但是从2018年各季度来看，由于内需不足，第三产业增加值占比呈现下降趋势，2018年第四季度已经下降到50%以下。

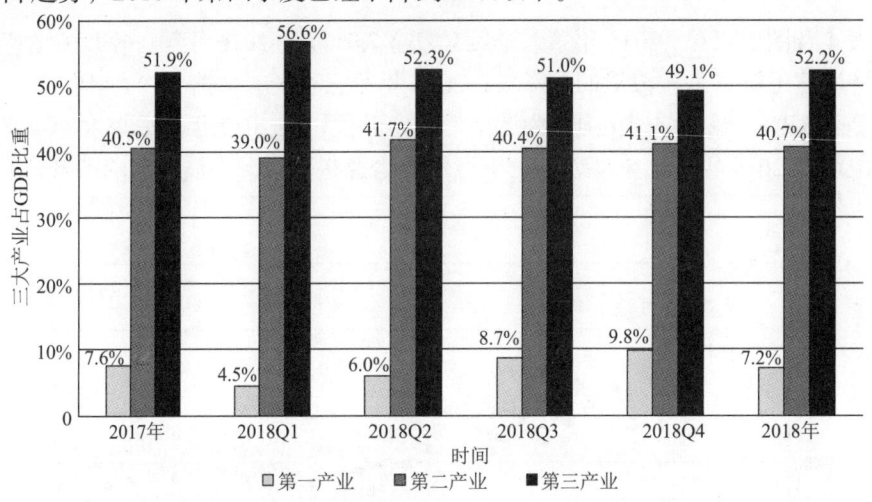

图4 中国2017年和2018年各季度三大产业增加值占GDP比重
本图中数据因进行了约分，可能存在比例合计不等于100%的情况

从三大产业来看，农业、工业和服务业运行良好。

（1）农业供给侧改革积极推进，农业生产平稳发展。

各省区市积极推进农业供给侧结构性改革，在保障粮食生产能力不降低的同时，全国种植结构进一步优化，小麦、玉米播种面积持续下降，大豆种植面积略有增加。2018年粮食总产量和2017年相比持平略降，根据国家统计局公布的新口径数据，2018年粮食产量为65 789万吨。供给侧改革成效显著。

畜牧业方面，2018年全年猪、牛、羊、禽肉累计产量为8517万吨，比2017年略降0.3%。其中猪肉产量5404万吨，下降0.9%；牛肉、羊肉和禽肉分别增长1.5%、0.8%和0.6%。

（2）工业结构继续优化，新动能保持较快增长。

2018年全国规模以上工业增加值比上年实际增长6.2%，增速缓中趋稳。自2018年9月起，规模以上工业增加值增速连续四个月低于6%，如图5所示。2017年全国规模以上工业企业利润增速在20%以上，在2017年较高基数的基础上，2018年工业企业利

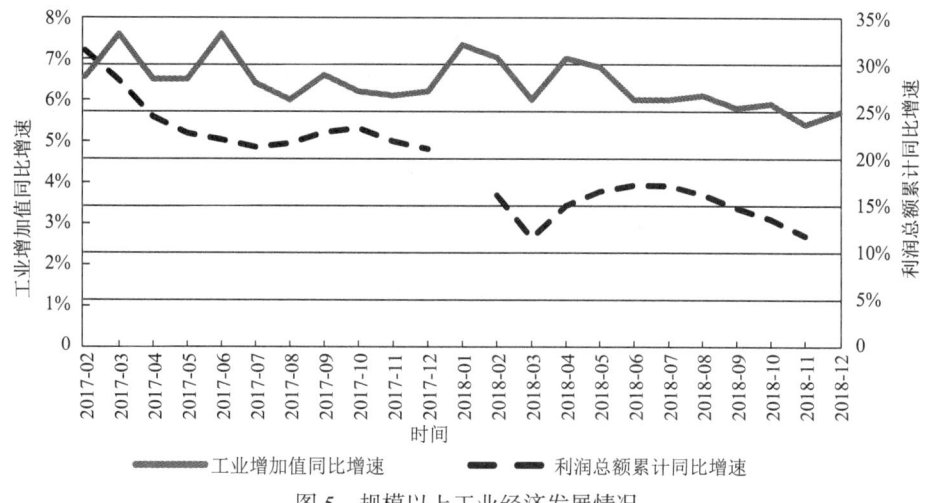

润仍有 12%左右的累计增幅，表明企业效益持续改善。

图 5　规模以上工业经济发展情况

2018 年工业供给结构持续改善，新动能保持较快增长。高技术制造业同比增长 11.7%，远高于制造业 6.5%的累计增速。工业新产品快速成长，铁路客车、微波终端机、新能源汽车、生物基化学纤维、智能电视、锂离子电池和集成电路分别增长 183.0%、104.5%、40.1%、23.5%、18.7%、12.9%和 9.7%，产品结构更加优化，工业高质量发展基础不断夯实。

采购经理人指数（purchasing managers' index，PMI）是国际通用的监测宏观经济走势的先行性指数之一，通常以 50%作为经济强弱的分界点，PMI 高于 50%反映制造业经济扩张，低于 50%则反映制造业经济收缩。2018 年 12 月，中国制造业 PMI 为 49.4%，比上月回落 0.6 个百分点，连续四个月持续下降，经济发展动力明显不足，已经低于 50%的临界点（图 6）。从新订单指数来看，2018 年 12 月新订单指数为 49.7%，比上月下降了 0.7 个百分点，表明制造业市场需求增速有所回落；新出口订单则连续六个月低于 50%，2018 年 12 月仅为 46.6%，制造业企业的出口情况不容乐观。

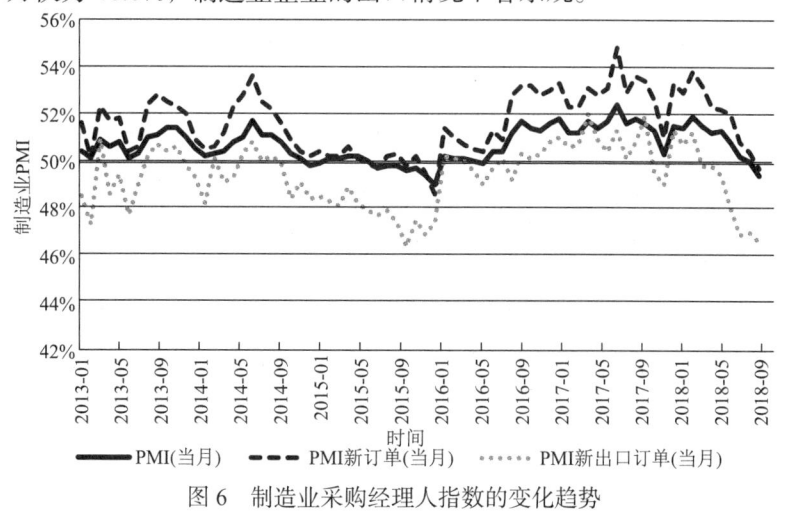

图 6　制造业采购经理人指数的变化趋势

（3）传统服务业增加值增速放缓，服务业新动能快速发展。

2018年第三产业增加值增速为7.6%，较2017年下降0.3个百分点（表6），服务业生产指数保持较快增长。从第三产业各行业来看，批发和零售业，交通运输、仓储和邮政业，住宿和餐饮等传统服务业2018年增加值增速较2017年均出现较大幅度回落，仅信息传输、软件和信息技术服务业持续高速增长，累计同比增速较2017年增加了8.9个百分点，月度增速连续10个月保持在30%以上，对服务业生产指数增长的拉动连续7个月超过3个百分点，是服务业平稳发展的主要动力。

表6 2018年第三产业增加值增长速度及与2017年比较

行业	2017年增速	2018年增速	增速变动百分点
第三产业合计	7.9%	7.6%	−0.3
其中：			
批发和零售业	7.4%	6.2%	−1.2
交通运输、仓储和邮政业	9.4%	8.1%	−1.3
住宿和餐饮业	7.8%	6.5%	−1.3
金融业	4.4%	4.4%	0
房地产业	6.6%	3.8%	−2.8
信息传输、软件和信息技术服务业	21.8%	30.7%	8.9
租赁和商务服务业	9.8%	8.9%	−0.9
其他行业	7.4%	6.3%	−1.1

从服务业商务活动指数来看，2018年12月为52.3%，比上月微降0.1个百分点，仍处于扩张区间，服务业增速有所放缓。值得注意的是，铁路运输业、电信广播电视和卫星传输服务、货币金融服务、保险业和其他金融业等行业商务活动指数均位于60.0%以上的较高景气区间，企业经营活动较为活跃，表明服务业的结构持续优化。2018年12月，非制造业新订单指数为50.4%（图7），比上月上升0.3个百分点，保持在临界点之上，表明非制造业市场需求增速有所加快。其中，服务业新订单指数为49.3%，比上月回升0.4个百分点，位于临界点以下；建筑业新订单指数为56.5%，与上月持平。2018年12月，非制造业新出口订单指数为49.0%，较上月回落0.2个百分点，非制造业出口形势堪忧。从业务活动预期指数来看，2018年12月服务业业务活动预期指数为60.2%，比上月上升0.6个百分点，服务业企业对市场发展预期持乐观态度。

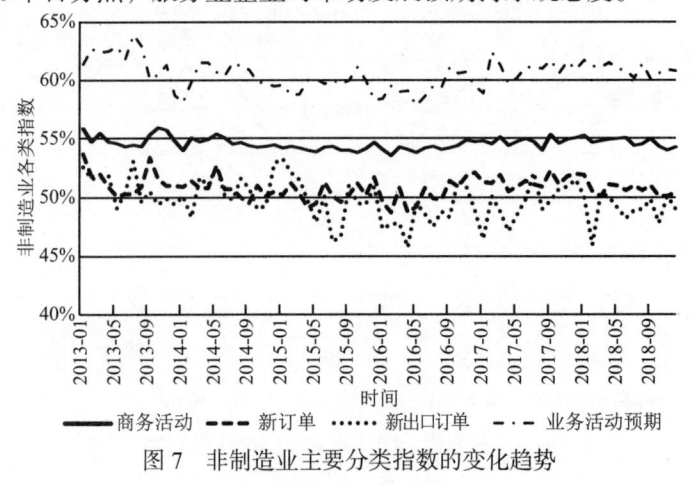

图7 非制造业主要分类指数的变化趋势

（二）支出法维度下三大最终需求增速回顾与分析

2018年GDP增长率较2017年下降0.2个百分点的主要原因有二：一是2018年美国对中国挑起规模较大的贸易摩擦；二是中国内需增速稳中有降。其中，中美贸易摩擦是主要原因，内需增长放缓主要表现为固定资产投资增速下降。

1. 消费平稳增长，对经济的拉动作用不断增强

2018年全年社会消费品零售总额380 987亿元，比上年增长9.0%，增速比2018年1~11月略低0.1个百分点，最终消费支出对经济增长的贡献率达到76.2%。2018年12月，社会消费品零售总额35 893亿元，同比名义增长8.2%，增速比11月提高0.1个百分点。

从消费类型来看，2018年餐饮收入比上年增长9.5%；商品零售增长8.9%。商品零售中，基本生活类商品增长平稳，2018年全年粮油、食品类、服装鞋帽、针纺织品类、日用品类商品分别同比增长10.2%、8.0%和13.7%，均保持较快增长；升级类商品增长较快，2018年全年化妆品类和通讯器材类商品分别同比增长9.6%和7.1%。社会消费品零售总额增速下降的主要原因是汽车类消费快速下降，全年汽车类消费同比增长-2.4%。

网络电商等新型消费继续保持快速增长，全年全国网上零售额同比增长23.9%。其中，实物商品网上零售额为70 198亿元，增长25.4%，占社会消费品零售总额的比重为18.4%。

2018年全年消费保持平稳增长，社会消费品零售总额同比增长9.0%，消费基础作用继续巩固，最终消费支出对经济增长的贡献进一步提高，对经济的拉动作用不断增强。最终消费支出中升级类商品和服务类消费支出占比进一步扩大，成为消费稳定增长的动力。

2. 固定资产投资稳中趋缓，未来有望企稳回升

2018年全国固定资产投资（不含农户）为635 636亿元，比2017年增长5.9%，增速比前三季度加快0.5个百分点，资本形成总额对经济增长的贡献率为32.4%。分产业来看，第一产业投资增长12.9%，比上年加快1.1个百分点；第二产业投资增长6.2%，比上年加快3.0个百分点，其中制造业投资增长9.5%，比上年加快4.7个百分点；第三产业投资增长5.5%，其中基础设施投资增长3.8%。高技术制造业、装备制造业投资比上年分别增长16.1%和11.1%，分别比制造业投资快6.6个百分点和1.6个百分点。

民间投资增速进一步加快，2018年民间投资394 051亿元，增长8.7%，比上年加快2.7个百分点。分地区看，2018年东部地区固定资产投资（不含农户）比上年增长5.7%，增速比1~11月回落0.1个百分点；中部地区投资增长10%，增速与1~11月持平；西部地区投资增长4.7%，增速提高0.8个百分点；东北地区投资增长1%，增速提高0.3个百分点。分登记注册类型看内资企业和外商企业投资分别有6.5%和6.1%的增长。

2018年全年投资稳中趋缓，全国固定资产投资同比增长5.9%，基础设施投资、民间投资和制造业投资增势是投资进一步企稳回升的基础。

3. 受中美贸易摩擦影响，进出口增长的不确定性增加

2018年全国货物进出口总额为305 050亿元，比2017年增长9.7%。贸易总量首次超过 30 万亿元，创历史新高；数量增长，结构优化，进出口稳中向好的目标较好实现。其中，出口为 164 177 亿元，增长 7.1%；进口为 140 874 亿元，增长 12.9%。进出口相抵，顺差为 23 303 亿元，比 2017 年收窄 18.3%，净出口对经济增长的贡献率为−8.6%。一方面，受中美贸易摩擦影响，前三季度中国出口企业存在一定程度上的"抢出口"现象，加上人民币对美元汇率持续下滑和美国经济增长加速，拉动中国出口增长加快。另一方面，国内需求旺盛和扩大进口的一系列措施，促进中国进口增长更为快速。出口和进口的影响因素相互叠加，致使 2018 年中国贸易顺差大幅收窄。

预计中美贸易摩擦将长期持续，随着中美贸易摩擦效应逐步显现，对美国出口的企业和相关行业应当做好最坏的打算。在保持对美沟通与谈判的同时，坚持市场多元化，加大出口转内销的力度，是应对当前中美贸易摩擦困境的短期措施。

三、2019 年 GDP 增长速度预测

2019 年中国经济运行、国际经济形势，以及中国的外需增长情况都有很大的不确定性。

鉴于 2019 年国内外形势存在高度不确定性，本报告在以下三个前提条件下，对中国 2019 年经济增长进行预测。

第一，在以习近平同志为核心的党中央坚强领导和十九大精神的指引下，中国政府将继续贯彻"稳中求进"的总方针。

第二，美国已对中国发起大规模贸易摩擦，并把中国列为战略竞争对手，但 2019 年中美在政治、军事和经济上尚不发生全面对抗和冲突。

第三，2019 年中国周边地区总体局势不会引起大的经济波动。

2019 年中美矛盾将进一步发展，由于中美经济、军事差距逐步缩小，把中国视为主要战略竞争对手已经成为美国统治集团共识，中美主要斗争领域将由贸易摩擦、关税战转向美国限制中国高科技发展等。

总体而言，我们预计 2019 年中国经济发展的外部环境可能比前几年恶化。

（一）2019 年预测结果

中国经济近期处于下行阶段，预计经济下行将延续到 2019 年第二季度或第三季度，加之美国对中国挑起大规模贸易摩擦的影响，预计 2019 年中国经济增速会低于 2018 年，初步预测在 6.3%左右，减幅为 0.3 个百分点左右。

展望 2019 年，和往年相比，中国经济运行、国际经济形势及中国的外需增长情况存在着更大的不确定性。预计中美关系将继续呈现高度紧张态势，美国继续把中国作为主要战略竞争对手，在政治、军事、经济和科技等方面打压中国。预计中美贸易摩擦可能临时休战，这是由于美方发动贸易摩擦的效果不佳，美中贸易逆差不降反升，世界各国

特别是美国国内工商界普遍反对向中国进口产品征收高额关税。预计中美双方有可能达成临时协议,中方可能做出部分可以接受的合理让步,包括同意大幅度减少美中贸易逆差,同意降低关税和配额大量采购美国农产品(包括大豆和棉花等),大量采购美国天然气和原油等能源产品,美国不再对从中国进口的产品进一步抽税。在此情况下中国粮食生产将面临廉价国际农产品的激烈竞争,这对2019年农业增产极为不利。预测2019年中国经济增速将低于2018年,初步预测在6.3%左右,低于2018年增速约0.3个百分点。

预计2019年全年经济走势为前降后稳,稳中有进,第一季度经济增速为6.3%左右,第二季度和第三季度为6.2%左右,第四季度为6.4%左右。

1. 2019年三大产业增速预测

从三大产业来看,预计2019年第一产业增加值增速约为3.6%,比2018年增加0.1个百分点;预计第二产业增加值增速为5.3%,较2018年降低0.5个百分点;预计第三产业增加值增速为7.5%,比2018年降低0.1个百分点。预测结果见表7。

表7 2017~2019年中国GDP增速及三大产业增加值增速

项目	2017年增速	2018年增速	2019年增速预测	2019年较上年提高百分点
GDP	6.8%	6.6%	6.3%	-0.3
其中:				
第一产业	4.0%	3.5%	3.6%	0.1
第二产业	5.9%	5.8%	5.3%	-0.5
第三产业	7.9%	7.6%	7.5%	-0.1

资料来源:国家统计局公布数据及项目组测算

2. 2019年三大需求增速预测

从三大需求来看,预计2019年社会消费品零售总额同比增速为8.5%;固定资产投资完成总额同比增速为6.2%;进出口增速下降。从对GDP增长的贡献率来看,预计2019年最终消费的贡献率为74.2%,拉动经济增长4.7个百分点;资本形成总额的贡献率为30.8%,拉动经济增长1.9个百分点;净出口的贡献率为-5.0%,拉动经济增长-0.3个百分点。预测结果见表8。

表8 2017~2019年中国GDP增长率及三大需求对GDP的贡献率和拉动

年份	GDP增长率	贡献率			拉动GDP增长百分点		
		最终消费	资本形成总额	净出口	最终消费	资本形成总额	净出口
2017	6.8%	58.8%	32.1%	9.1%	4.1	2.2	0.6
2018	6.6%	76.2%	32.4%	-8.6%	5.0	2.1	-0.6
2019预测	6.3%	74.2%	30.8%	-5.0%	4.7	1.9	-0.3

资料来源:国家统计局公布数据及项目组测算

(二)2019年预测的主要的依据

1. 三大产业角度

农业供给侧结构性改革仍然继续,农业、渔业、畜牧业转型升级将带来新的发展动力，结构性红利将有所释放。预计2019年第一产业增加值增速将与2018年持平略增。

第二产业中，研发和自主创新的潜力将得到进一步释放，高技术产业、装备制造业等增加值增速将仍然保持较高水平，但受需求减弱的影响，增速将会低于2018年，边际效应递减。建筑业受固定资产投资回落的影响将出现下滑。

预计2019年服务业增加值增速还将保持高于GDP增速的较为平稳增长的态势。信息传输、软件和信息技术服务业，租赁和商务服务业等增加值增速仍将高于服务业平均水平，带动第三产业增加值平稳向好发展。

2. 三大需求角度

2019年外需不确定性将进一步增加，经济增长主要依靠内需的稳定增长。

消费将呈现持续平稳增长的态势，消费对经济中高速增长的基础作用继续巩固。近年来居民收入增长和社会就业情况维持在较好水平，居民收入增长快于经济增长，居民消费得以持续快速增长。同时供给侧结构性改革和促进消费的一系列利好政策的积极效应进一步显现，预计后期居民消费潜力将会进一步释放，消费将保持平稳较快增长。居民消费升级和新的网络消费增长，将对中国消费格局乃至经济社会发展产生积极影响和贡献。

固定资产投资增速已经出现企稳回升态势，这将会是2019年中国固定资产投资增长的基本态势。随着放开市场准入、减税降费、推动产权保护等多项激发民间投资活力的政策逐步落实，未来民间投资增速将继续加快。受外需放缓影响，制造业投资增速将有所放缓。

中美贸易摩擦的持续对中国外贸的影响效应将进一步扩大。受益于美国财政刺激政策，美国经济表现良好，失业率连续创新低，同时美国中期选举尘埃落定，预计特朗普政府将持续就贸易问题对中国施压。同时，主要国际机构纷纷下调未来全球经济增长预期。预计2019年中国对外贸易形势难以好转，进出口增长将大幅放缓。随着美国贸易保护政策的负面效应加剧，美国经济也将一定程度上受到负面影响，中美贸易的紧张态势有望在2019年底有所缓和。

2019年由于进口增速显著高于出口增速，贸易顺差将明显缩小，净出口对GDP增长将是负向的。

四、建 议

（一）把减税降费作为2019年中国稳经济的一项重要手段

当前中国微观经济活力不足的一个重要原因是企业生产成本高、利润低，大部分行业利润率不到5%，低于银行的贷款利率。较大幅度地减税降费，特别是降低增值税率，能够有效降低企业成本，增加企业利润，提高企业生产和投资积极性。

在国外，减税政策是经济低迷时期刺激经济增长的主要政策工具。美国20世纪60年代，为了摆脱经济低迷，肯尼迪总统启用减税政策，将公司所得税税率由52%降至48%，个人所得税税率由 20%~91%降至 14%~70%。肯尼迪的减税政策成功促进了美国经济的复苏。2001 年乔治·沃克·布什上台后，为重振经济，再次启用减税政策。2001 年，美国议会通过了 10 年减税 1.35 万亿美元的减税法案，对个人所得税税率进行了大幅下调，最高边际税率由 39.6%下降至 33%。事实证明，减税政策确实起到了效果，到 2003 年第二季度，美国经济增长率达到了 2.4%，经济开始持续复苏。奥巴马执政时期，美国面临严重的次贷危机，美国政府同样采取了减税政策，在 2008 年和 2009 年先后通过了总金额超过 5000 亿美元的减税计划，减税政策实施后，自 2010 年开始美国经济持续反弹，对美国快速走出次贷危机发挥了较大作用。2018 年美国经济表现强劲，按照 IMF 在 2018 年 10 月新版《世界经济展望》中的预测，2018 年美国的经济增速为 2.9%，这主要归功于减税和缩减联邦支出。2017 年 12 月 2 日美国参议院通过了税法改革法案。此次税改的最大影响将是美国企业所得税从 35%大幅降至 20%。

根据中国国情，参考国外经验，实行减税降费应注意以下几点：第一，减税降费的力度应适当放大，规模较小时减税降费的作用将不显著，建议 2019 年中国实行减税降费的规模在 1.6 万亿元至 2 万亿元之间，且不同行业的减税降费力度应有所区别。第二，应注意防止和减轻减税降费的副作用，特别是减税降费对财政收入的副作用，如解决部分地区由于增值税收入减少而出现的财政困难等问题。第三，国外经验表明，减税的作用是短期的，不能期望过高。

（二）集中全国优势力量，做好核心技术的研发和产业布局

中美贸易摩擦过程中，暴露出中国在核心技术领域的诸多突出问题，未来应着力攻克中国科技领域的主要短板，掌握科技领域的核心技术，加快科技创新步伐，增强自主创新在未来支撑经济增长中的作用。中国科学技术体系总体落后于美国、日本和欧洲等发达国家和地区，更为突出的是在关键性技术方面，中国企业掌握比例非常低，大部分完全依赖于上述发达国家和地区，这导致中国在与美国、日本和欧洲等发达国家和地区构建全球价值链中，只能承担加工组装最终品和非技术性的中间品生产等，从而被锁定在价值链的低端位置。美国的关键技术限制使我们认识到关键性技术的安全性问题，短期内，中国可以通过替代性措施，联合欧洲和日本、韩国以应对美国的技术限制问题，长期来看，中国必须逐步实现关键性科学技术的自主研发，降低对国外特别是美国企业技术垄断的依赖。对此，建立多渠道、开放的、安全的关键性科学技术体系是当前的要务，同时，继续做好核心科学技术的研发和产业布局，集中全国优势力量，从高端制造业全产业链角度，联合攻关，攻克核心领域相关重点、难点技术，建立一套以我为主、多渠道吸收境外技术的安全的科学技术产业体系。

（三）继续高举全球化旗帜，反对贸易保护主义

中国是全球化的受益者，融入全球价值链是中国改革开放 40 多年以来最重要的经验

之一。同时，中国也是全球化的贡献者，特别是加入 WTO 后，极大地推动了全球价值链的发展。在逆全球化的背景下，中国应继续推动全球化，在发展经济的同时，也要增强中国的软实力。

目前多元化、全球化的世界秩序为中国发展提供了良好的外部环境，也给中国发展带来了巨大契机。中国应继续为维护现有国际秩序而努力，高举全球化旗帜，反对贸易保护主义。一方面，应以中美贸易摩擦为契机，继续扩大开放，特别是扩大对经济持续中高速、高质量增长有利的进口。降低关税，进一步开放服务业特别是生产性服务业进口市场，加强知识产权保护。同时，推进自由贸易区建设和开展更广泛的区域经济合作，有效避免或减少发达经济体的贸易保护措施对中国经济的影响。另一方面，应继续维护以联合国、WTO、世界银行、IMF 等为主的国际组织权威，切实履行中国在相关国际组织中的义务，遵守相关组织章程的国际法与国际行为准则。同时，依据当前全球化形势，积极推动相关国际组织的改革。

（四）发挥后发优势，抓住数字经济与新信息技术革命机遇

随着信息通信技术（information communications technology，ICT）的发展，基于互联网的数字技术日益成为经济全球化发展的重要推动力。数字技术的进步促进全球价值链的重构，与传统价值链追求低成本、大规模、标准化的发展模式不同，以云计算、人工智能等为代表的数字技术将促使全球价值链发生重大变革，推动全球价值链向高端化、区域化、个性化方向调整。这对"推动中国产业向全球价值链高端跃升""推动构建和优化全球价值链，扩大各方参与，打造全球增长共赢链"提供了宝贵的机遇。

以低成本劳动力优势融入并参与全球价值链竞争，是中国改革开放 40 多年来最主要的经验。但随着劳动力成本不断提高，人口红利不复存在，以低成本劳动力嵌入全球价值链的传统模式难以为继。以互联网、大数据、人工智能为特征的数字技术制高点的争夺，将是一国未来是否拥有"数字红利"的关键。数字经济的发展为全球价值链重塑带来了新的机遇和挑战。随着中国人均收入提升，"人口红利"已经告罄，"数字红利"显露头角。如何发挥后发优势，抓住数字经济与新信息技术革命机遇，实现中国从"人口红利"向"数字红利"转变，是未来产业政策的关键。

2019年中国固定资产投资分析与展望[①]

张同斌　孟令蝶　陈磊

报告摘要：进入2018年下半年以来，面对固定资产投资增速逐渐放缓和持续下行的形势，我国政府相继出台了一系列稳定投资的政策措施，投资增速筑底企稳的特征已经较为明显。2018年1~12月，全国固定资产投资（不含农户）635 636亿元，同比名义增长5.9%，增速与1~11月持平，已经连续三个月实现了回升并趋于平稳。

在当前固定资产投资增速较低和结构优化的背景下，提高投资效率已经成为实现经济高质量发展和推动经济结构调整的重要抓手。在保持制造业投资良好增长势头的基础上，维持房地产投资相对稳定，大力促进基础设施建设投资在电力、通信、民生领域"补短板"，以及向中西部地区、农村地区倾斜，是推动固定资产投资整体稳中向好的主要方式。此外，集中力量精准施策，进一步解决民间投资发展中的门槛高、融资难问题，遵循竞争中性原则使民间资本在重点领域和新兴领域"进得去、能发展"，对于维持固定资产投资的可持续性和长期稳定性具有十分重要的意义。

本报告首先分析了我国固定资产投资2018年的运行特征，主要包含以下三个方面：①固定资产投资增速止跌企稳，投资结构持续优化；②各产业内部固定资产投资分化的特征十分明显，传统行业固定资产投资增速出现明显回落，高端制造业和现代服务业投资增速成为亮点；③民间固定资产投资活力释放、动力增强，增速超过全国固定资产投资增速。

本报告通过建立综合反映我国固定资产投资运行态势的合成指数、扩散指数，对我国固定资产投资的景气波动特征及未来走势进行了具体分析。结论认为，2017年10月之后，固定资产投资一致合成指数呈现下降态势，下降9个月之后，到2018年7月固定资产投资一致合成指数值为75.12，降到了1997年以来的最低值；此后至2018年12月，固定资产投资一致合成指数出现了企稳回升的迹象。按照固定资产投资先行合成指数、先行扩散指数走势的判断，以及基于滞后合成指数的进一步确认，2018年7~8月成为固定资产投资一致合成指数的暂定谷底，固定资产投资于2018年第三季度开始回升。

随着"稳投资"政策效应的逐步释放，固定资产投资累计增速趋稳回升是大概率事件。本报告预计2019年全年固定资产投资增速会稳定在6%左右，主要依据为：①地方政府专项债发行进度的加快与结构性宽松货币政策的实施缓解了基础设施固定资产投资

---

① 本报告得到国家社会科学基金重大项目（项目编号：15ZDA011）、辽宁省高等学校创新人才支持计划（项目编号：WR2016014）和国家社会科学基金一般项目（项目编号：16BJY075）的资助。

的融资约束，基础设施建设投资已经触底回升；②创新驱动制造业转型升级不断推进，制造业投资总体上会保持稳定，同时房地产市场投资不会出现大幅回落；③民间投资稳定增长的基础牢固、环境优化，民间投资向好的惯性会延续。

"稳投资"的任务依然艰巨，促进固定资产投资增速企稳回升的政策还需要尽快出台和落实。对此，我们提出以下三个方面的政策建议：①进一步扩大有效投资、实现精准投资；②在"补短板"中推进基础设施投资的结构优化与区域平衡；③建立健全固定资产投资项目动态追踪与监测预测体系，保证固定资产投资的平稳增长。

本报告对2018年我国固定资产投资的运行态势及2019年走势进行了分析，具体结构为：第一部分分析2018年我国固定资产投资的运行特征；第二部分通过构建固定资产投资的合成指数、扩散指数，对我国固定资产投资景气的波动特征及未来走势进行分析；第三部分采用预警信号系统对2018年我国固定资产投资各主要方面的运行态势进行预警分析；第四部分对我国固定资产投资在2019年的基本走势进行了判断；第五部分是政策建议。

一、2018年我国固定资产投资的运行特征分析

总体而言，2018年我国固定资产投资完成额累计增速逐步回落的态势已经得到改变，投资结构继续优化升级。制造业固定资产投资的较快增长、基础设施建设投资的企稳回升对整体固定资产投资筑底企稳具有一定的拉动作用。第二产业、第三产业内部各行业投资增速分化的特征十分明显，高端制造业投资增速表现突出，部分传统行业投资形势不容乐观。在政府激发民间投资活力的政策作用下，民间固定资产投资增速跑赢全国固定资产投资增速，且呈现出增速稳、结构优的典型特征，成为稳定固定资产投资的重要力量。

（一）固定资产投资增速止跌企稳，投资结构持续优化

自2014年以来，我国固定资产投资完成额（不含农户）累计增速呈现阶梯式的持续下降态势，但下降的速度逐渐降低。如图1所示，进入2018年后，固定资产投资累计同比增速继续回落，由2018年1~2月的7.9%一直下降至1~8月的5.3%，达到近年来的最低点。同时，固定资产投资完成额累计增速出现了止跌企稳的特征，2018年1~12月，全国固定资产投资（不含农户）完成额为635 636亿元，同比增长5.9%，增速比1~10月回升0.2个百分点，与1~11月持平。从环比增速角度分析可知，与2018年11月相比，2018年12月固定资产投资环比增长0.42%。并且，自2017年9月开始，固定资产投资当期环比增速就一直维持在0.4%左右，这表明固定资产投资增速已经趋于平稳。

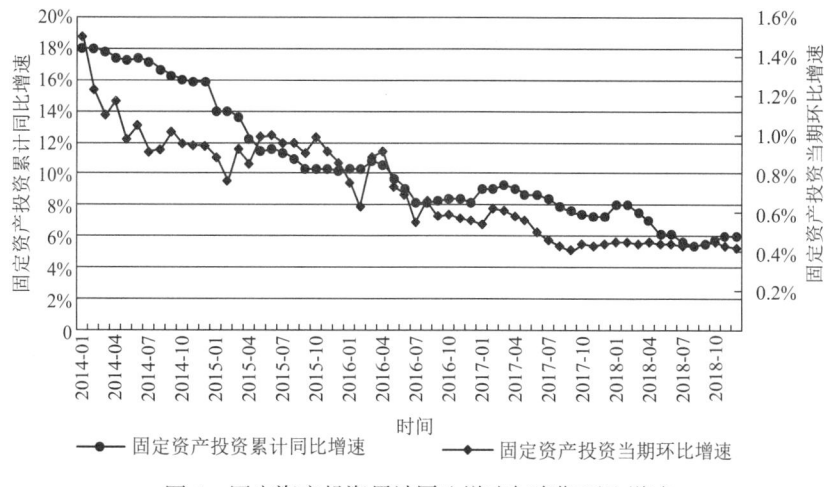

图 1　固定资产投资累计同比增速与当期环比增速

在 2018 年 1~8 月，固定资产投资增速回落的主要原因在于基础设施投资增速的超预期、大幅度下降。制造业投资、房地产开发投资和基础设施投资是支撑全社会固定资产投资的三大板块，三者合计占固定资产投资的比例接近 80%。2017 年，基础设施投资约占固定资产投资的 27.4% 左右，仅次于制造业。其中，图 2 显示，2018 年 1~10 月，基础设施投资（不含电力、热力、燃气及水生产和供应业）同比增长 3.7%，增速比 1~9 月提高 0.4 个百分点，是年内首次回升。在政府稳投资的政策作用下，基础设施投资已经实现了筑底企稳，2018 年 1~12 月，基础设施投资（不含电力、热力、燃气及水生产和供应业）同比增长 3.8%，增速比 1~11 月提高 0.1 个百分点，连续三个月实现了增速提升，但是与 2017 年相比大幅回落了 15.2 个百分点。

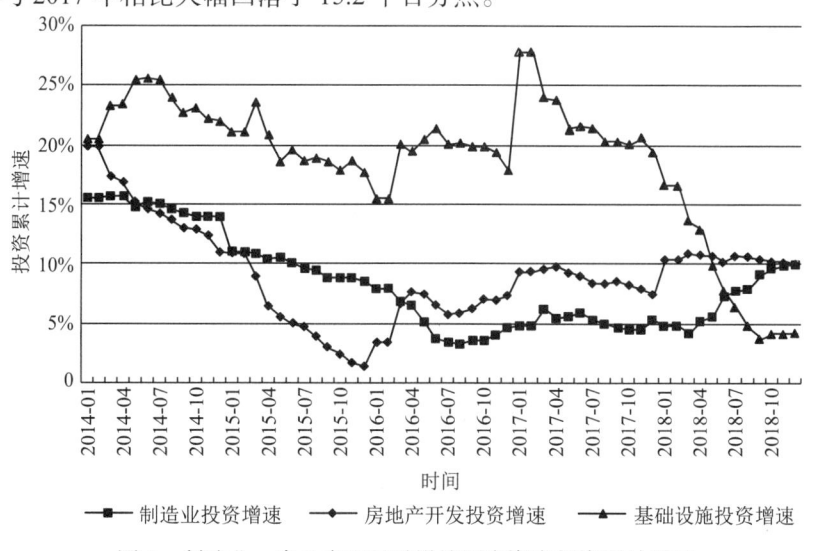

图 2　制造业、房地产和基础设施固定资产投资累计增速

进入 2018 年以来，基础设施投资增速大幅回落的原因主要有三个方面：第一，2017 年基数过高，2017 年全年基础设施投资（不含电力、热力、燃气及水生产和供应业）增

速一直维持在19%以上，在此基础上2018年基础设施投资维持高增长的难度很大；第二，全国各地对公共私营合作制（public private partnership，PPP）项目清理和规范的程度提高，2017年是PPP项目投资的监管和规范年，2018年以来政府在收紧和清理各地PPP项目的同时更加谨慎地推出新的PPP项目，导致基础设施投资增长压力较大；第三，2018年上半年，在坚决遏制地方政府隐形债务增长和保持高压监管态势下，加之货币政策收紧等影响，地方基础设施建设中融资困难的问题较为突出，从而制约了基础设施建设的外部资金来源。

与基础设施建设投资的运行态势形成对照，2018年制造业固定资产投资保持了又好又快的增长态势，成为稳定整体固定资产投资的主要力量。2018年1~12月，制造业投资增长了9.5%，连续8个月实现了回升后开始稳定。特别是，制造业投资中民间投资占比已经超过80%。制造业投资增速不仅呈现较快回升，更为重要的是体现出典型的结构优化特征，主要体现在：一方面，2018年1~12月，制造业技术改造投资同比增长14.9%，高于制造业投资增速5.4个百分点，以低成本高收益为特征的技术改造成为推动制造业投资加快和转型升级的重要力量；另一方面，2018年1~12月，高技术制造业投资增长16.1%，增速比全部制造业投资高出6.6个百分点，新动能投资比较活跃，创新驱动正逐步引领制造业实现投资结构优化与高质量发展。此外，2018年制造业产能利用率处于较高水平、制造业领域进一步扩大市场准入也是制造业投资回升的其他原因。

房地产投资在高位运行、总体稳定的同时呈现小幅波动。2018年1~12月，我国房地产开发投资完成额为120 264亿元，累计增速为9.5%，虽然比1~11月回落0.2个百分点，但相对于2017年同期增加2.5个百分点。房地产投资的回落主要是需求侧萎缩导致的，具体体现在商品房销售面积、商品房待售面积等指标上，例如，2018年1~12月，商品房销售面积171 654万平方米，同比增长1.3%，增速比1~11月回落0.1个百分点；2018年末，商品房待售面积52 414万平方米，比11月末减少214万平方米。与需求侧回落形成对照的是供给侧景气上升，2018年1~12月，房地产开发企业房屋施工面积822 300万平方米，同比增长5.2%，增速比1~11月提高0.5个百分点；房屋新开工面积209 342万平方米，同比增长17.2%，增速比1~11月提高0.4个百分点。这表明，虽然房地产市场出现了暂时降温的迹象，但是房地产投资整体相对稳定，房地产市场仍将维持相对平稳运行。

（二）各产业内部固定资产投资分化的特征十分明显

分三次产业而言，第一产业固定资产投资增速始终保持在较高水平，第二产业、第三产业固定资产投资增速水平相对较低。基于图3可知，2018年1~12月，第一产业固定资产投资累计同比增长12.9%，增速比1~11月提高0.7个百分点；第二产业投资增长6.2%，增速与1~11月持平；第三产业投资增长5.5%，增速较1~11月回落0.1个百分点。

图 3　三次产业固定资产投资累计增速

在"调结构、补短板"、抑制"脱实向虚"等政策的作用和引导下，制造业特别是高端制造业、装备制造业，以及农业、环保、民生等短板领域投资较快增长，高耗能、高污染及部分传统行业的投资形势并不乐观，导致在三大产业内部，尤其是第二产业和第三产业中，行业投资增速出现典型的分化态势。例如，在第二产业中，2018年1~12月，与制造业投资增长9.5%形成鲜明对照，同一时期电力、热力、燃气及水生产和供应业投资增速为–6.7%。在制造业内部，2018年1~12月，计算机、通信和其他电子设备制造业固定资产投资累计同比增速为16.6%，装备制造业领域投资增长了11.1%，而农副产品加工业，纺织服装、服饰业的固定资产投资出现了零增长或负增长。

第三产业内部各行业固定资产投资分化的态势也十分明显，以铁路运输业、住宿和餐饮业、批发和零售业为主的传统服务业固定资产投资增速明显出现回落，而现代的租赁和商务服务业，科学研究和技术服务业，教育业，文化、体育和娱乐业投资增速明显高于整体服务业。以第三产业中的部分代表性行业为例，2018年1~12月，铁路运输业固定资产投资累计同比增速为–5.1%，而文化、体育和娱乐业的投资增速则达到了21.2%。需要指出的是，金融业和房地产业的固定资产投资增速之间的"剪刀差"进一步扩大，2018年1~11月，金融业固定资产投资增速为–14.4%，房地产业为8.2%，差距为22.6个百分点。总体而言，第三产业内部行业投资分化的特征更为突出。

（三）民间固定资产投资活力释放，增速超过全国投资增速

进入2018年后，民间固定资产投资在相对高位稳定运行，且投资结构不断优化。如图4所示，2018年1~12月，民间固定资产投资增长率为8.7%，比全国固定资产投资增速高出2.8个百分点，与2017年相比高出2.7个百分点。除了增速高之外，结构优也是2018年民间固定资产投资的另一亮点。2018年1~11月，在第一产业，制造业，教育业，文化、体育和娱乐业等行业中，民间固定资产投资增速均接近或超过了10%，特别是文化、体育和娱乐业民间投资累计同比增速高达39.95%。截止到2018年12月，民间固定

资产投资占总投资的比重已经达到61.99%，因此，民间固定资产投资的稳定增长对全国固定资产投资增速止跌企稳、稳中有升具有十分重要的意义。

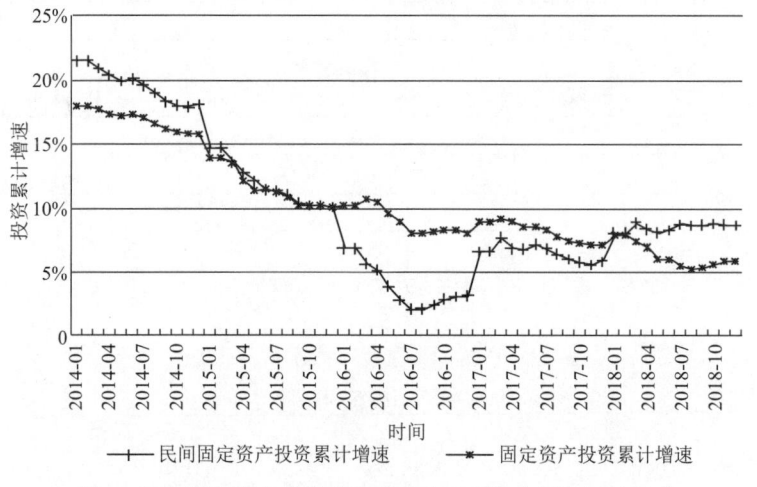

图4　民间固定资产投资累计增速和固定资产投资累计增速

如图4所示，自2015年12月至2017年11月，民间固定资产投资增速一直低于全国固定资产投资增速，且在2016年6月两者差距达到最大值即6.18个百分点，此后逐渐收窄，进入2018年之后，民间固定资产投资增速开始反超全国固定资产投资增速。民间固定资产投资增速的回升主要是近年来政府激发民间投资活力、鼓励民间投资政策落实和政策效应累积的结果，也表明国家出台的一系列提振民间投资的措施取得了显著的成效。

2016年以来，民间投资大幅回落的态势引起了国务院及相关部门的高度重视，政府以降低或消除民间投资的准入门槛和投资壁垒为主要工作目标，以"减税降费""放管服""优化营商环境"三大改革措施激发民间投资活力、支持民营企业发展，实现了重点领域和重大项目不断向民资开放。此外，民间投资主要集中在制造业和房地产业，民间投资高位运行与上述两个行业投资平稳增长之间存在着紧密的联系，换言之，2018年1~12月，全国固定资产投资企稳回升中制造业和房地产业的支撑作用，与民间投资对于稳定总投资的重要贡献是一致的。随着"稳投资"政策的深入推进，全国向民间资本推介重点领域项目的长效机制不断完善，民营企业和民间资本将迎来新的发展机遇。

为对民间投资及其他类型的投资进行充分解释，本报告还收集了各种类型企业固定资产投资累计增速的数据，列于表1。

表1　各种类型企业固定资产投资累计增速

时间	内资企业	国有企业	集体企业	私营企业	港澳台商投资企业	外商投资企业	个体经营者
2017-02	9.7%	12.3%	−9.2%	10.5%	−3.6%	−2.1%	−10.7%
2017-03	10.0%	11.9%	−10.0%	11.2%	−2.7%	0.3%	−20.0%
2017-04	9.6%	13.1%	−11.5%	10.3%	−4.4%	−0.3%	−12.1%
2017-05	9.2%	11.8%	−15.0%	10.8%	−4.4%	−1.3%	−2.1%
2017-06	9.3%	10.2%	−16.8%	10.7%	−4.7%	−4.0%	5.2%
2017-07	8.9%	10.0%	−15.1%	10.6%	−5.0%	−5.7%	7.8%
2017-08	8.4%	8.6%	−16.3%	10.1%	−4.0%	−6.7%	5.1%
2017-09	8.1%	8.5%	−18.0%	10.1%	−4.3%	−6.7%	5.0%

续表

时间	内资企业	国有企业	集体企业	私营企业	港澳台商投资企业	外商投资企业	个体经营者
2017-10	7.9%	8.7%	−17.8%	10.3%	−3.8%	−6.6%	3.3%
2017-11	7.8%	9.0%	−13.8%	10.2%	−2.9%	−5.3%	3.7%
2017-12	7.7%	9.0%	−13.2%	11.2%	−4.0%	−2.7%	5.2%
2018-02	8.7%	9.4%	−4.5%	15.0%	−3.6%	−3.1%	15.3%
2018-03	8.4%	6.4%	−9.4%	16.1%	−8.0%	−6.1%	11.7%
2018-04	7.8%	5.2%	−7.3%	16.1%	−5.6%	−5.1%	−4.7%
2018-05	6.6%	1.8%	−12.2%	15.5%	−5.2%	−1.1%	−13.8%
2018-06	6.4%	2.1%	−9.6%	16.0%	−5.1%	2.3%	−15.4%
2018-07	6.0%	−1.0%	−8.6%	15.6%	−6.4%	3.1%	−13.4%
2018-08	5.8%	−1.9%	−11.2%	15.2%	−6.8%	3.6%	−14.8%
2018-09	5.8%	−2.2%	−12.7%	15.2%	−6.0%	4.7%	−13.1%
2018-10	6.1%	−1.7%	−15.3%	14.7%	−6.8%	6.1%	−14.0%
2018-11	6.3%	−1.5%	−18.8%	15.0%	−6.1%	6.1%	−12.7%

在各种类型企业的固定资产投资中，2018年1~11月，内资企业固定资产投资累计同比增长率为6.3%，增速比1~10月提高0.2个百分点，其中，国有企业和集体企业的固定资产投资均为负增长，增速分别为−1.5%和−18.8%，私营企业的投资增速高达15.0%，这就为民间投资活力释放和动力增强提供了新的证据。2018年1~11月，港澳台商投资企业的固定资产投资增长率为−6.1%，外商投资企业投资增长率为6.1%，并没有出现外资大幅撤离的情形，同时外商投资企业投资增速回升的趋势较为明显。需要注意的是，在2018年1~11月，个体经营者的固定资产投资增速为−12.7%，虽然降幅有所收窄，但是与2017年同期增长3.7%相比，下降了16.4个百分点，这表明对于个体经营者而言，由于缺乏资本、人才等要素，融资难、融资贵的问题仍然突出，成本高、利润低的现象普遍存在，部分民间投资持续健康发展还面临着一定的困难和挑战[①]。

二、我国固定资产投资景气的波动特征及未来走势展望

（一）我国固定资产投资景气的周期性波动特征

本报告采用国际上通用的经济景气指数方法分析我国固定资产投资的经济周期运行态势和景气波动状况。我们收集并整理了投资相关领域及相关行业的100多个经济指标（样本区间为1997年1月~2018年12月，长度为264个月），之后计算各指标的同比增长率序列，并进行季节调整剔除了季节要素和不规则要素。在此基础上，以我国固定资产投资完成额累计同比增速为基准指标，采用K-L信息量方法、时差相关分析方法、峰谷对应法等多种方法进行筛选，最终筛选出12个反映我国固定资产投资周期波动的指标，分别构成了我国固定资产投资增长率周期的先行、一致和滞后景气指标组，建立了反映我国固定资产投资增长率周期波动的景气指标体系，如表2所示。

---

① 发展改革委介绍促进民间投资有关工作情况. http://www.gov.cn/xinwen/2018-09/06/content_5319720.htm#1 [2018-09-06].

表 2 中国固定资产投资增长率周期景气指标组

指标类型	指标名称	延迟月数	时差相关系数
先行指标	1. 国房景气指数	−12	0.53
	2. 货币和准货币（M2）期末同比增速	−3	0.66
	3. 金融机构人民币各项存款期末同比增速	−3	0.69
	4. 社会消费品零售总额同比增速（逆转）*		
一致指标	1. 固定资产投资完成额累计同比增速	0	1.00
	2. 固定资产新建投资额累计同比增速	0	0.92
	3. 第二产业固定资产投资完成额累计同比增速	−1	0.90
	4. 第三产业固定资产投资完成额累计同比增速	0	0.88
	5. 房地产开发投资累计同比增速	0	0.69
滞后指标	1. 工业企业产成品期末同比增速	+12	0.60
	2. 社会消费品零售总额同比增速	+12	0.65
	3. 工业品生产者出厂价格指数（上年同期=100）	+12	0.34
	4. 工业品生产者购进价格指数（上年同期=100）	+12	0.41

注：带"*"号的为逆转指标；表中未注明"累计"的指标均为月值序列；虽然工业品生产者出厂价格指数、购进价格指数与基准指标的时差相关系数较小，但是其峰谷对应性较好，因此本报告也将其选为滞后指标

采用表 2 中筛选出的景气指标，基于合成指数方法分别建立了我国固定资产投资增长率周期的一致、先行和滞后合成指数（以下简称投资合成指数），各指数均以 2005 年平均值为 100。固定资产投资的一致合成指数与先行合成指数如图 5 所示。

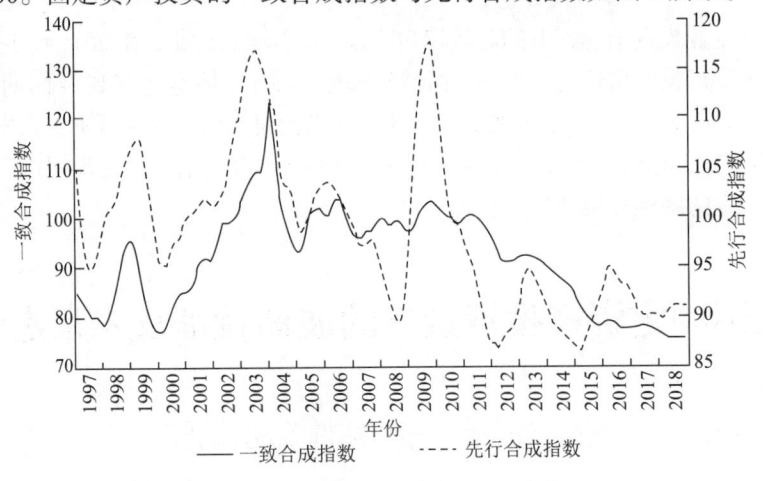

图 5 固定资产投资一致合成指数与先行合成指数

图 5 显示，1997 年至今我国固定资产投资一致合成指数呈现出明显的波动特征。按"峰~峰"的周期计算，我国月度固定资产投资增长率已经历了 6 次完整的景气循环，目前正处于第 7 次景气循环的下降期。在 2008 年金融危机之后，在应对国际金融危机的一揽子计划的作用下，固定资产投资一致合成指数迅速进入上升期。然而，在高强度经济刺激下的产能过剩、供求失衡问题等矛盾迅速凸显，我国又迅速推出了化解产能过剩、调整投资结构等政策，固定资产投资一致合成指数于 2009 年 11 月便开始回落。随后，经济增长内生动力不足与下行压力加大的现象并存，出于防止经济失速的考虑，"稳增长、调结构"成为政府调控的主要目标，其中在要素驱动型和粗放增长型经济增长模式没有发生

根本转变的情形下，经济的稳定增长与固定资产投资的稳定紧密相关，因此，2010年之后，政府出台了一系列促进投资的政策措施，在2010年11月~2011年3月、2012年8月~2013年2月、2015年11月~2016年3月，固定资产投资一致合成指数出现了三次短暂的上升期。由于经济增长的传统动力开始减弱，新旧动能接续转换的速度相对较慢，高投资驱动下的经济增长模式难以为继，中国固定资产投资进入了增速回落的新常态阶段。

总体而言，2013年以来，固定资产投资周期进入了1997年以来时期最长、幅度最大的下降阶段，这在很大程度上也是经济的下行压力逐渐加大的来源之一。如图5所示，在经历了最近一次即2016年初的小幅回升之后，2016年7月~2017年9月，我国固定资产投资一致合成指数值基本维持在77~78，然而在2017年10月之后，固定资产投资一致合成指数再次呈现出下降态势，下降9个月之后，2018年7月固定资产投资一致合成指数值为75.12，达到了1997年以来的最低值，此后至2018年12月，固定资产投资一致合成指数出现了企稳回升的迹象，这与固定资产投资完成额（不含农户）累计增速的变动趋势基本一致。其中，制造业转型升级加快使其投资稳步回升，房地产市场稳定运行保证了其投资相对平稳，而基础设施投资增速下降后逐步企稳，固定资产投资三个主要组成部分的平衡效应使一致合成指数在回落中趋于稳定。

进一步地，通过观察图5中我国固定资产投资的先行合成指数可得，在经历了2017年下半年的小幅震荡之后，自2018年2月开始，固定资产投资先行合成指数触底回升，在持续了6个月的上升期后，至2018年7月开始维持稳定，并持续到2018年12月。按照投资先行合成指数领先于投资一致合成指数6~7个月的先行期判断，固定资产投资一致合成指数应于2018年8~9月开始回升，这与投资一致合成指数的变动趋势基本一致，这也成为固定资产投资企稳回升的另一个重要信号。因此，本报告认为，2018年7~8月是我国固定资产投资波动的一个暂定谷，至于是否能够确定，需要继续观察。

为进一步确定2018年7月或8月的筑底企稳特征，本报告基于固定资产投资的滞后合成指数再次进行判断。如图6所示，固定资产投资滞后合成指数已经于2018年初出现了暂时谷底，按照滞后合成指数晚于一致合成指数的滞后期推算，固定资产投资一致合成指数于2018年第三季度末触底企稳。

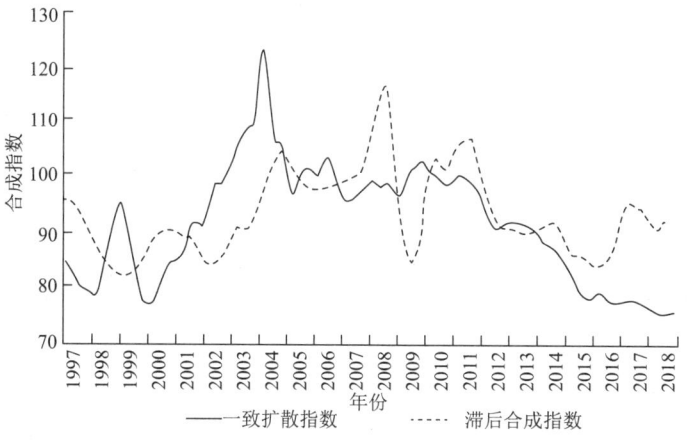

图6 固定资产投资一致扩散指数与滞后合成指数

（二）基于扩散指数对我国固定资产投资增长率周期的走势判断

由于扩散指数包含的未来转折点预测的信息较为丰富，本报告利用表 2 中的一致指标、先行指标建立了我国固定资产投资增长率周期的一致扩散指数和先行扩散指数，如图 7 所示。

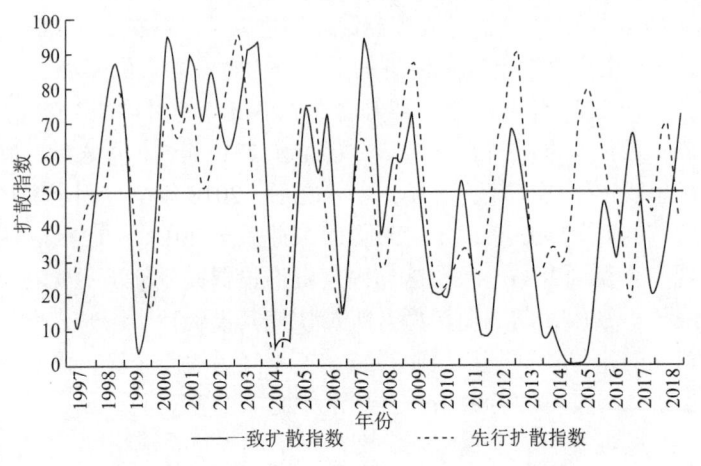

图 7　固定资产投资一致扩散指数与先行扩散指数

图 7 显示，我国固定资产投资一致扩散指数在 2016 年底自下向上穿过 50 线，紧接着 2017 年上半年自上向下穿过 50 线，这与固定资产投资一致合成指数的波动存在略微差别，但趋势是一致的，均验证了固定资产投资在 2017 年上半年的相对稳定性。2017 年 7 月~2018 年 8 月，固定资产投资一致扩散指数一直维持在 50 线下运行，2018 年 9 月再次自下向上穿过 50 线。据此判断，2018 年 8 月成为固定资产投资的暂定谷底，这也进一步验证了固定资产投资已经开始筑底企稳，出现回暖特征。

另外，如图 7 中所示，固定资产投资先行扩散指数已经于 2018 年 3 月由下向上穿过 50 线，并且运行了 7 个月一直持续到 2018 年 9 月，固定资产投资先行扩散指数已经出现了暂定谷。按照固定资产投资先行扩散指数领先于一致扩散指数 5~6 个月的先行期判断，固定资产投资周期波动于 8~9 月到达谷底，在 2018 年第三季度末触底回升，该结果与固定资产投资合成指数所得结论基本一致。然而，在本轮景气循环中，固定资产投资一致扩散指数值虽然显示投资已经触底，但是并不稳固，因此，"稳投资"的任务依然艰巨，促进固定资产投资增速企稳回升的政策还需要尽快出台和落实。

三、我国固定资产投资 2018 年运行态势的预警分析

为进一步分析我国固定资产投资增长周期的运行态势，提高对我国固定资产投资景气波动特征及运行态势判断的准确性，为相关部门的调控政策提供具体详尽的参考信息，我们又从众多经济指标中筛选出了 5 个对我国固定资产投资运行状况反映灵敏性较高的

预警指标，构成了我国固定资产投资增长率周期的月度预警信号综合指数，其投资预警指标信号[●红灯（过热），◉黄灯（趋热），○绿灯（正常），◎浅蓝灯（趋冷），⊗蓝灯（过冷）]由表3给出。结合表3，对主要固定资产投资增长率周期的景气状况做进一步分析。

表3　固定资产投资预警指标信号

指标名称	2018年											
	1月	2月	3月	4月	5月	6月	7月	8月	9月	10月	11月	12月
1. 固定资产投资完成额累计同比增速	⊗	⊗	⊗	⊗	⊗	⊗	⊗	⊗	⊗	⊗	⊗	⊗
2. 房地产开发投资累计同比增速	◎	◎	◎	◎	◎	◎	◎	◎	◎	◎	○	○
3. 第二产业固定资产投资完成额累计同比增速	⊗	⊗	⊗	⊗	⊗	⊗	⊗	⊗	◎	◎	◎	◎
4. 第三产业固定资产投资完成额累计同比增速	◎	◎	◎	◎	⊗	⊗	⊗	⊗	⊗	⊗	⊗	⊗
5. 固定资产新建投资完成额累计同比增速	⊗	⊗	⊗	⊗	⊗	⊗	⊗	⊗	⊗	⊗	⊗	⊗
综合判断	⊗	⊗	⊗	⊗	⊗	⊗	⊗	⊗	⊗	⊗	⊗	⊗
	10	10	10	5	5	5	10	10	15	15	15	15

注：本表中指标均已剔除季节要素和不规则要素

（一）固定资产投资完成额累计增速维持在过冷区间运行

表3显示，自2018年1月开始，固定资产投资完成额累计同比增速就一直处于过冷的"蓝灯"区运行，并一直持续到2018年12月。作为固定资产投资中的重要组成部分，固定资产新建投资完成额累计同比增速于2018年初由趋冷的"浅蓝灯"区下滑至过冷的"蓝灯"区，并持续运行了12个月。"稳投资、促投资"的任务仍然艰巨，激发全社会投资活力的政策措施有待于加强。

（二）第二产业与第三产业固定资产投资增速分化特征明显

由表3可得，2018年以来，固定资产投资完成额累计同比增速一直处于过冷的"蓝灯"区，但是第二产业固定资产投资完成额累计同比增速呈现持续回升态势，已经由2018年1~3月的2%回升至2018年1~10月的5.8%，并且在2018年9月结束了在"蓝灯"区的运行并开始进入趋冷的"浅蓝灯"区。与之相对，2017年10月~2018年10月，第三产业固定资产投资完成额累计同比增速持续下滑，已经由10%下降至5.4%，并在2018年4月结束了在趋冷的"浅蓝灯"区的运行，开始进入过冷的"蓝灯"区，至2018年12月已经运行了9个月。第二产业投资增速持续回升与第三产业投资增速持续回落形成了较为明显的对照，这表明政府控制"脱实向虚"、振兴实体经济的政策措施已经取得了一定的成效，同时也应着力促进传统服务业中固定资产投资实现高水平和高质量增长。

（三）房地产开发投资增速已经运行至正常区间

通过观察表3可得，2017年以来，房地产市场处于高位运行，房地产开发投资比较活跃，虽然房地产市场调控政策频出，稳定仍然是房地产投资的主基调。进入2018年下半年后，房地产市场调控的政策效果开始显现，房地产开发投资在稳定中开始出现了小幅回调的迹象，但是这并没有改变房地产开发投资稳中有升的运行趋势。从2018年1月开始的6个月中，房地产开发投资累计同比增速处于趋冷的"浅蓝灯"区运行，2018年7月，房地产开发投资累计同比增速上升至正常的"绿灯"区运行，并持续到2018年12月。

四、对2019年我国固定资产投资的走势展望

自2009年1~6月，我国固定资产投资累计同比增速达到33.6%的高点之后，截止到2018年8月，固定资产投资下降的时间已经长达111个月。在未来的一段时期内，固定资产投资高增长、高波动的特征基本上不会再次出现，而是以"处于低位、小幅波动"为其主要的运行特征。在2019年，随着"稳投资"政策效应的逐步释放，固定资产投资累计增速维持稳定是大概率事件。本报告预计2019年全年固定资产投资增速会稳定在6%左右，主要依据如下。

（一）基础设施建设投资触底回升的可能性很大

进入2018年以后，导致基础设施投资增速出现大幅下滑的主要因素，如基数过高、PPP项目治理、融资难等问题已经得到了初步解决。地方政府专项债发行和使用的进度显著加快，与减税财政政策和结构性宽松货币政策的实施一起在很大程度上缓解了基础设施固定资产投资的融资约束，这都将为基础设施投资触底反弹提供强有力的支撑。并且，此前的基础设施投资增速下降在一定程度上可以认为是主动调减的结果，在经济运行的不确定性增加的背景下，出于对冲经济下行压力、稳定经济增长目标的考虑，政府也会适度加大基础设施建设的力度。具体体现在，2018年中央政府多次强调加大基础设施领域补短板的力度，加快中西部基础设施建设，各地区政府在2018年第四季度经济攻坚任务中，基本都提出了要加快重点项目落地、推进重大工程建设等。

（二）制造业投资和房地产投资总体上会保持稳定

2018年制造业的固定资产投资实现了稳步回升后趋稳，成为支撑固定资产投资筑底企稳的重要因素。在创新驱动制造业转型升级不断推进的过程中，制造业内部投资结构会不断优化，新产业和新模式发展迅速，制造业投资的积极性会继续存在或有所上升，

因此，未来一段时间内制造业投资有望保持稳定或稳中有升。

如前所述，2018年下半年，在房地产需求侧的销售下滑影响下，房地产投资已经出现了小幅回落，加之房地产市场管控力度较大导致其下行的压力不减。然而，房地产开发投资大幅下降的可能性很小，原因在于：一是先行指标表现良好，新开工面积、施工面积等先行指标增速保持稳定或稳中略升，能够对房地产开发投资形成有效支撑；二是商品房待售面积进一步减少，2018年末商品房待售面积、住宅待售面积均达到了近年来的新低，房地产企业补库存的愿望较为强烈，因此，房地产开发投资增速也将保持稳定。

（三）民间投资向好的惯性会延续

2018年以来，民间投资增速明显回升，民间投资的信心有所增强。2018年9月之后，促进民营企业发展和民间投资增长的新政策和新措施密集推出，民间资本在重点领域中进一步实现了"进得去、稳得住"。特别是，向民间资本推介项目工作已经取得了积极进展，投资领域"放管服"改革逐步深化，全国投资项目在线审批监管平台和民间资本投资重点领域项目库的有效运行和持续完善，都为民间投资营造了更好的投资环境，民间投资稳定增长的基础牢固，预期向好。

（四）基于投资相关先行信息的判断

结合固定资产投资先行合成指数和先行扩散指数的走势及当前我国政府的宏观调控政策方向，都进一步确认了固定资产投资累计增速稳中有升的趋势。除此之外，与投资相关的其他先行指标也能够再次对固定资产投资增速的企稳回升起到验证作用。总体而言，全社会投资意愿保持了相对稳定。此外，根据中国物流与采购联合会数据可得，2018年11月，建筑业新订单指数、业务活动预期指数均创年内新高，分别达到56.5%和68.3%[1]，这也是固定资产投资特别是基础设施投资需求回暖的重要信号。

五、政 策 建 议

（一）进一步扩大有效投资、实现精准投资

在经济增速降低和固定资产投资增速下滑的阶段，高质量增长成为经济增长和固定资产投资增长的主题。当前，在全社会固定资本规模扩大和边际要素递减规律的影响下，经济增长中新增资本产出比提升和固定资产投资中效率不高的现象十分常见。因此，集中有限的资金扩大产出效益较高的投资规模，实现精准投资和有效投资的充分结合，是

---

[1] 武威. 2018年11月PMI显示：非制造业保持适度较快增长. http://www.chinawuliu.com.cn/lhhkx/201811/30/336728.shtml [2018-11-30].

提高投资质量及发挥固定资产投资在经济增长中作用的必然选择。

（二）在"补短板"中推进基础设施投资结构优化与区域平衡

随着乡村振兴战略的实施，基本公共服务、农村农业、生态环保领域等薄弱环节"补短板"的力度会不断加大。利用"补短板"这一契机，中央政府应从城乡、区域、行业等多个方面，统筹考虑实现基础设施投资的结构优化与区域平衡。具体到地方政府，则应集中力量进行农村基础设施建设投资、中西部基础设施建设改造、电力通信环保等基础设施完善，以农村和中西部基础设施产权改革为途径调动社会进行基础设施"补短板"的积极性，有效缓解薄弱环节基础设施融资难的问题。

（三）建立健全固定资产投资项目动态追踪与监测预测体系

国家发展和改革委员会已经启动运行全国投资项目在线审批监管平台，并且要求地方依托这一平台，尽快建立吸引民间资本投资重点领域项目库，形成向民间资本的项目推介平台。实际上，项目推介只是初步工作，更为重要的是后续的跟踪调研、融资保障和风险防范。因此，有必要建立固定资产投资项目的动态追踪与监测预测系统，在解决政府与企业的投资信息不对称、不全面问题的基础上，不仅可以及时发现投资过程中出现的负面因素，而且能够根据宏观经济和货币政策走向，采取防范投资大幅下滑的前瞻性政策措施，保证固定资产投资的平稳增长。

2019年中国进出口形势分析与预测[①]

魏云捷　孙玉莹　张　珣　汪寿阳

报告摘要： 2018年，按美元计价，我国累计进出口总值[②]为4.62万亿美元，同比上升12.6%。其中，累计出口2.48万亿美元，同比上升9.9%，比2017年同期增幅扩大2.0个百分点；累计进口2.14万亿美元，同比上升15.8%，比2017年同期增幅收窄0.3个百分点；累计贸易顺差3517.6亿美元，比2017年同期收窄678亿美元。分季度看，2018年出口和进口呈现前高后低的态势，其中第一季度至第三季度，出口和进口季度同比增长率均保持两位数高速增长，出口的当季增长率分别为13.7%、11.5%和11.7%；进口的当季增长率分别为19.4%、20.6%和20.4%；但2018年第四季度，出口和进口季度增长率均大幅下降，分别为4.0%和4.4%。

展望2019年，全球经济增速放缓，贸易保护主义强势回归，全球化进程面临新的挑战。在此背景下，2019年我国出口和进口将面临怎样的机遇和挑战？中国科学院预测科学研究中心运用计量经济模型和系统分析等方法，对2019年我国进出口形势进行了分析与测算，并就需要关注的几个问题提出对策建议。

预计2019年我国进出口总值仍将继续保持稳定增长，但增速将低于2018年，其中进口增速略高于出口增速。按美元计价，预计2019年我国进出口总值约为4.87万亿美元，增长约5.34%[③]；其中出口约为2.60万亿美元，增长约4.43%，进口约为2.27万亿美元，增长约6.39%；贸易顺差约为3245亿美元，顺差较2018年进一步收窄。

一、当前我国外贸运行特点的分析

2018年我国外贸运行呈现以下特点。

（1）出口稳定复苏，进口高速增长，贸易顺差收窄。2018年，按美元计价，我国累计进出口总值为4.62万亿美元，同比上升12.6%。其中，累计出口2.48万亿美元，同比上升9.9%，较2017年增幅扩大2.0个百分点；累计进口2.14万亿美元，同比上升15.8%，较2017年增幅收窄0.3个百分点；累计贸易顺差3517.6亿美元，较2017年收窄678亿

[①] 本报告得到国家自然科学基金委员会（项目编号：71422015、71801213）、国家数学与交叉科学研究中心（项目：全球经济监测、预测预警与政策模拟平台）的资助。

[②] 根据Wind数据库累计数据所得，下同。

[③] 本报告中2019年增长率预测值均由未经约分的原始数据计算得出。

美元。分月看，2018年出口和进口增速均呈现前高后低的态势（图1）。

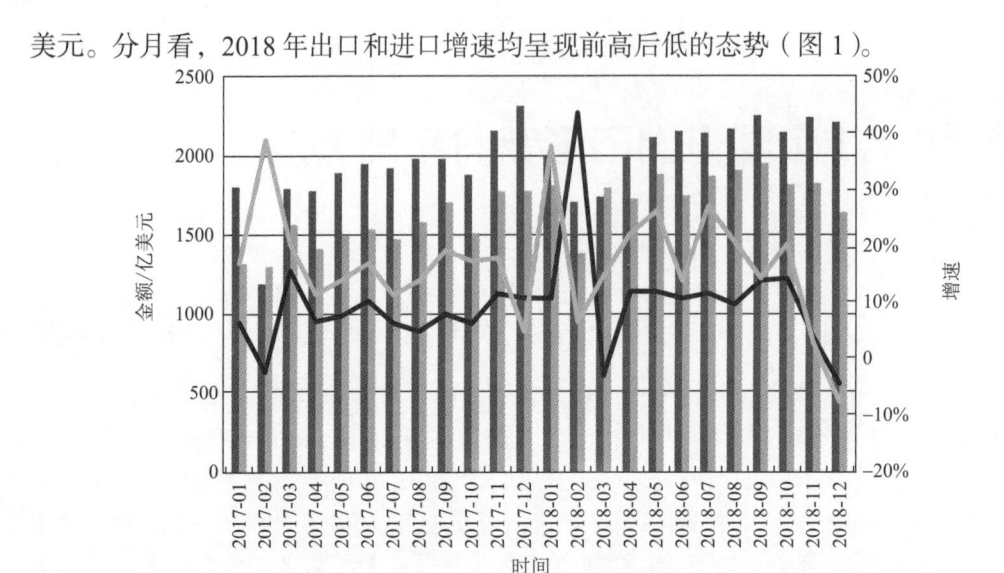

图1　2017年1月至2018年12月进出口情况（美元计价）

按人民币计价，2018年我国累计进出口总值为30.51万亿元，同比上升9.7%。其中，累计出口16.42万亿元，同比上升7.1%；累计进口14.09万亿元，同比上升12.9%；累计贸易顺差2.33万亿元，较2017年收窄5258.0亿元（图2）。

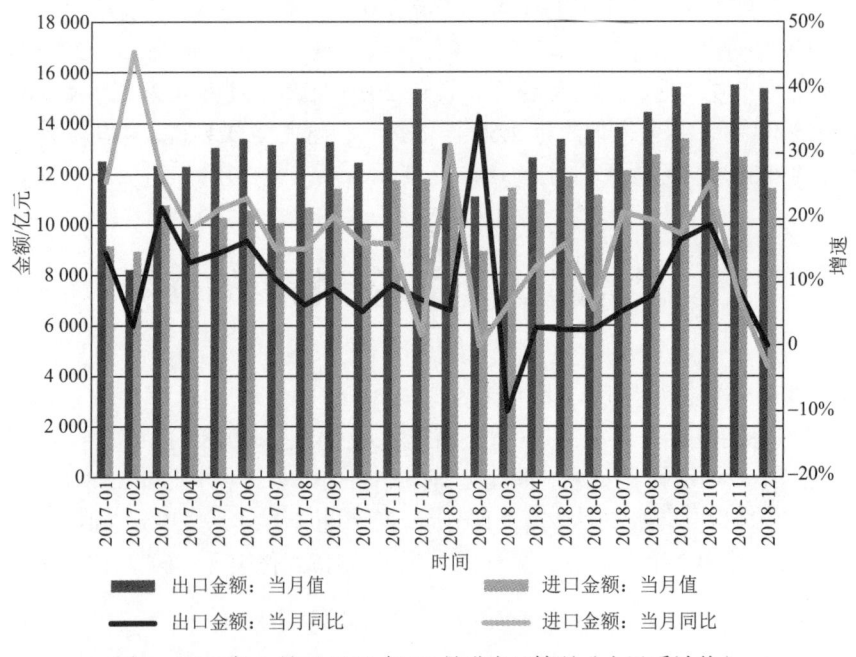

图2　2017年1月至2018年12月进出口情况（人民币计价）

（2）加工贸易进出口占我国外贸比重略有下降，一般贸易占比持续增加。一般贸易方面，2018 年，一般贸易进出口累计总额为 2.67 万亿美元，同比上升 15.7%，其中一般贸易出口累计 1.40 万亿美元，同比上升 13.9%；一般贸易进口累计 1.27 万亿美元，同比上升 17.7%；贸易顺差为 1270.7 亿美元。加工贸易方面，2018 年，加工贸易进出口累计总额为 12 675.5 亿美元，同比上升 6.5%，其中加工贸易出口累计 7971.7 亿美元，同比上升 5.1%；加工贸易进口累计 4703.8 亿美元，同比上升 9.1%，贸易顺差为 3267.9 亿美元。

受我国产业结构调整及发达国家制造业回流等因素影响，加工贸易进出口占我国外贸比重逐年下降，一般贸易所占比重持续增加。2016 年、2017 年和 2018 年，我国加工贸易进出口累计同比增长分别为-10.6%、7.0%和 6.5%，而同期一般贸易进出口增速为-5.2%、14.0%和 15.7%，均高于加工贸易增速。2018 年，我国加工贸易占外贸比重降至 27.4%，而一般贸易占比增至 57.9%（图3）。

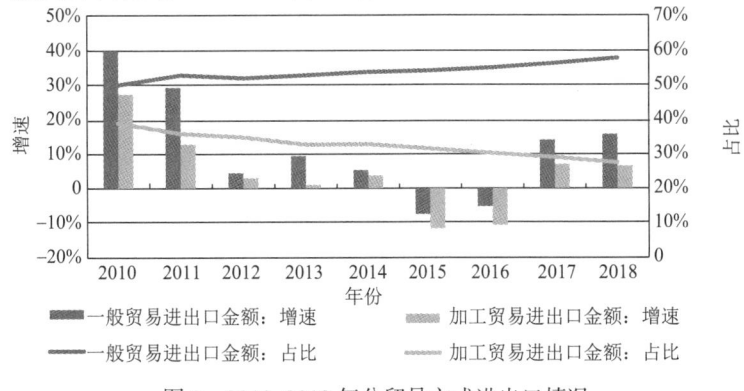

图 3 2010~2018 年分贸易方式进出口情况

（3）劳动密集型的服装、纺织品和鞋类出口增长弱于资本密集型的机电产品和高新技术产品。2018 年，劳动密集型的服装、纺织品和鞋类出口分别为 1576.3 亿美元、1191.0 亿美元和 469.0 亿美元，同比增速分别为 0.3%、8.5%和-2.6%。2018 年，我国机电产品和高新技术产品出口分别为 14 607.3 亿美元和 7468.7 亿美元，同比增速分别为 10.5%和 11.9%。

（4）对美国、欧盟和东盟的双边贸易额增速下降，但双边贸易份额基本保持稳定。2018 年，欧盟仍是我国最大的贸易伙伴，中欧双边贸易额达 6821.6 亿美元，同比上升 10.6%，其中出口同比上升 9.8%，进口同比上升 11.7%；美国为我国第二大贸易伙伴，中美双边贸易额为 6335.2 亿美元，同比上升 8.5%，其中出口同比上升 11.3%，进口同比上升 0.75%；东盟是我国第三大贸易伙伴，双边贸易额为 5878.7 亿美元，同比上升 14.2%，其中，出口同比上升 14.4%，进口同比上升 14.0%。贸易顺差方面，2018 年我国对欧盟、美国和东盟的贸易顺差分别为 1351.0 亿美元、3233.3 亿美元和 506.2 亿美元，贸易顺差分别较 2017 年增长 79.3 亿美元、475.2 亿美元和 71.9 亿美元。

二、2019 年我国进出口预测

展望 2019 年，全球经济增速放缓，贸易保护主义强势回归，全球化进程面临新的挑战。2019年，预期美联储将继续加息，但加息进程将放缓至两次，欧元区结束量化宽松，新兴市场难以突破增长阻力，这些因素将导致全球贸易继续处于萧条期，中国外需增长动力凸显不足。进口方面，预计2019年全球商品市场价格进一步走弱，国内经济仍处于"L"形底部，内需低迷，加之加工贸易持续转移使得加工贸易进口减少，综合考虑国内需求和国际大宗商品价格波动的影响，预计2019年进口增长有所放缓。

模型测算结果显示，在不发生大的地缘政治风险，金融市场和中美贸易关系不发生剧烈变化的情景下，2019年我国出口增速将较2018年有所下降，具体预测值如下。

基准：GDP增速为6.3%。按美元计价，预计2019年我国进出口总值约为4.87万亿美元，增长约5.34%；其中出口约为2.60万亿美元，增长约4.43%，进口约为2.27万亿美元，增长约6.39%；贸易顺差约为3245亿美元，顺差预计较2018年进一步收窄。

乐观：GDP增速为6.5%。出口约为2.64万亿美元，增长约6.23%；进口约为2.33万亿美元，增长约9.09%。

悲观：GDP增速为6%。出口约为2.55万亿美元，增长约2.47%；进口约为2.21万亿美元，增长约3.40%。

三、值得关注的问题及对策建议

（一）美国贸然向我国发动贸易战，我国外部贸易环境持续承压

2018年特朗普政府多次对自我国进口的商品加征关税，贸然向我国发起了贸易战。虽然2018年我国出口增速呈现快速增长趋势，但这在一定程度上是由于美国加征我国出口商品关税的预期引起出口商的恐慌情绪，进而提前出货。展望2019年，世界经济增长势头将明显放缓，多国汇率波动剧烈及地缘政治不稳等因素将抑制全球贸易增长，外部需求总体上也面临着下行风险，我国出口增长动力不足。具体来看，美国财政刺激效果逐步消退，货币政策日益收紧，加征关税措施落地等，将可能导致美国经济增长势头放缓；欧元区制造业景气度进一步回落，欧盟内部面临英国"脱欧"和意大利预算两大难题；新兴市场国家的出口和汇率受美联储加息及缩表影响将面临更严峻的考验；加之中美双方贸易摩擦和贸易磋商的不确定性均将对我国的出口造成负面影响。此外，我国推行的一系列稳出口政策如提升跨境贸易便利化、启动关税保证保险试点和对美方清单涉及较多的领域的出口产品提高出口退税率等措施，将有助于推动我国的出口。

建议：①继续推动贸易便利化措施，精简各类手续，提供多元化融资平台，进一步改善外贸企业的发展环境；②加强对大宗商品市场的监测预警，指导外贸企业增强风险防范和控制的能力与水平；③支持服务贸易发展，鼓励政策性金融机构在业务范围内加大对服务贸易扶持力度，支持服务贸易重点项目建设，稳步扩大服务贸易出口；④在严控重大风险总原则下进一步加快开放步伐，促进与其他国家和地区的经济和技术合作，积极推进"一带一路"倡议，分散化解美国对我国关税冲击的负面影响。

（二）我国出口商品结构有所优化，高新技术产品出口占比增大

2018年我国商品结构持续向价值链高端延伸。基于 Wind 数据库中月度累计数据的计算结果显示，2018年高新技术产品在总出口中的占比达到了30.0%，较2017年上升了0.54个百分点；机电产品在总出口中的占比达到了58.8%，较2017年上升了0.34个百分点；纺织品、服装、鞋类、玩具、家具、灯具等劳动密集型产品在总出口中的占比分别下降了0.06个百分点、0.61个百分点、0.24个百分点、0.05个百分点、0.05个百分点和0.05个百分点。

2018年美国政府持续对《中国制造2025》中涉及的商品征税，包括高性能医疗器械、医疗生物、新材料、农机装备、工业机器人、新一代信息技术、新能源装备、航空产品和高铁装备等。短期来看，中美贸易战可能会在一定程度上影响我国经济转型升级战略《中国制造2025》的实施，放缓我国战略性新兴产业的发展，阻碍中国经济向创新驱动方向转型的进程。

建议：①继续关注出口产品结构优化与转型升级，进一步加强自主创新能力建设，不断提高出口产品附加值，进而提升我国产品的国际竞争力，并以此培育出新的出口贸易增长点；②继续推动自由贸易试验区、沿边开发开放试验区等合作平台发展，在加强风险管理的同时，进一步扩大国际合作规模；③以《中国制造2025》为契机，进一步增加对核心技术的研发投入，加强关键核心技术攻关，积极支持新产业、新模式、新业态发展，促进产业由低端向中高端迈进。鼓励以自主创新的高质量产品来提高出口竞争力，将我国外贸吸引力由要素驱动向创新驱动转变，不断提升国际竞争力。

（三）人民币汇率波动加大及人民币汇率贬值预期加强，将加大我国对外贸易的不确定性

2018年1~12月，美元对人民币汇率中间价经历了先升值后贬值的过程，汇率波动加大。根据 Wind 数据库，2018年4月2日，美元对人民币中间价升值至6.2764元，相较于2018年1月2日升值幅度为3.6%；而2018年11月1日，美元对人民币中间价持续贬值至6.9670元，相较于上半年高点（2018年4月2日）贬值11.0%。汇率的双向波动增加了企业资金结算的不确定性，不利于我国对外贸易稳定性。随着我国经济增速下行，美国经济持续复苏，加上中美双方贸易摩擦和贸易磋商的不确定性等因素的影响，人民币贬值预期可能会进一步增强。

建议：①积极推动人民币跨境贸易结算，减少我国企业汇兑风险；②加强对外贸企业汇率风险的指导，积极引导企业调整资产配置，积极采取措施化解人民币汇率波动对外债规模较大的外贸企业带来的财务负担。

2019 年中国最终消费形势分析与预测

刘秀丽 郑 杉

报告摘要： 我国已进入消费需求持续增长、消费结构加快升级、消费拉动经济作用明显增强的重要阶段。对消费的分析与预测，对积极发挥新消费的引领作用，实现经济稳定增长、提质增效、提高人民生活质量具有重要意义。

本报告首先对最终消费总额及其结构的变动趋势和主要影响因素进行了分析。根据国家统计局公布的数据，2018 年最终消费支出对 GDP 增长的贡献率达到了 76.2%，比 2017 年同期提高 18.6 个百分点。2018 年，社会消费品零售总额 380 987 亿元，累计增长 9.0%，较 2017 年下降 1.2 个百分点。其中，汽车消费增速有所放缓，比 2017 年同期回落 6.0 个百分点。但消费结构仍保持升级趋势，消费升级类商品销售增长明显快于其他商品，2018 年前三季度通讯器材类商品同比增长 10.7%，增速加快 1.4 个百分点；化妆品类同比增长 12.0%，继续保持两位数较快增长。2018 年我国消费者预期指数、满意指数、信心指数均处于历史较高水平。从消费偏好上看，消费者从关注价格向关注品种、品质、品牌转变，健康消费、品质消费、绿色消费特征进一步凸显。从居民消费结构看，2013~2018 年城镇居民在食品烟酒类的消费占比降低了 2.41 个百分点，在医疗保健类的消费占比提高了 1.69 个百分点，在交通和通信类的消费占比虽整体呈现上升趋势，但 2018 年较 2017 年下降 0.34 个百分点。2013~2018 年农村居民在食品烟酒类的消费占比降低了 4.06 个百分点，在交通和通信类、医疗保健类的消费占比分别提高了 2.25 个百分点、1.30 个百分点，其余行业消费占比略有波动但总体稳定。这说明我国居民的消费形态由物质消费向服务消费转移的趋势更加明显。

展望 2019 年，有利于消费增长的因素主要有：近两年消费利好政策如《中共中央 国务院关于完善促进消费体制机制 进一步激发居民消费潜力的若干意见》《完善促进消费体制机制实施方案（2018—2020 年）》等陆续出台；我国居民的收入差距在逐步缩小，2018 年恩格尔系数是 28.4%，比上年同期下降了 0.9 个百分点；农村居民消费增速较快，农村居民人均消费支出 12 124 元，增长 10.7%，扣除价格因素，实际增长 8.4%，较 2017 年同期增加 1.1 个百分点，精准扶贫是许多农村居民提高收入水平、提升消费能力的关键；养老服务成为扩大消费新动力，基本养老保险基金支出占养老保险基金收入比从 2011 年的 74.2% 提高到 2017 年的 86.7%。人民群众更重视生活质量和健康，层次更高、覆盖范围更广、多样化差异化健康及医疗服务需求将增加。消费增长的主要制约因素有：居民收入增长缓慢；家庭债务（主要是房贷）制约了其他消费；中小城镇和农村社会保

---

① 本报告得到国家自然科学基金（项目编号：71874184）的资助。

障体系仍不健全;农村电商发展阻力较大,物流通道的打通和成本的降低是发展农村电商的关键;高端化、品牌化、个性化商品供给不足,健康、养老、家政、文化、体育、儿童早期教育等服务供给有短板。

基于对最终消费总额及其结构的变动趋势和主要影响因素的分析,本报告应用分项加和预测方法,对2019年我国最终消费进行了预测。预计2019年我国最终消费将保持持续增长趋势,同比名义增速约为8.4%。

一、引言

在经济发展新常态背景下,我国已进入消费需求持续增长、消费结构加快升级、消费拉动经济作用明显增强的重要阶段。以传统消费提质升级、新兴消费蓬勃兴起为主要内容的新消费,以及其催生的相关产业发展、科技创新、基础设施建设和公共服务等领域的新投资、新供给,蕴藏着巨大发展潜力和空间。为更好发挥新消费引领作用,加快培育形成经济发展新供给、新动力,我国制定与发布了一系列的法规文件(表1)。尤其是2018年9月20日国务院出台了《中共中央 国务院关于完善促进消费体制机制 进一步激发居民消费潜力的若干意见》,2018年10月11日国务院办公厅印发了《完善促进消费体制机制实施方案(2018—2020年)》,强调了进一步放宽服务消费领域市场准入,完善促进实物消费结构升级的政策体系,加快推进重点领域产品和服务标准建设,建立健全消费领域信用体系,优化促进居民消费的配套保障,加强消费宣传推介和信息引导。

表1 2015~2018年促消费政策

出台日期	政策名	内容简介
2015年11月23日	《国务院关于积极发挥新消费引领作用加快培育形成新供给新动力的指导意见》[1]	强调了六个消费升级重点领域和方向,并提出加快推进重点领域制度创新、全面改善优化消费环境、创新并扩大有效供给、优化政策支撑体系
2016年4月15日	《关于促进消费带动转型升级的行动方案》[2]	提出"十大扩消费行动",包括城镇商品销售畅通行动、农村消费升级行动、居民住房改善行动、汽车消费促进行动、旅游休闲升级行动、康养家政服务扩容提质行动、教育文化信息消费创新行动、体育健身消费扩容行动、绿色消费壮大行动、消费环境改善和品质提升行动
2016年10月17日	《商务部关于促进农村生活服务业发展扩大农村服务消费的指导意见》[3]	明确了五大主要任务:健全农村生活服务体系,保障农民服务需求;创新农村生活服务模式,增强服务供给能力;统筹城乡生活服务发展,让农民共享改革成果;发展绿色生活服务,筑牢可持续发展能力;强化市场监管,规范农村市场秩序
2016年11月28日	《国务院办公厅关于进一步扩大旅游文化体育健康养老教育培训等领域消费的意见》[4]	提出了三个方面十大领域35项进一步扩大消费的政策措施:着力推进幸福产业服务消费提质扩容,大力促进传统实物消费扩大升级,持续优化消费市场环境
2017年8月24日	《国务院关于进一步扩大和升级信息消费持续释放内需潜力的指导意见》[5]	强调了四个重点领域,分别为生活类信息消费、公共服务类信息消费、行业类信息消费、新型信息产品消费,并以提高信息消费供给水平、扩大信息消费覆盖面、优化信息消费发展环境为具体目标

续表

出台日期	政策名	内容简介
2018年3月30日	《2017年中国居民消费发展报告》6)	指出未来将从深化"放管服"改革,健全消费政策体系,完善质量标准体系,加强信用、监管等市场体系建设和补齐消费领域基础设施短板五个方面出发,促进居民消费扩大升级,增强消费对经济发展的基础性作用
2018年9月20日	《中共中央 国务院关于完善促进消费体制机制 进一步激发居民消费潜力的若干意见》7)	提出构建成熟的消费细分市场、健全质量标准和信用体系、强化政策配套和宣传引导,以进一步激发居民消费潜力
2018年10月11日	《完善促进消费体制机制实施方案(2018—2020年)》8)	提出进一步放宽服务消费领域市场准入,完善促进实物消费结构升级的政策体系,加快推进重点领域产品和服务标准建设,建立健全消费领域信用体系,优化促进居民消费的配套保障,加强消费宣传推介和信息引导

1) 国务院. 国务院关于积极发挥新消费引领作用加快培育形成新供给新动力的指导意见. http://www.gov.cn/zhengce/content/ 2015-11-23/ content_ 10340.htm[2015-11-23]

2) 国家发展和改革委员会. 关于印发促进消费带动转型升级行动方案的通知. http://www.ndrc.gov.cn/zcfb/zcfbtz/201604/t20160426_799488.html[2016-4-15]

3) 商务部. 商务部关于促进农村生活服务业发展扩大农村服务消费的指导意见. http://www.mofcom.gov.cn/article/b/d/201610/20161001411243.shtml[2016-10-17]

4) 国务院办公厅. 国务院办公厅关于进一步扩大旅游文化体育健康养老教育培训等领域消费的意见. http://www.gov.cn/zhengce/content/2016-11/28/content_5138843.htm[2016-11-28]

5) 国务院. 国务院关于进一步扩大和升级信息消费持续释放内需潜力的指导意见. http://www.gov.cn/zhengce/content/2017-08/24/content_5220091.htm [2017-8-24]

6) 国家发展和改革委员会. 国家发展改革委正式发布《2017年中国居民消费发展报告》. https://www.ndrc.gov.cn/xwzx/xwfb/201803/t20180330_881341.html [2018-03-30]

7) 中共中央 国务院关于完善促进消费体制机制 进一步激发居民消费潜力的若干意见. http://www.gov.cn/zhengce/2018-09/20/content_5324109.htm[2018-9-20]

8) 国务院办公厅. 国务院办公厅关于印发完善促进消费体制机制实施方案(2018—2020年)的通知. http://www.gov.cn/zhengce/content/2018-10/11/content_5329516.htm[2018-10-11]

在经济发展新常态背景下,我国已进入消费需求持续增长、消费结构加快升级、消费拉动经济作用明显增强的重要阶段。对最终消费的分析与预测,对积极发挥新消费的引领作用,实现经济稳定增长、提质增效、提高人民生活质量具有重要意义。

二、最终消费总量的变化趋势

(一)最终消费的变化趋势

消费进一步拉动我国经济增长。根据国家统计局公布的数据,2018年最终消费支出对GDP增长的贡献率达到了76.2%,比2017年同期提高18.6个百分点,资本形成总额对GDP增长的贡献率为32.4%,货物和服务净出口对GDP增长的贡献率为-8.6%,分别下降12个百分点和10.6个百分点(图1)。

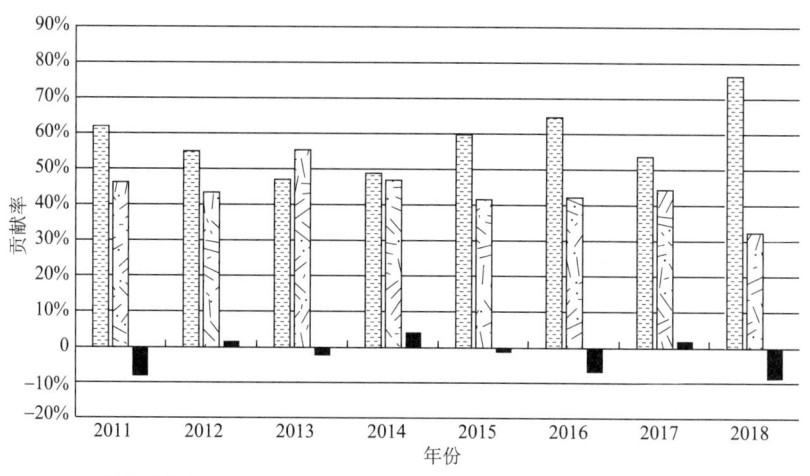

图 1 最终消费对 GDP 增长的贡献率

资料来源：《中国统计年鉴 2018》

（二）社会消费品零售总额变化趋势

2018 年，社会消费品零售总额 380 987 亿元，累计增长 9.0%，较 2017 年下降 1.2 个百分点（图 2）。2018 年 4 月和 5 月社会消费品零售总额同比增速分别下降 0.7 个百分点和 0.9 个百分点，2018 年 11 月同比增速为 8.1%，创 2016 年来的新低，2018 年 12 月同比增速为 8.2%。2018 年前三季度，汽车消费增速有所放缓，比 2017 年同期回落 6.0 个百分点。但消费结构仍保持升级趋势，消费升级类商品销售增长明显快于其他商品，通讯器材类商品同比增长 10.7%，增速加快 1.4 个百分点；化妆品类同比增长 12.0%，继续保持两位数较快增长，且此两类商品增速分别比全部限额以上单位增速高 3.8 个百分

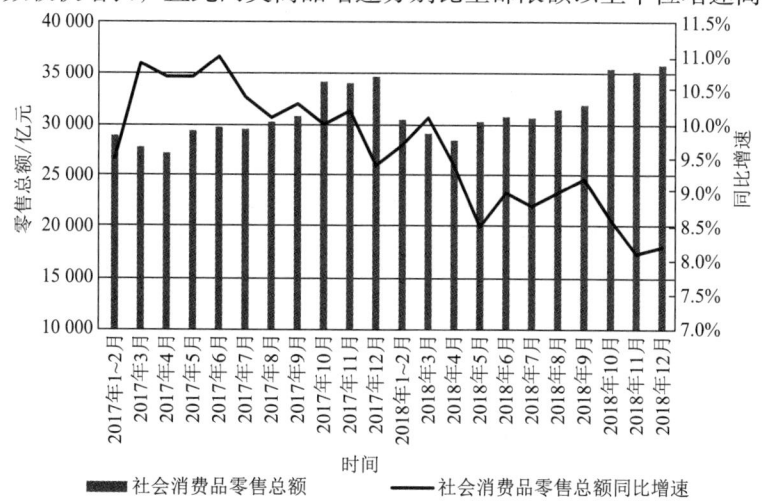

图 2 2017~2018 年我国社会消费品零售总额（当月）及同比增速（当月）

资料来源：国家统计局

点和 5.1 个百分点。网络销售增势强劲，农村电商快速发展，2018 年上半年，农村地区网上销售规模超过 6000 亿元，同比增长 34.4%，比同期全国网上零售额增速高 4.3 个百分点。

根据星图数据的统计[①]，2018 年"双十一"全网销售额达 3143 亿元，同比增长 23.7%，增速下滑（图 3）。总包裹数达到 13.4 亿个，同比减少 2.9%，平均单价 235 元，相比于 2017 年的 184 元提升 27.7%，达到了 2014 年以来的最高值（图 4）。"双十一"全网销售额增速下滑一方面是由于流量红利殆尽，另一方面是由于线下活动不断壮大，线上价格优势不再明显，线下对线上进行了分流。"双十一"已经成为人们的一种生活习惯，平均包裹单价上升十分明显，网购已经不是廉价的代名词。"双十一"当天阿里巴巴网络技术有限公司（以下简称阿里）份额稳中有升，北京京东世纪贸易有限公司（以下简称京东）占比下滑，上海寻梦信息技术有限公司（以下简称拼多多）初露锋芒（图 5）。

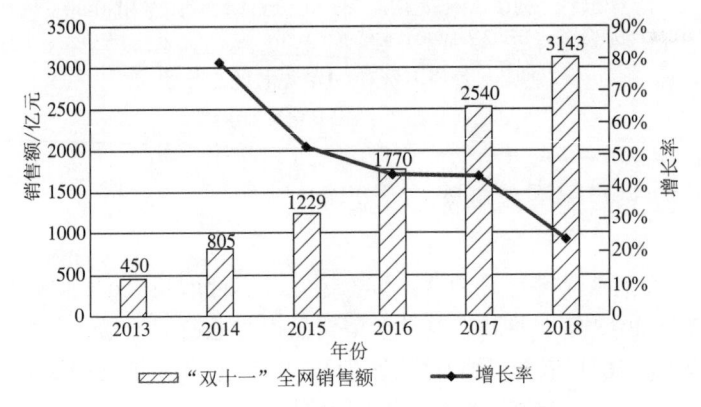

图 3　2013~2018 年"双十一"全网销售额及增长率

资料来源：星图数据

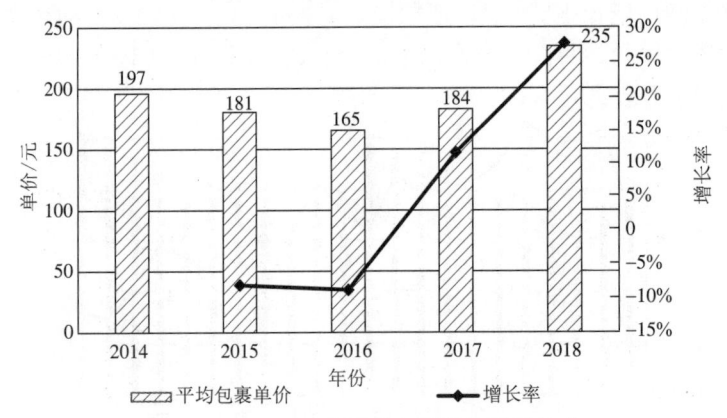

图 4　2014~2018 年平均包裹单价及增长率

资料来源：星图数据

---

① 訾猛，陈彦辛，彭瑛. 2018 年双 11 最深度全网分析：中国消费在发生什么变化?. http://finance.eastmoney.com/news/1374,20181119988014185.html[2018-11-19].

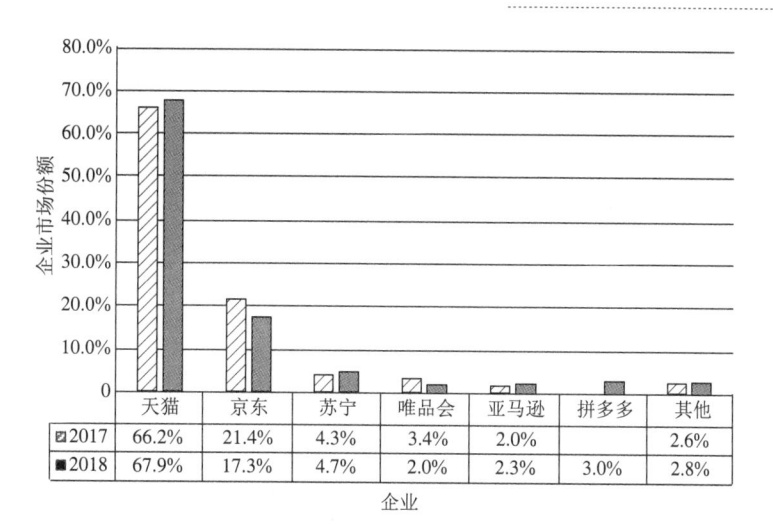

图 5　2017~2018 年"双十一"B2C 企业市场份额

资料来源：星图数据

B2C 即 business-to-customer，企业对顾客电子商务

企业	天猫	京东	苏宁	唯品会	亚马逊	拼多多	其他
2017	66.2%	21.4%	4.3%	3.4%	2.0%		2.6%
2018	67.9%	17.3%	4.7%	2.0%	2.3%	3.0%	2.8%

2009 年诞生的"双十一"，从起初的低价促销、物流低效，到后期 B2C 崛起，再到新零售时代线上线下融合，2018 年"双十一"狂欢已经延伸至全渠道、全场景，流量端低线流量、社交流量成为新发力端，场景端由实物消费向全场景消费、全渠道融合迁移，消费群体中"90 后"已成为中坚力量。

（三）消费者满意指数变化趋势

2018 年我国消费者预期指数、满意指数、信心指数均处于历史较高水平，2018 年 6 月三类指数小幅回落，7 月至 11 月三类指数平稳上升，2018 年 11 月消费者预期指数、满意指数、信心指数分别为 125.3、117.3、122.1，说明居民消费意愿较强（图 6 和图 7）。

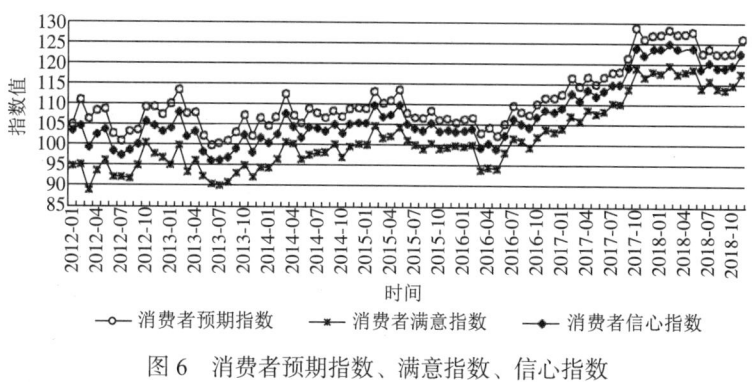

图 6　消费者预期指数、满意指数、信心指数

资料来源：国家统计局

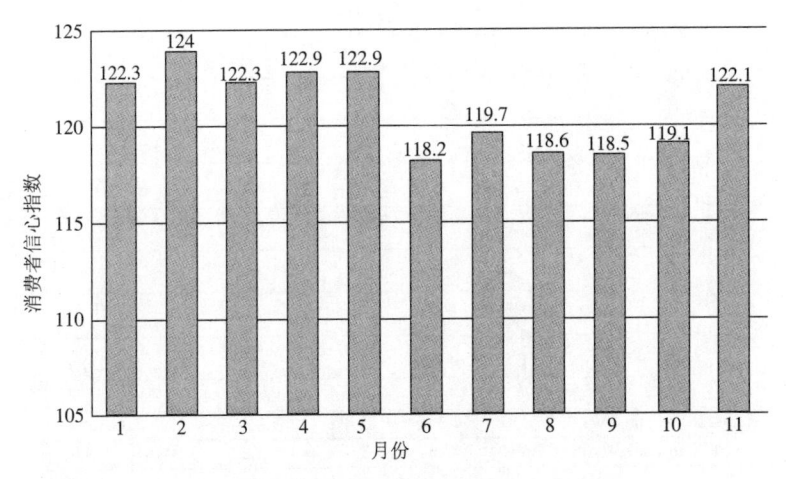

图 7　2018 年 1~11 月我国消费者信心指数

资料来源：国家统计局

从中央银行 2018 年储户问卷调查结果来看，在当期物价、利率及收入水平下，倾向于"更多消费"的居民占比稳中有升，第四季度上升 2.6 个百分点，倾向于"更多储蓄"的居民前三季度都呈现上升趋势，分别上升 1.7 个百分点、1 个百分点和 0.7 个百分点，第四季度小幅回落，而倾向于"更多投资"的居民呈下降趋势。截止到 2018 年第四季度，倾向于"更多消费"的居民占 28.6%，倾向于"更多储蓄"的居民占 44.1%，倾向于"更多投资"的居民占 27.3%。

（四）消费理念的变化

随着中国经济快速发展，收入稳步上升推动居民消费理念转变，居民从追求低价商品转向追求品牌、个性化消费，再到偏向高性价比、高质量商品，部分地区逐渐步入趋于理性、平衡价格与品质的新消费时代。在新消费时代下，消费者愿意花费更多的钱在高质量的商品上，并注重时间与价格的权衡；消费者关注衣食住行各方面的消费体验，喜欢多样化的消费形式；消费者的态度发生转变，注重产品功能的同时，更加注重自我价值和彰显自我品味与个性。艾媒咨询的调查显示，商品品质是消费者最看重的因素，愿意为更高质量的商品和服务体验消费的消费者占比超过四成，注重个性化产品的消费者占 30.8%。

商务部流通业发展司发布的《2017—2018 年中国零售行业发展报告》显示，从消费偏好上看，消费者从关注价格向关注品种、品质、品牌转变，健康消费、品质消费、绿色消费特征进一步突出。2018 年前三季度，限额以上单位日用品、通讯器材、服装类和金银珠宝同比增长迅速，全国餐饮收入增速高于商品零售，电影票房突破新高、旅游消费持续旺盛，文化内涵消费体验成为影响消费者的重要因素。从消费内容上，商品消费升级步骤加快，智能节能、绿色环保等商品需求旺盛，带动升级类、品质类商品销售提速。服务消费提质扩容，呈现品质化、细分化趋势。消费能力攀升、消费偏好变迁及消费内容转变，推动消费边界进一步拓展①。

（五）消费主体的变化

我国消费主体正在发生变化，"70后"仍是消费的主力军，其消费规模占总体规模的近一半，推进消费持续升级，但其贡献度正在逐步下降，而"80后"和"90后"对消费的贡献度持续上升，其中，2017年"90后"消费金额增长迅猛，同比增长73%，远高于"70后"和"80后"，增幅达"70后"的近两倍。"90后"在阿里"双十一"狂欢中消费占比逐年上升，2017年达到43%，2018年进一步上升至46%；2018年苏宁"双十一"嘉年华活动中"90后"消费占比42%，第一次超过占比38%的"80后"成本消费主力群体②。

三、消费结构的变化趋势

最终消费包括居民消费与政府消费两大部分，2001~2017年我国居民消费占最终消费的比例在72.9%~74.7%波动，且2017年居民消费支出占比下降到72.9%，创2000年来新低（表2）。从城乡结构来看，农村居民消费占居民消费比例基本上逐年递减，相应地，城镇居民消费占居民消费比例基本上逐年增加，从2001年的67.9%增加至2017年的78.5%。

表2　2001~2017年我国最终消费比例结构的变化

年份	居民消费支出占比	政府消费支出占比	农村居民消费占居民消费比例	城镇居民消费占居民消费比例
2001	74.0%	26.0%	32.1%	67.9%
2002	74.4%	25.6%	30.9%	69.1%
2003	74.6%	25.4%	30.0%	70.0%
2004	74.7%	25.3%	28.9%	71.1%
2005	74.2%	25.8%	27.8%	72.2%
2006	73.3%	26.7%	26.9%	73.1%
2007	73.3%	26.7%	25.6%	74.4%
2008	73.2%	26.8%	25.0%	75.0%
2009	73.3%	26.7%	24.2%	75.8%
2010	73.4%	26.6%	23.0%	77.0%
2011	73.2%	26.8%	23.3%	76.7%
2012	73.2%	26.8%	22.8%	77.2%
2013	73.2%	26.8%	22.5%	77.5%
2014	73.9%	26.1%	22.4%	77.6%
2015	73.4%	26.6%	22.2%	77.8%
2016	73.4%	26.6%	21.9%	78.1%
2017	72.9%	27.1%	21.5%	78.5%

资料来源：《中国统计年鉴》（2002~2018年）

从城乡居民在八大类产品的消费支出结构来看，2013~2018年城镇居民在食品烟酒

---

① 商务部：2017—2018年中国零售行业发展报告。https://baijiahao.baidu.com/s?id=1615946108755409733&wfr=spider&for=pc[2018-11-02].

② 訾猛，陈彦辛，彭瑛. 2018年双11最深度全网分析：中国消费在发生什么变化?. http://finance.eastmoney.com/news/1374,20181119988014185.html[2018-11-19].

类的消费占比降低了 2.41 个百分点，在医疗保健类的消费占比提高了 1.69 个百分点，在交通和通信类的消费占比虽整体呈现上升趋势，但 2018 年较 2017 年下降了 0.34 个百分点（图 8）。2013~2018 年农村居民在食品烟酒类的消费占比降低了 4.06 个百分点，在交通和通信类、医疗保健类的消费占比分别提高了 2.25 个百分点、1.30 个百分点，其余行业消费占比略有波动但总体稳定。这说明我国居民的消费形态由物质消费向服务消费转移的趋势更加明显。随着收入水平的持续增长，城乡居民温饱问题基本解决之后，开始更加重视生活质量，对健康、信息、教育、文化娱乐、旅游等服务型消费需求明显增加。

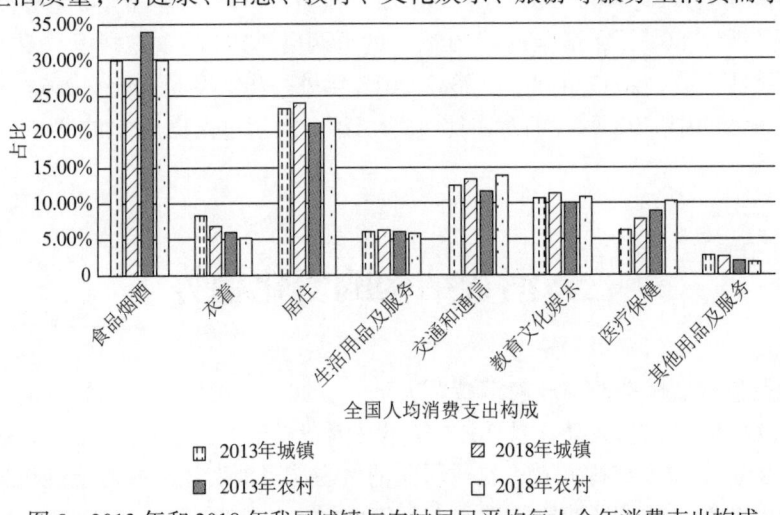

图 8　2013 年和 2018 年我国城镇与农村居民平均每人全年消费支出构成

资料来源：国家统计局

从城镇和农村社会消费品零售总额来看，城镇社会消费品零售总额远远高于农村，但农村消费增长速度继续快于城镇（图 9）。2018 年前三季度农村消费增速保持着自 2013 年以来快于城镇的态势，其中，2018 年 4 月和 5 月城镇和乡村社会消费品零售总额增速回落，这与进口汽车关税下调的政策预期、季节性因素、住房销售增速回落等因素直接相关[①]。

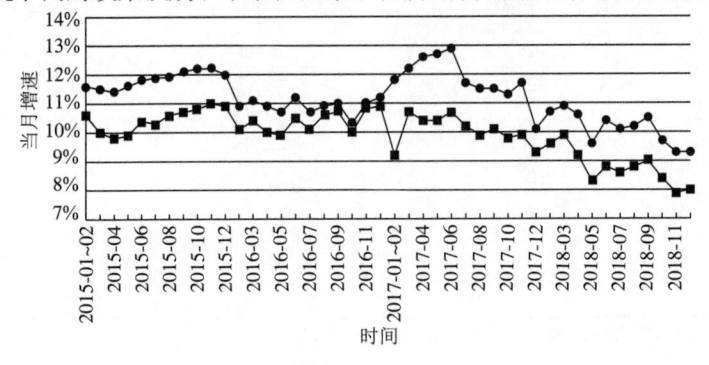

图 9　城镇和农村社会消费品零售总额

资料来源：国家统计局

---

① 国家发展和改革委员会. 发改委回应五六月份社会消费品零售总额增速回落原因. http://www.cs.com.cn/xwzx/hg/201808/ t20180802_ 5851958.html[2018-08-02].

从政府消费来看，2018年我国继续实施积极的财政政策，全国财政运行情况总体良好。经济稳中有进、稳中向好为财政增收形成有力支撑，财政收入实现较快增长；财政支出进度加快，重点支出得到有效保障。2017年，全国一般公共预算支出203 085亿元，同比增长7.7%。2018年前三季度，全国一般公共预算支出163 289亿元，同比增长7.5%。从主要支出项目情况看，教育支出23 760亿元，增长6.5%；科学技术支出5439亿元，增长16.7%；文化体育与传媒支出2186亿元，增长5%；社会保障和就业支出21 792亿元，增长9.3%；医疗卫生与计划生育支出12 766亿元，增长7.9%；节能环保支出4147亿元，增长8.8%；城乡社区支出18 895亿元，增长7.5%；农林水支出13 326亿元，增长6.1%；交通运输支出8250亿元，增长3.1%；债务付息支出5528亿元，增长16.8%。2018年1~11月，全国一般公共预算累计支出191 751亿元，同比增长6.8%，比2017年同期低1个百分点。政府消费作为财政支出的主要组成部分，也保持了良好的增长态势。

四、消费的主要影响因素分析

（一）收入

收入是决定消费水平最直接、最主要的因素。国家统计局数据显示，随着国内经济的稳定增长，我国城镇居民可支配收入也由2010年的19 109元增长到2018年的39 251元，保持着9.41%的名义年均增幅（图10）。同期农村居民可支配收入由5919元增长到14 617元，名义年均增幅高达11.96%。2018年城乡居民人均收入倍差为1.69，比上年缩小0.02。同时，我国居民的收入差距在逐步缩小。2017年全国居民的恩格尔系数首次降到30%以下，是29.3%，2018年恩格尔系数是28.4%，比上年同期下降了0.9个百分点。

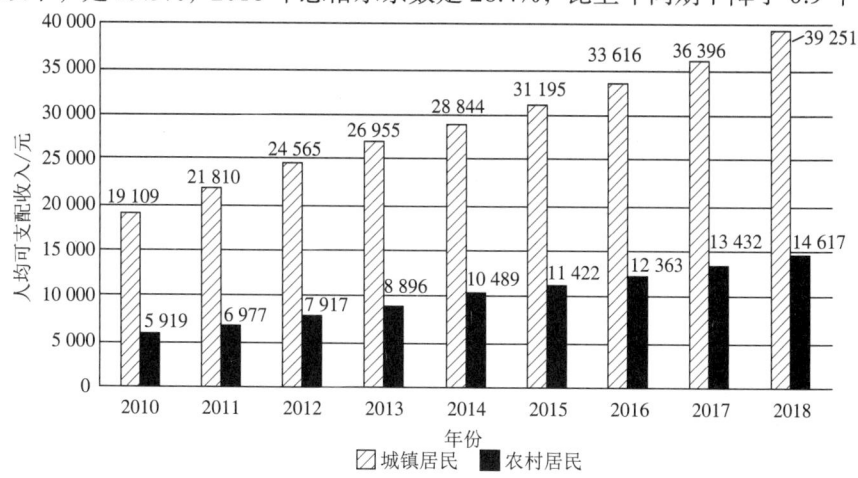

图10 2010~2018年我国城乡居民可支配收入

资料来源：国家统计局

（二）消费意愿

2018年全国城镇居民人均消费支出26 112元（图11），增长6.8%，扣除价格因素实际增长4.6%，较2017年同期减少0.5个百分点；农村居民人均消费支出12 124元，增长10.7%，扣除价格因素，实际增长8.4%，较2017年同期增加1.6个百分点。全年全国居民人均消费支出中，服务性消费占比为44.2%，比上年提高1.6个百分点。

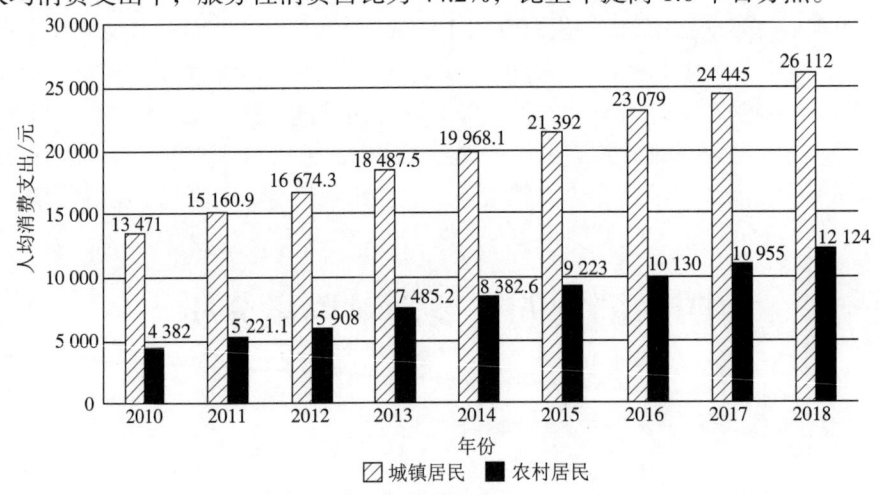

图11 2010~2018年我国城乡居民人均消费支出

资料来源：国家统计局

尼尔森发布的中国消费趋势指数报告显示，2018年第四季度中国消费趋势指数为113点，较上一季度提升了1个点，实现平稳增长。从构成消费趋势指数的三要素来看，个人经济情况为69点，与2017年持平，就业预期和消费意愿分别为75点、60点，较2017年分别提高5个点和3个点，三要素均呈现稳中有进的态势。从各城市级别来看，三、四线城市领涨，分别为116点和112点，其中就业预期情况成为拉动其消费趋势指数增长的主要因素，三线城市消费者的就业预期情况从62点上升至67点，四线城市从65点跃升至71点。从不同地域划分来看，就业预期情况在北部和西部的表现亮眼，北部地区的就业预期从第三季度的65点增长至69点，西部地区的就业预期从第三季度的61点飙升至68点，均实现大幅增长。

（三）居民债务

居民消费观念发生转变还体现在家庭债务上，从以前的"怕欠债"到现在的"高负债"，家庭债务成为影响中国新时代居民消费的新因素。《中国统计年鉴》显示，住户部门贷款金额从2001年的3506.8亿元上升到2016年的70 791亿元，16年间增长了19倍，而贷款金额占居民可支配收入的比例也从5.7%上升至15.4%，其中，中长期贷款是中国家庭负债的重要组成部分（图12），而个人房贷是造成家庭高负债的主要原因。2016年受一、二线城市房价暴涨和货币增速的影响，居民为买房使用的房贷和住房公积金贷款总额接近 8 万亿元，比 2015 年几乎翻了一倍。截止到 2018 年第三季度，个人住房贷款余额已达 24.8 万亿元，为 2013 年个人住房贷款余额（9.8 万亿元）2.5 倍。

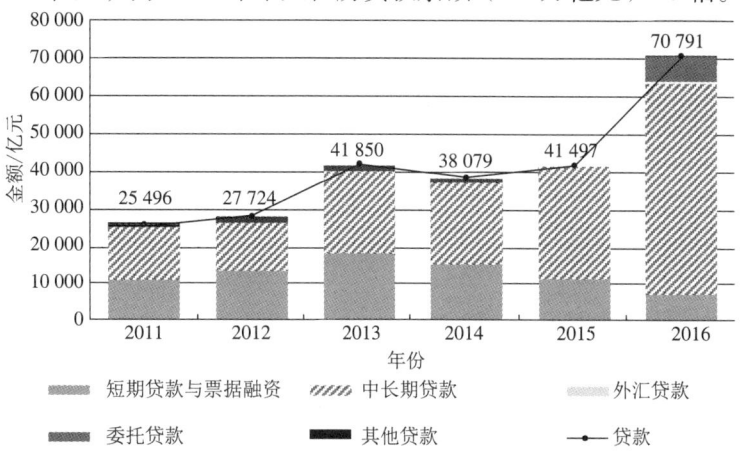

图 12　2011~2016 年我国住户部门贷款结构

资料来源：国家统计局

（四）个税改革提振居民消费的作用不明显

不同收入群体具有不同的边际消费倾向，从而对消费有不同的拉动作用，简单来说，低收入群体的边际消费倾向较高，中高收入阶层边际消费倾向较低。新版《中华人民共和国个人所得税法》下中高收入阶层的实际税负下降幅度更大，这种结构性差异可能对消费水平的提升形成制约。

从历史数据来看，几次个税改革并未对居民边际消费倾向产生一致的影响。如图 13

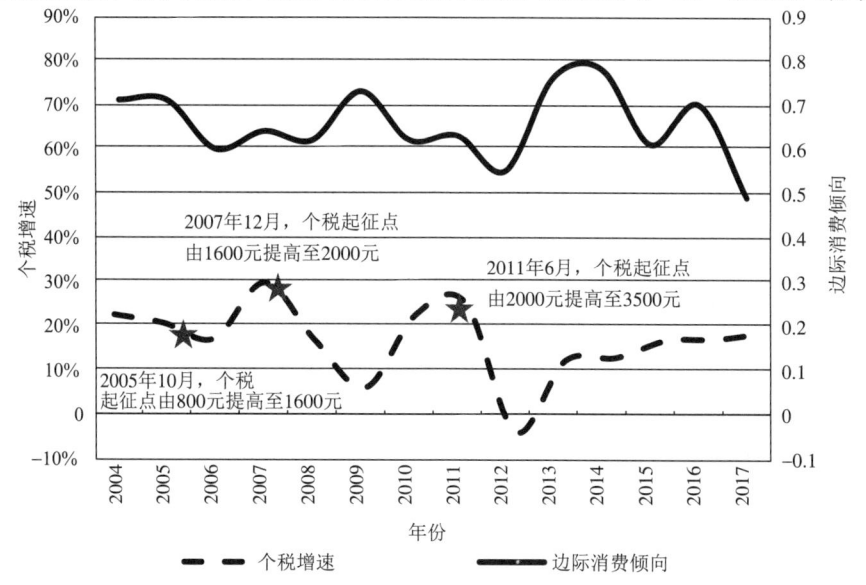

图 13　历次个税改革与居民边际消费倾向的关系

所示,2005年10月个税改革,起征点由800元提高至1600元,个税增速由2005年的21%下降至2006年的17%,同时,边际消费倾向反而从0.71下降至0.60。2007年12月个税改革,起征点由1600元提高至2000元,受全球金融危机的影响,个税增速大幅下降至2009年的6%,居民边际消费倾向大幅提高至0.73,个税改革对边际消费倾向的提振较为明显。2011年6月个税改革,起征点由2000元提高至3500元,个税增速大幅下滑至2012年的-3.9%,但居民边际消费倾向却并未出现预想中的上升,反而下降至0.55,个税改革未能提高居民边际消费倾向。相关性分析未发现个税增速与边际消费倾向间有显著的相关关系,数据分析表明,这几次个税改革未能明显提振整体居民边际消费倾向[①]。

(五)养老服务成为消费新动力

中国已加速步入老年化社会,同时居民消费水平持续提升和养老政策红利不断释放,为养老服务市场提供了巨大发展空间,养老服务成为中国扩大消费的新动力。使用基本养老保险基金支出占基本养老保险基金收入的比例来描述老年人口的消费水平,2011~2016年,我国老年人口消费能力不断提高,支出占比从74.2%上升至89.5%,2017年支出占比略有下降,为86.7%(图14)。

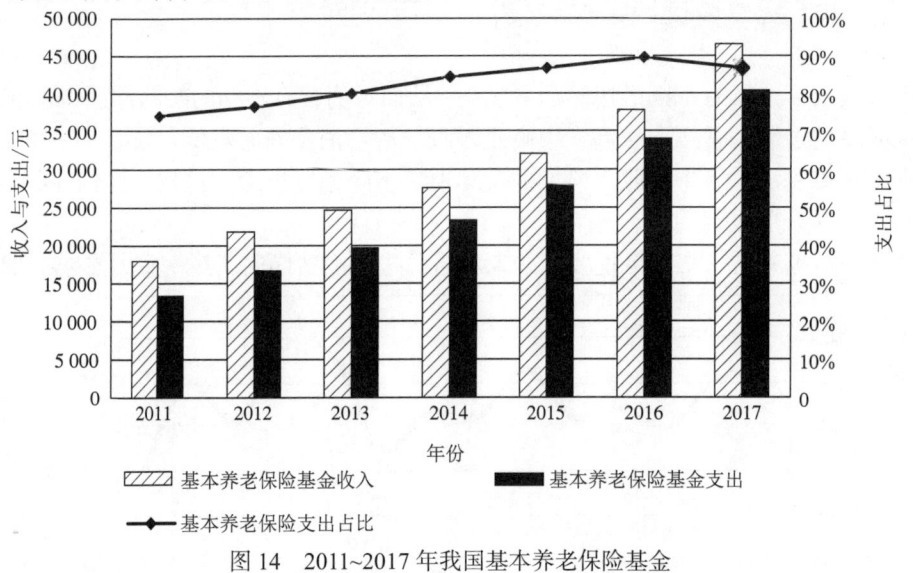

图14 2011~2017年我国基本养老保险基金

资料来源:《中国统计年鉴》(2012~2018年)

(六)制约因素

我国释放新消费、培育新动力,面临着消费主体、消费供给、政策体系、消费环境、管理机制等方面的瓶颈问题。

---

① 丁安华. 个税改革:收入影响与消费倾向. http://www.xinhuanet.com/money/2018-10/18/c_129974560.htm[2018-10-18].

（1）居民收入增长缓慢。收入是影响消费的主要因素。长期以来，我国居民收入占GDP的比重偏低。居民收入的长期低增长将制约消费升级，特别是农民持续性增收难度较大。农民经济最重要的收入来源在以下几个方面：第一，农作物收入。由于缺乏成熟的机构或公司收购农作物，农民自己卖出的价格仍旧不高，甚至非常低。第二，经济作物收入。农民没有统一的营销手段，只是靠大的商贩进行低价批量收购。第三，打工收入。农闲时可以去打工，但受文化水平和技术的限制，收入并不高。

（2）社会保障体系仍需完善。社会保障在保障人民生活、调节收入分配、促进经济发展、维护社会稳定方面的重要作用不言而喻，而完善的社会保障体系是经济社会发展的重要保障，将促进消费者信心的提升。党的十八大以来，我国社会保障领域改革勇涉"深水区"，保障人群持续增加，保障水平逐年提升。但依然存在社保基金管理漏洞多，农村地区的社会保障体系有待健全，社会保障法制滞后等问题。习近平总书记在党的十九大报告中指出："加强社会保障体系建设。按照兜底线、织密网、建机制的要求，全面建成覆盖全民、城乡统筹、权责清晰、保障适度、可持续的多层次社会保障体系。"[1]这为新时代加强社会保障体系建设提供了遵循依据，指明了方向路径。

（3）人口老龄化，劳动力短缺。2018年末，我国（不包括港澳台地区）总人口为139 538万人，比2017年末增加530万人。其中16~59周岁人口为89 729万人，占总人口的64.3%；60周岁及以上人口为24 949万人，占总人口的17.9%，比2017年末增加859万人，占比提高了0.6个百分点；65周岁以上人口为16 658万人，占总人口的11.9%，比2017年末增加827万人，占比提高了0.5个百分点。我国老年人口规模呈现总量扩张、增量提速的发展态势。劳动力的持续缩水已成为我国在相当长一段时间内面临的"新常态"。据刘秀丽和汪寿阳的研究[2]，2018年和2019年我国面临着约1430万人与1820万人的劳动力短缺。这一因素将制约我国的经济增长和居民收入的增长，进而影响消费。

（4）消费结构被扭曲。随着消费结构的升级，居民的消费过度集中到了住房、教育费用上来，造成了消费领域相对狭窄；近年来，我国居民的边际消费倾向与平均消费倾向下降，消费需求相对不足。

（5）优质消费品供给不足。近年来，伴随着我国质量工作的深入开展，以及"以质取胜、标准引领、品牌发展"战略的贯彻实施，消费品生产经营者质量意识普遍增强、质量管理水平稳步提高，消费品质量呈逐年递增态势，但也渐渐呈现出无法满足消费升级要求的趋势。高端化、品牌化、个性化供给不足，供需失衡。企业产品创新、工艺创新、商业模式创新能力不够。高品质、高附加值的名、精、特商品供给不足，健康、养老、家政、文化、体育、儿童早期教育等服务供给有短板。因此，亟须进一步提升消费品供给质量、改善供给结构，加强消费品供给对需求变化的适应性和灵活性，提高消费者满意度，满足供给侧结构性改革及国内居民生活消费升级的要求。

（6）农村电商发展阻力较大。物流通道的打通和成本的降低是发展农村电商的关

---

[1] 习近平. 决胜全面建成小康社会 夺取新时代中国特色社会主义伟大胜利——在中国共产党第十九次全国代表大会上的报告. http://www.gov.cn/zhuanti/2017-10/27/content_5234876.htm[2017-10-17].
[2] 刘秀丽，汪寿阳. 中科院专家关于人工智能与"互联网+"时代我国劳动力供需缺口的测算和应对建议. 社会发展研究系列报告，2016.

键。相比城市物流，农村电商物流成本仍然偏高，尤其是到村物流的规模不经济制约其成本降低。而且，生鲜农产品因其易腐性需要冷链物流的保障，当前产地预冷、冷藏设施建设滞后，冷藏运输能力不足，有库无链，冷链物流成本高等问题，仍制约农村生鲜农产品的电商销售。农村非常缺乏能够应用互联网技术，懂得电商营销的技术人才。

（7）政策体系支撑不够。伴随我国消费升级的加快，消费政策体系尚难以有效支撑居民消费能力提升和预期改善。不同领域面临的制约消费增长的体制问题并不相同，重点领域消费市场还不能有效满足城乡居民多层次、多样化消费需求，故应分类施策促进消费稳增长。在非耐用品上，制约消费增长的主要因素是不够便利；在交通出行上，安全因素成为居民关注的重点问题；在居住上，高房价和高房租抑制了居民消费能力的释放；在信息消费上，标准化程度不够，导致居民不能放心消费；在绿色消费上，产品质量标准不统一，认证过程不透明，造成居民不敢消费。

（8）管理机制尚不完善。监管体制尚不适应消费新业态、新模式的迅速发展，社会上还存在假冒伪劣商品的问题，特别是电商平台售假的现象。2017年电商平台的商品质量明显低于国家监督抽查平均水平，不合格产品检出率达25%，且不合格检出率远高于2016年。如今，消费者对产品的质量要求越来越高，如果不加以监管，不营造良好的市场环境，将直接影响消费升级。

五、最终消费预测

2019年我国经济发展面临的不稳定性、不确定性仍然突出。虽然我国在扩大消费规模、提高消费水平、改善消费结构等方面取得了显著成绩，但是依然存在制约消费扩大和升级的体制机制障碍。一方面，随着供给侧结构性改革的实质性推进，战略性新兴服务业、科技服务业和高技术服务业增长相对更快，消费升级、技术进步、新型城镇化、"互联网+"、人工智能与各行业的深度融合和产业结构调整，必将持续引导有效供给；另一方面，随着居民收入增长和社会就业保持稳定，各项促消费政策措施进一步落实，预计后期消费市场将持续稳定发展。

基于对最终消费总额及其结构的变动趋势和主要影响因素的分析，本报告应用分项加和预测方法，对2019年我国最终消费进行了预测。预计2019年我国最终消费将保持持续增长趋势，同比名义增速约为8.4%。

2019年中国物价形势分析与预测

骆晓强　鲍　勤　杨翠红　汪寿阳

报告摘要： 物价是我国宏观经济重要指标之一。本报告分析了2018年我国物价整体走势，并结合国内外经济形势对2019年的物价水平进行了定性判断和定量预测。

2018年我国物价走势整体平稳，呈现居民消费价格指数（consumer price index，CPI）温和上涨、工业生产者出厂价格指数（producer price index for industrial products，PPI）和工业生产者购进价格指数（purchasing price index of raw material, fuel and power，PPIRM）涨幅回落的态势。受食品价格回升带动，CPI温和回升并出现波动，随着2018年10月后鲜菜价格回稳，CPI涨幅出现回落。由于原材料等生产资料价格出现明显回落，特别是11月、12月原油价格出现大幅下降，PPI和PPIRM涨幅明显回落。2018年11月和12月物价指数较大幅度回落，将通过翘尾因素使2019年物价指数同比涨幅大幅降低。

2019年我国物价走势主要受到三个方面因素的影响：①原油价格，在经济需求总体温和的背景下，原油价格走势取决于产油国减产步伐，若无极端事件影响将维持弱势波动，较难大幅上涨；②食品价格仍是影响我国物价的主要因素，猪肉价格经历了较长时间和较大幅度的下降，有回升上涨的可能，鲜菜价格易受极端天气和自然灾害影响，不排除大幅波动的可能；③国内供需状况，经济增幅可能继续回落，国内需求总体温和偏弱，供给侧改革效应趋弱，供需推动价格上涨的动力不足。

根据我国三大物价指数分项之间的关联关系，充分考虑物价指数的季节因子，基于格兰杰（Granger）因果检验分析价格指数构成要素之间的价格传导关系，建立多元传导模型，对2019年三种价格指数的环比数据进行预测，并在此基础上加上翘尾因素计算物价的同比数据。主要预测结果显示：2019年我国物价整体稳定，CPI将温和上涨，全年上涨2.0%，其中翘尾因素影响0.7个百分点。PPI和PPIRM涨幅比2018年大幅回落，全年分别上涨0.1%和0.4%，其中翘尾因素分别影响0.2个百分点和0.6个百分点，翘尾因素影响的减弱是2019年PPI和PPIRM涨幅大幅回落的重要原因，这源于2018年11月和12月上游价格的大幅回落。

总体上，2019年我国存在一定的通货紧缩压力，建议政策上继续实施稳健货币政策，营造相对宽松的货币条件，保证流动性充裕；在农产品价格持续低迷的情况下，推广"互联网+农产品"，压缩物流费用，保障农产品生产者利益；多用市场化手段进行环保、去产能等供给侧调控，规则明确，程序透明，避免引起价格的过度波动。

一、2018年我国物价形势分析

2018年我国经济受中美贸易摩擦、去杠杆等因素影响，GDP增速出现回落，我国物价走势整体平稳，呈现CPI温和上涨、PPI和PPIRM涨幅明显回落的态势（图1）。

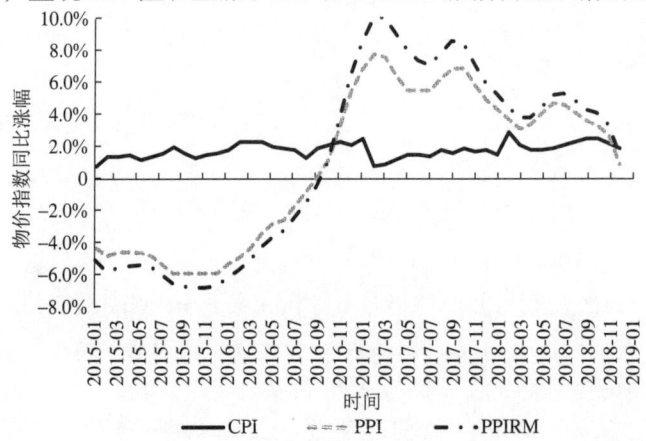

图1 2015年1月至2018年12月CPI、PPI和PPIRM同比涨幅

资料来源：国家统计局，本报告中如无特殊说明，数据均来源于国家统计局

（一）食品价格止跌回升，CPI温和上涨

2018年我国CPI温和上涨，全年CPI上涨2.1%，涨幅较2017年回升0.5个百分点。其中，食品价格上涨1.8%，涨幅比2017年回升3.2个百分点（2017年食品价格涨幅为−1.4%）；非食品价格上涨2.2%，涨幅比2017年回落0.1个百分点。消费品价格上涨1.9%，涨幅比2017年提高1.2个百分点；服务价格上涨2.5%，涨幅比2017年回落0.5个百分点。分类别看，如图2所示，2018年，医疗保健上涨4.3%，比2017回落1.7个百分点；

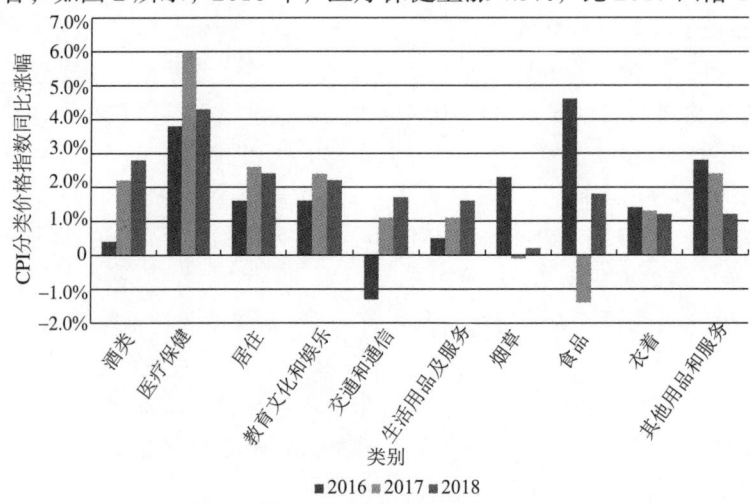

图2 2016~2018年CPI分类价格指数变化

居住、教育文化和娱乐及交通和通信分别上涨 2.4%、2.2%和 1.7%；衣着和生活用品及服务分别上涨 1.2%和 1.6%；食品上升 1.8%，比 2017 年提高 3.2 个百分点，是 CPI 温和回升的主要因素。

从月度同比涨幅看，2018 年 2 月因春节因素 CPI 涨幅达到 2.9%，然后逐月回落，6 月后重新回升，11 月、12 月在鲜菜价格下降的带动下出现回落。2018 年 12 月，全国居民消费价格同比上涨 1.9%，其中，食品价格上涨 2.5%，非食品价格上涨 1.7%（图 3）；消费品价格上涨 1.7%，服务价格上涨 2.1%。分类别看，医疗保健、教育文化和娱乐、居住价格分别上涨 2.5%、2.3%和 2.2%，其他用品和服务、衣着、生活用品及服务价格分别上涨 1.6%、1.5%和 1.4%；交通和通信价格下降 0.7%。

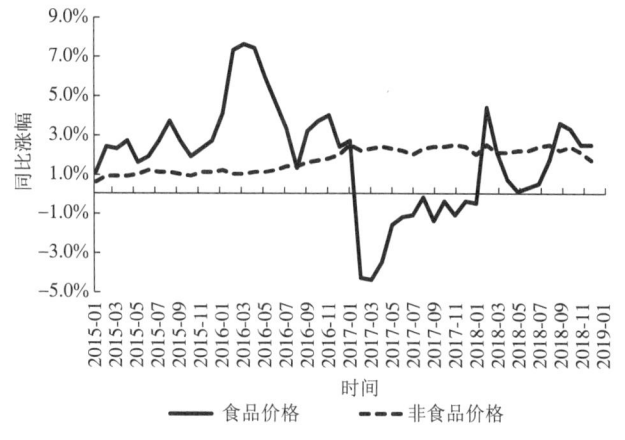

图 3　2015 年 1 月至 2018 年 12 月食品和非食品价格同比涨幅

2018 年我国 CPI 运行呈现出以下特征。

（1）食品价格止跌回升。2018 年，我国食品价格（权重约为 20%）上涨 1.8%，从 2017 年下跌 1.4%中回升。主要是鲜菜（权重约为 3.33%）和蛋类（权重约为 0.645%）价格分别上涨 7.1%和 12.0%，拉动 CPI 上涨 0.32 个百分点；猪肉（权重约为 2.77%）价格下跌 8.1%；食用油价格下降 0.8%，奶类价格上涨 1.4%；粮食（权重约为 1.875%）价格上涨 0.8%；水产品（权重约为 1.84%）和鲜果（权重约为 1.43%）价格分别上涨 2.3%和 5.6%。从月度同比数据看，食品价格因春节因素在 2018 年 2 月创出高点，涨幅为 4.4%，然后涨幅回落，8 月受水灾和非洲猪瘟影响开始回升，9 月同比上涨 3.6%，11 月、12 月受鲜菜价格下降影响出现回落，12 月食品价格涨幅回落到 2.5%。如图 4 所示，2018 年 12 月鲜菜价格上涨 4.2%；猪肉价格下跌 1.5%，猪周期和鲜菜价格波动对 CPI 的影响显著。2018 年 12 月，鲜果价格、水产品价格、粮食价格同比分别上涨 9.4%、2.0%和 0.5%。

（2）非食品消费品价格温和上涨。2018 年，我国 CPI 中除食品外的消费品（权重约为 43.8%）上涨 1.9%，涨幅比 2017 年提高 0.2 个百分点。其中，全年交通工具用燃料和水电燃料价格分别上涨 12.6%和 1.8%，中药和西药价格分别上涨 5.6%和 5.2%，酒类价格上涨 2.8%，服装和鞋类价格分别上涨 1.4%和 0.4%，家用器具上涨 0.5%，交通工具和通信工具分别下降 1.5%和 1.9%。从月度同比数据看，非食品消费品价格稳中有降，2018 年 11 月和 12 月能源产品价格涨幅回落，如图 5 所示，2018 年 12 月交通工具用燃料和水电燃料价格同比分别下降 0.5% 和上涨 1.6%。

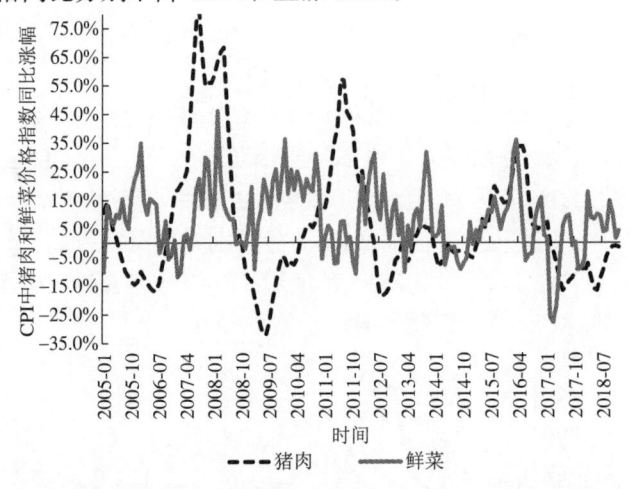

图 4 2005 年 1 月至 2018 年 12 月 CPI 中猪肉和鲜菜价格走势

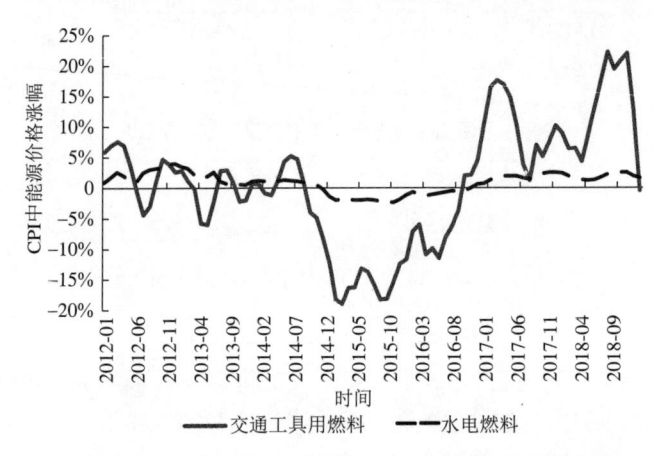

图 5 2012 年 1 月至 2018 年 12 月 CPI 中能源价格走势

（3）服务价格涨幅回落。2018 年，我国 CPI 中服务价格（权重约为 36.2%）上涨 2.5%，涨幅比 2017 年回落 0.5 个百分点。其中，如图 6 所示，家庭服务、医疗服务、衣着加工服务费、旅游、教育服务和租赁房房租价格分别上涨 5.6%、4.3%、4.1%、3.3%、2.9% 和 2.5%，通信服务价格下降 1.2%。从月度同比数据看，如图 7 所示，2018 年服务价格指数持续温和上涨，2018 年 12 月服务价格指数同比上涨 2.1%，家庭服务、衣着加工服务费、教育服务、旅游和医疗服务价格分别上涨 6.1%、4.1%、3.3%、2.9% 和 1.3%。

（二）生产资料价格回落，PPI 涨幅回落

2018 年，我国 PPI 涨幅出现明显回落。2018 年，PPI 上涨 3.5%，比 2017 年回落 2.8 个百分点。其中，生产资料价格明显回落，涨幅为 4.6%，比 2017 年回落 3.7 个百分点；生活资料价格基本平稳，略涨 0.5%，比 2017 年回落了 0.2 个百分点。如图 8 所示，生

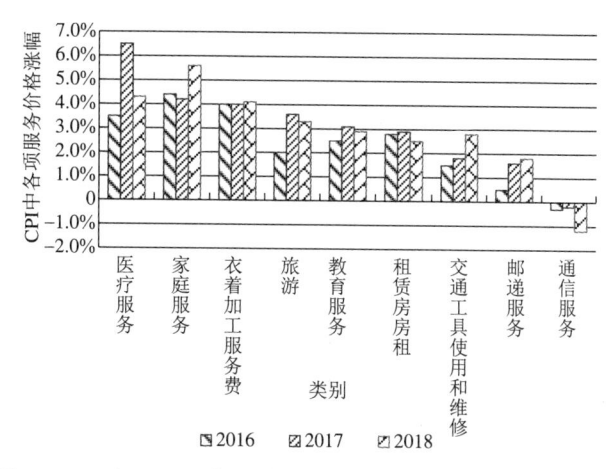

图 6　2016 年、2017 年和 2018 年 CPI 各项服务价格涨幅

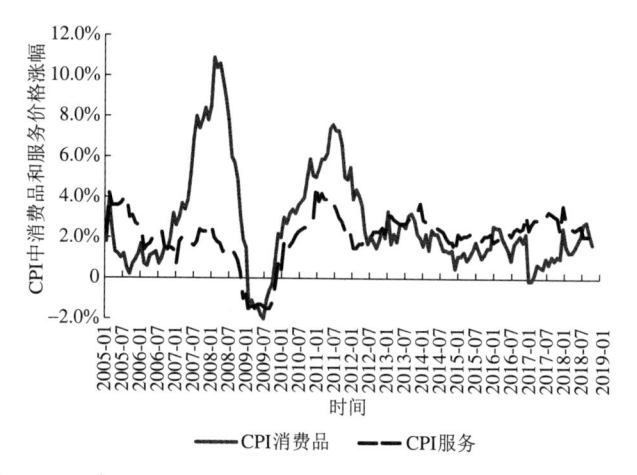

图 7　2005 年 1 月至 2018 年 12 月 CPI 消费品价格和服务价格走势

产资料中,采掘工业和原材料工业价格回落也是带动 PPI 涨幅回落的主要因素。

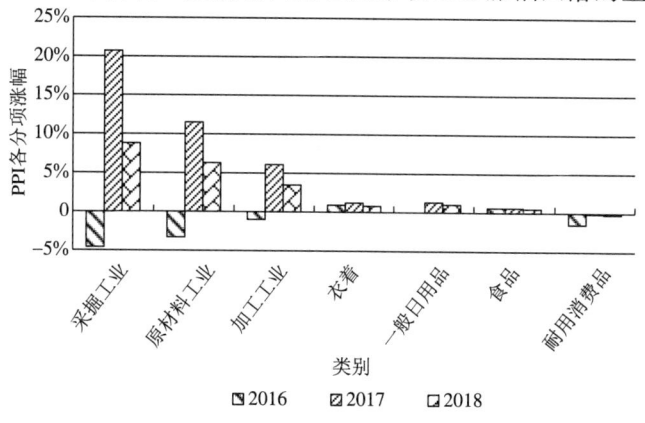

图 8　2016 年、2017 年和 2018 年 PPI 各分项价格涨幅

从月度同比数据看,2018 年 3 月 PPI 同比涨幅达到 3.1% 的低点,随后逐月走高,走

出一个倒"V"形，6月达到4.7%，随后逐月回落，12月PPI涨幅回落到0.9%，其中，生产资料同比上涨1.0%，生活资料同比上涨0.7%（图9）。

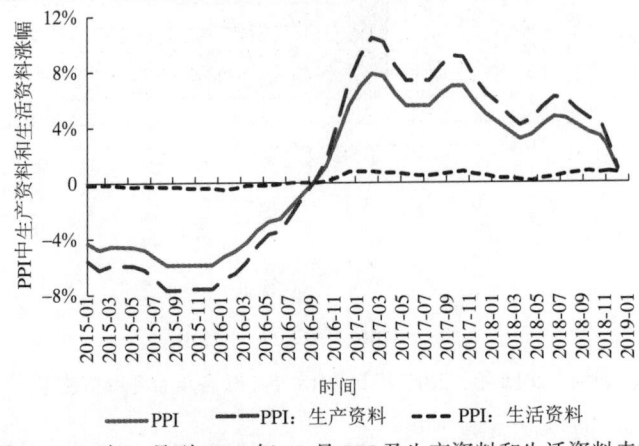

图9　2015年1月到2018年12月PPI及生产资料和生活资料走势

2018年我国PPI运行呈现以下特征。

（1）生产资料价格涨幅全面回落。2018年，PPI中生产资料价格（权重约为74.5%）上涨4.6%，采掘工业（权重约为3.7%）、原材料工业（权重约为22.1%）和加工工业（权重约为50.2%）价格涨幅全面回落，涨幅分别为8.8%、6.3%和3.5%，比2017年分别回落11.9个百分点、5.2个百分点和2.6个百分点。生产资料各行业表现不同。采掘工业中，2018年，非金属采矿业价格上涨7.1%，涨幅比2017年提高2.1个百分点；石油和天然气开采业的PPI上涨24.3%，比2017年回落4.7个百分点；煤炭开采和洗选业、黑色金属采矿业、有色金属采矿业价格分别上涨4.6%、3.0%和4.4%，涨幅分别比2017年回落23.6个百分点、12.6个百分点和9.6个百分点；原材料工业和加工工业中，石油加工、炼焦和核燃料加工业，黑色金属冶炼和压延加工业及有色金属冶炼和压延加工业涨幅分别为16%、9.3%和3.3%；造纸和纸制品业、化学原料和化学制品制造业、化学纤维制造业及非金属矿物制品业价格分别上涨6.7%、6.2%、5.4%和9.7%。从月度同比涨幅看，如图10所示，PPI各分项目涨幅表现不一，2018年12月采掘工业价格上涨3.8%，原材料工业上涨0.8%，加工工业上涨0.8%，涨幅大幅回落。

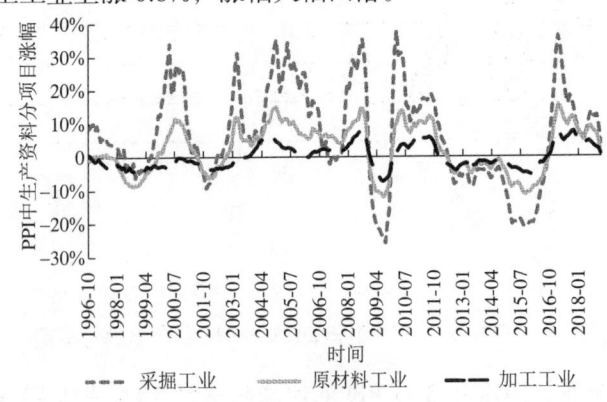

图10　1996年10月到2018年12月PPI生产资料采掘工业、原材料工业和加工工业价格走势

（2）生活资料价格稳定。2018 年，PPI 中生活资料价格（权重约为 25.5%）微涨 0.5%，涨幅比 2017 年回落 0.2 个百分点。其中，食品、衣着、一般日用品的价格小幅上涨，分别上涨 0.5%、0.8%和 1.0%，耐用消费品价格微降 0.2%。从月度同比涨幅看，如图 11 和图 12 所示，2018 年生活资料涨幅一直总体维持低位，12 月生活资料价格同比上涨 0.7%。其中，食品价格上涨 0.9%，衣着价格上涨 1.6%，一般日用品价格上涨 0.4%，耐用消费品价格上涨 0.2%。

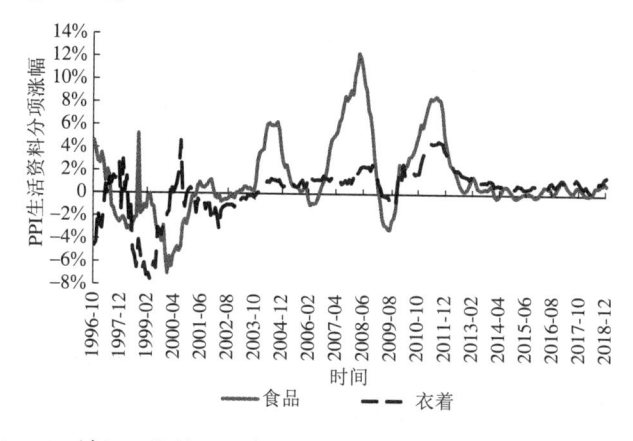

图 11　1996 年 10 月到 2018 年 12 月 PPI 生活资料食品和衣着价格走势

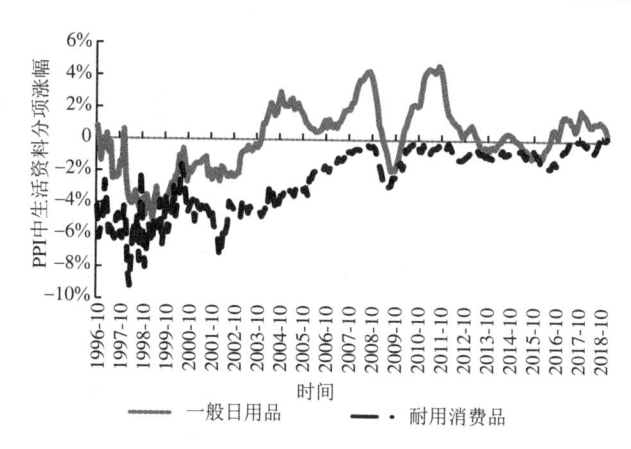

图 12　1996 年 10 月到 2018 年 12 月 PPI 生活资料一般日用品和耐用消费品价格走势

（三）燃料动力原材料价格回落，PPIRM 涨幅回落

2018 年，我国 PPIRM 上涨 4.1%，涨幅比 2017 年回落 4.0 个百分点。其中，燃料动力类价格上涨 7.1%，黑色金属材料类价格上涨 6.1%，有色金属材料及电线类价格上涨 3.9%，化工原料价格上涨 4.6%，木材及纸浆类价格上涨 5.4%，建筑材料及非金属类价格上涨 10.5%，其他工业原材料与半成品类价格上涨 1.3%、农副产品类价格下降 0.4%，纺织原料类价格上涨 2.2%（图 13）。除建筑材料及非金属类价格外，其他项目价格涨幅比 2017 年均出现较大幅度回落。

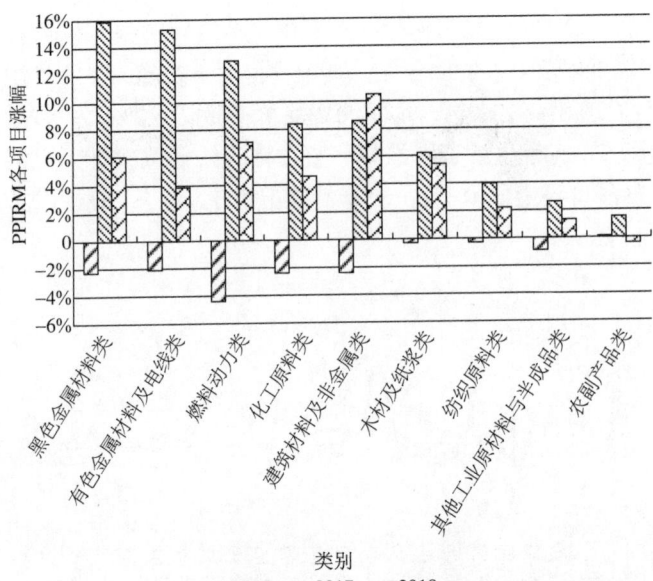

图 13　2016 年、2017 年和 2018 年 PPIRM 各项目涨幅

从月度同比涨幅看,2018 年我国 PPIRM 波动较大。PPIRM 由 2018 年 1 月 5.2% 的高点回落到 3 月 3.7% 的低点,随后逐月回升到 7 月 5.2% 的高点,然后再次回落,12 月回落到 1.6%。分项目看,各项目涨幅明显回落,如图 14 和图 15 所示,2018 年 12 月燃料动力类价格上涨 3.8%,黑色金属材料类价格上涨 2.4%;化工原料类、木材及纸浆类、建筑材料及非金属类价格分别上涨 0.3%、1.4% 和 7.9%;有色金属材料及电线类价格下降 2.0%,出现通货紧缩。

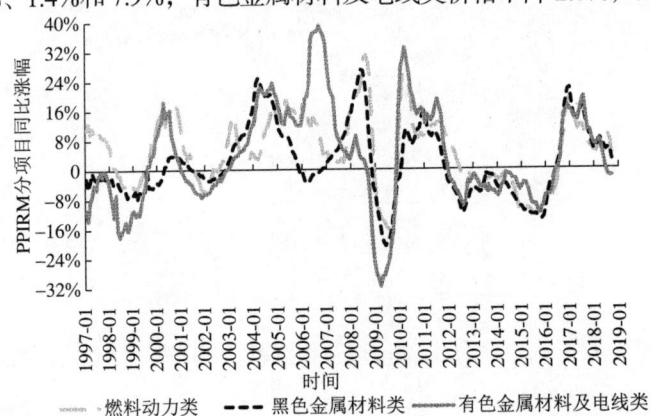

图 14　1997 年 1 月至 2018 年 12 月 PPIRM 燃料动力类、黑色金属材料类、有色金属材料及电线类价格指数走势

二、2019 年影响我国物价走势因素分析

(一)国际市场商品价格走势展望

虽然我国在部分商品上已具有一定的国际影响力,但总体上我国仍是一个价格接受

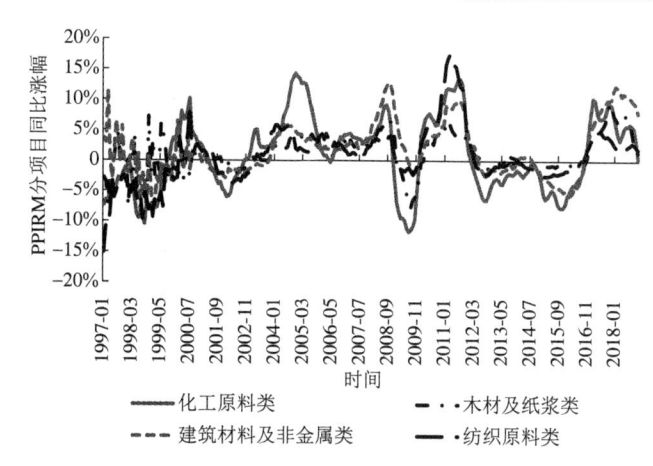

图 15　1997 年 1 月至 2018 年 12 月 PPIRM 化工原料类、木材及纸浆类、建筑材料及非金属类和纺织原料类价格指数走势

者，国际市场商品价格的变动会通过贸易、示范等途径传递到国内。因此，分析国际市场价格走势对判断 2019 年我国物价走势十分重要。

（1）农产品价格稳定。目前全球农产品供应充足而需求乏力的基本情况仍在延续，部分谷物的库存使用比（衡量市场供应情况的指标）达到多年来的高点，如图 16 所示，农产品价格总体温和，2019 年这种态势可能仍将延续，难以出现大涨局面；由于农产品价格处于低点，大跌的可能性也不大。

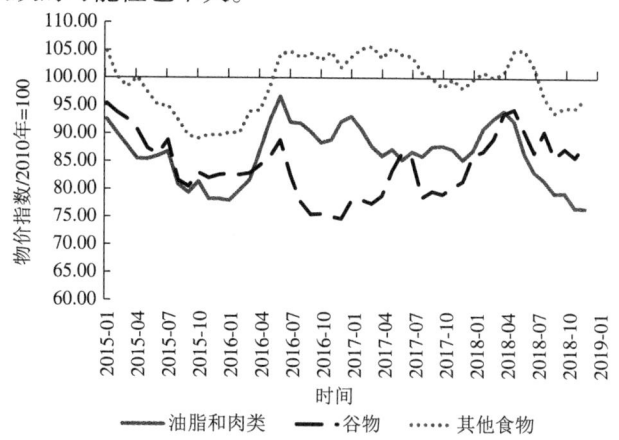

图 16　2015 年 1 月到 2018 年 12 月世界银行食品价格指数（2010 年=100）

资料来源：世界银行

（2）原油价格保持弱势可能性较大。受到需求稳步上升、石油出口国达成减产协议、美国页岩油产量趋稳及地缘政治的影响，如图 17 所示，2018 年前 10 个月国际原油价格出现明显上涨，11 月受美国对伊朗制裁及全球经济增长趋于回落等影响，油价出现较大幅度回落，2018 年 12 月 Brent 原油均价为 56.47 美元/桶，WTI（West Texas Intermediate，西德克萨斯轻质）原油均价为 48.95 美元/桶，分别比 2018 年 10 月初 86 美元/桶和 76 美元/桶的最高点下降了约 34% 和 36%。考虑到地缘政治风险因素已部分消化，在全球经济

复苏分化并趋缓的情况下,油价保持弱势的可能性较大,2019年原油价格走势主要取决于产油国减产力度。当然,还不能排除极端情况如沙特阿拉伯、伊朗与美国关系出现突然恶化带来原油价格的上升。

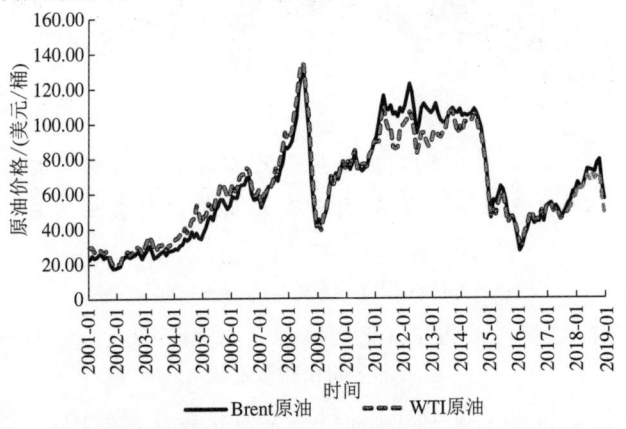

图17　2001年1月到2018年12月Brent和WTI原油价格

资料来源:世界银行

（3）基本金属价格趋于稳定。如图18所示,受需求回落影响,2018年金属价格出现了明显回落。考虑到全球经济复苏分化并趋缓的预期,基本金属供给相对较为充足,2019年基本金属价格上涨压力不大。

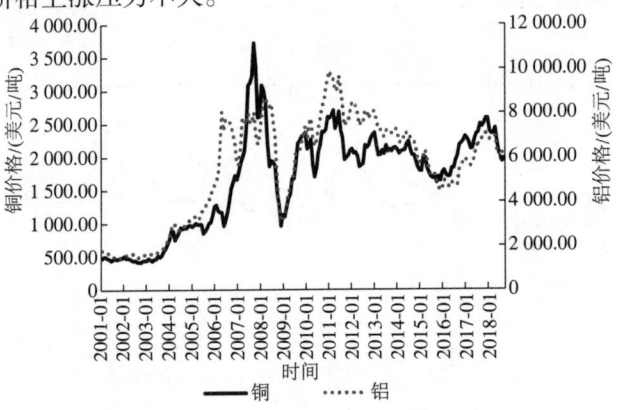

图18　2001年1月到2018年12月铜和铝国际价格

资料来源:世界银行

（二）国内供需形势展望

（1）需求总体温和。2018年我国经济受中美贸易摩擦影响,总体增速出现回落。在中美贸易摩擦还存在一定不确定性、我国经济结构性矛盾仍较突出、新的增长动能仍较温和的情况下,2019年经济增速仍有可能继续回落,需求总体温和。

（2）供给侧结构性改革效应趋弱。2018年我国去产能步伐较快,环保执行力度明显加大，一定程度上推动了相关产品如水泥等建材的价格回升。随着去产能的推进和环保政策的稳定，政策效应将趋于弱化，预期2019年供给侧改革对价格的推动效应将趋于弱化。

（三）CPI和PPI重要波动领域价格分析

（1）猪肉可能将走出下跌周期。自2017年2月开始猪肉价格同比持续负增长，至2018年10月已下跌20个月，从2018年6月起跌幅开始收窄，12月猪肉价格下跌1.5%，跌幅明显收窄。如图19所示，我国猪肉价格存在明显的周期性规律，但有时间拉长、波动幅度缩小的趋势。由于猪瘟影响还在，猪饲料影响可能滞后显现，2019年猪肉价格趋于温和回升。考虑到我国生猪生产产业化程度明显提高，加上消费升级导致对猪肉的消费需求有所下降，且我国已经建立相关储备调节价格机制，猪肉价格涨幅很难达到前几轮猪周期的幅度，对CPI的影响应该在可承受范围内。

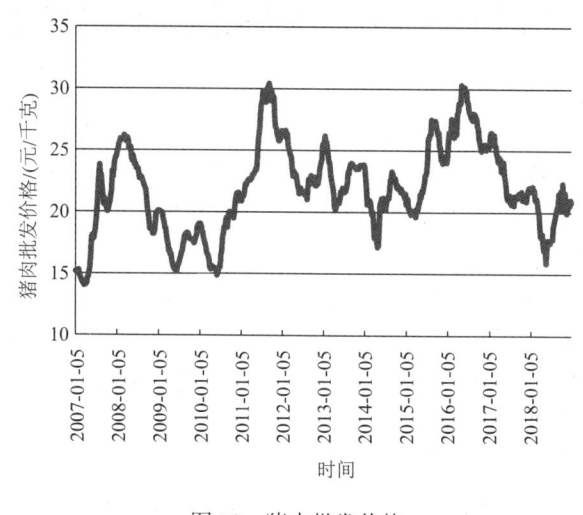

图19 猪肉批发价格

（2）服务价格将继续上涨。近年来我国服务价格持续上涨，考虑到劳动力供给总体减少、劳动供需结构不尽匹配等的影响，劳动力成本总体上升的趋势还将延续，预期2019年服务价格将延续稳步上涨的势头。

（3）成品油价格将趋于稳定。如图20所示，2018年前10个月，在国际油价上涨和国内环保加强的双重影响下，国内汽油、柴油价格显著上涨。随着11月国际原油价格大幅下降，国内成品油价格在11月和12月连续下调4次，目前的价格已是2018年最低。考虑到国际油价趋于稳定，我国成品油价格将跟随其趋于稳定，如果2019年成品油维持当前价格，将拉低2019年物价指数。

（4）铁矿石和钢铁价格继续震荡。2018年我国铁矿石和钢铁价格总体震荡，目前仍处于较高水平。考虑到目前库存处于较高位置，需求仍较温和，供给侧结构性改革的效应趋于减弱，预期2019年铁矿石和钢铁价格依然难以出现大幅上涨。

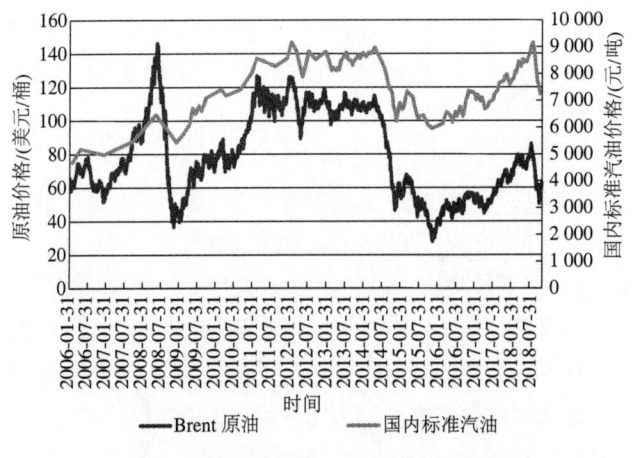

图 20　国内标准汽油价格和国际油价

三、2019 年我国三大物价指数预测结果

本报告对 2019 年我国三大物价指数预测主要基于骆晓强等[①]提出的多元传导模型。该方法通过对我国三大物价指数及其分项的分析，得到我国物价指数的传导路径如图 21 所示，其中，灰色标示的是三大物价指数中的主要波动源，实线单箭头表示自上而下的成本传导，虚线单箭头表示自下而上的需求传导。具体而言，三大物价之间自上而下的成本传导有：PPIRM 作为预测 PPI 生产资料的源头，PPI 生活资料作为预测 CPI 工业消费品价格的源头，PPIRM 化工原料类作为预测 PPIRM 纺织原料类的源头。自下而上的需求拉动传递有：PPI 生活资料拉动 PPIRM 其他工业原材料及半成品类，PPIRM 其他工

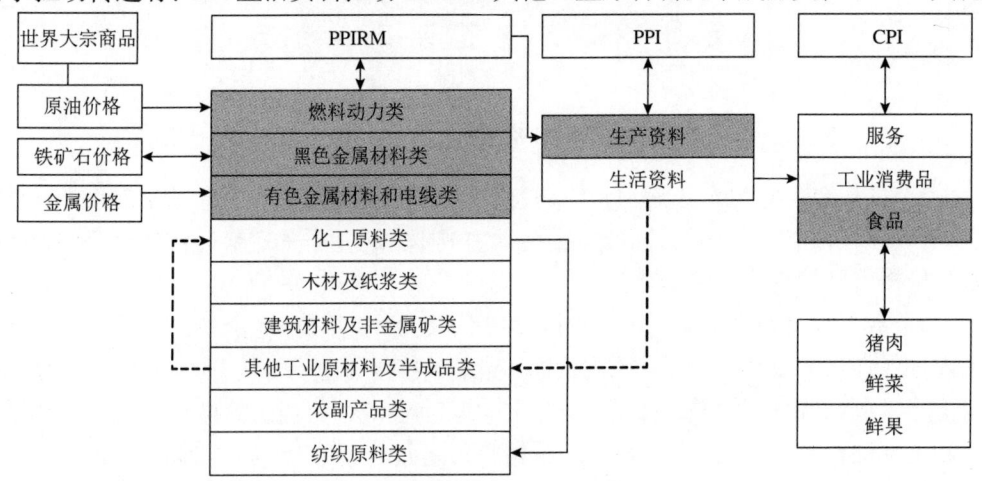

图 21　我国物价指数及分项之间的多元传导关系

---

① 骆晓强, 鲍勤, 魏云捷, 等. 基于多元传导模型的物价指数预测新方法——2018 年中国物价展望. 管理评论, 2018, 30(1): 3-13.

业原材料及半成品类拉动 PPIRM 化工原料类。根据这一多元传导关系，对存在传导关系的细分物价指标建立自回归分布滞后模型（autoregressive distributed lagged model，ARDL 模型），从源头进行三大物价指数的系统预测。

根据物价指数的多元传导模型，在确定传导路径和价格波动源头后，从物价指数的细分项目的环比数据入手分别建立计量模型，其中，对价格波动源头的细分项目依据经济学理论构建 VAR（vector autoregression，向量自回归）模型进行预测，对存在传导关系的细分项目建立 ARDL 模型进行预测，对波动较小的分项目根据简洁原则建立自回归差分移动平均模型（autoregressive integrated moving average model，ARIMA 模型），最后将细分项目预测值按权重加总得到整体环比数据的预测，并在此基础上结合翘尾因素计算得到同比数据的预测。

本报告进一步完善了骆晓强等[①]所建立的多元传导模型，一方面，对 CPI 中猪肉、鲜菜、鲜果、服务等项目进行了严格的季节因素检验，加入了春节因子，采取了更为完善的季节调整方法进行预测；另一方面，在 PPIRM 分项目预测中减少了部分不必要的外生变量，并对原油的传导路径进行了完善。基于完善后的多元传导价格预测模型，对 2019 年我国三大物价指数的预测结果如下。

（一）2019 年 PPIRM 预测

根据 2018 年各月的 PPIRM 环比指数，测算得到翘尾因素将拉动 2019 年 PPIRM 上升约 0.6 个百分点，大幅低于 2018 年翘尾因素约 3 个百分点的影响。PPIRM 各月翘尾因素如图 22 所示。2019 年 10 月和 11 月翘尾因素为负，意味着如果 PPIRM 保持 2018 年 12 月的水平（2019 年各月环比上涨为 0），到 2019 年 10 月和 11 月 PPIRM 同比将出现负增长。

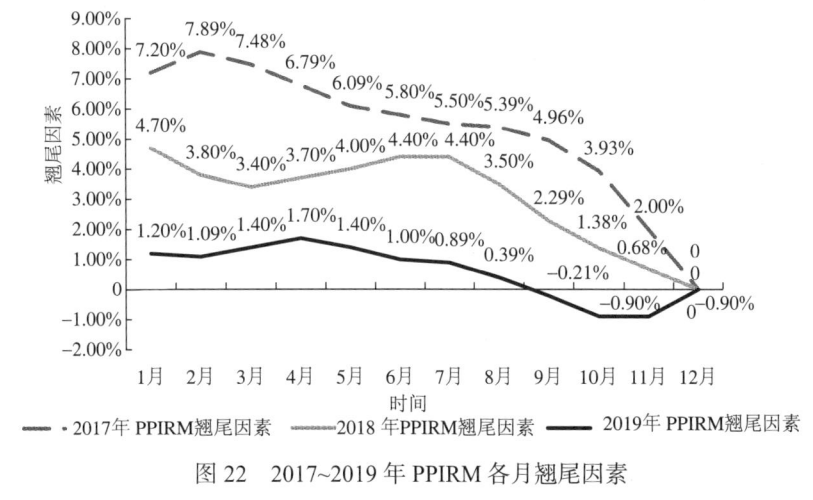

图 22　2017~2019 年 PPIRM 各月翘尾因素

资料来源：2017 年、2018 年数据来自国家统计局，2019 年数据为作者测算

---

① 骆晓强，鲍勤，魏云捷，等. 基于多元传导模型的物价指数预测新方法——2018 年中国物价展望. 管理评论，2018，30(1): 3-13.

根据传导模型计算出 2019 年 PPIRM 各月的环比变动情况，根据环比与同比的关系，计算出各月同比数据，结果如图 23 所示，预计 2019 年 PPIRM 月度同比涨幅高点出现在 4 月，最高约在 1.1%。2019 年全年 PPIRM 涨幅在 0.4%左右，大幅低于 2018 年的 4.1%。

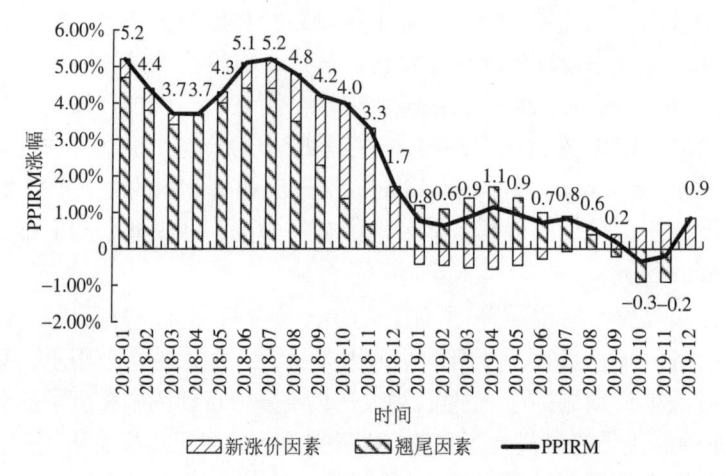

图 23　2018 年 PPIRM 月度同比数据和 2019 年 PPIRM 月度同比预测数据

资料来源：2018 年数据来自国家统计局，2019 年数据为作者测算

（二）2019 年 PPI 预测

根据 2018 年各月的 PPI 环比指数，测算得到翘尾因素对 2019 年 PPI 的影响在 0.2 个百分点左右，大幅低于 2018 年翘尾因素影响的 2.8 个百分点。翘尾因素的月度分布如图 24 所示。2019 年 8~11 月翘尾因素影响为负，意味着如果 2019 年 PPI 保持 2018 年 12 月的水平不变（各月环比为 0 增长），2019 年 8~11 月 PPI 同比将为负增长。

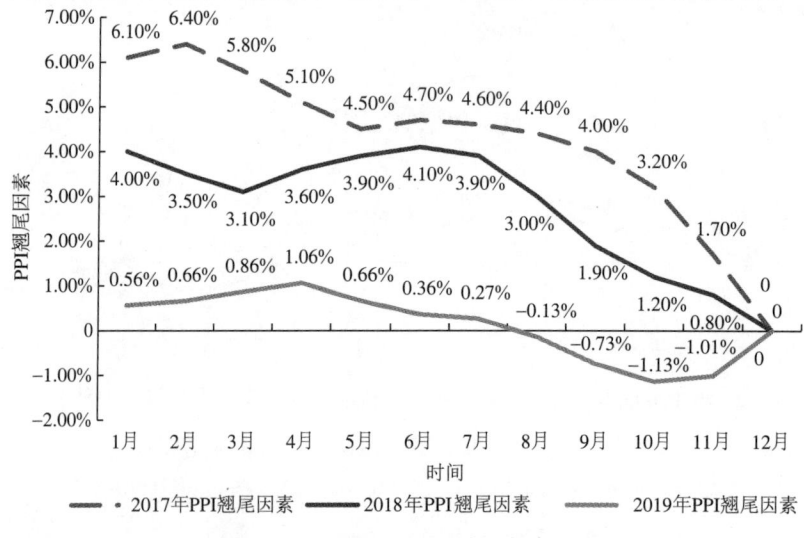

图 24　2017~2019 年 PPI 各月翘尾因素

资料来源：2017 年、2018 年数据来自国家统计局，2019 年数据为作者测算

使用传导模型，可以预测出2019年PPI月度环比涨幅。根据环比与同比的关系，可以计算出月度同比指数，结果如图25所示，2019年PPI月度同比涨幅高点出现在4月左右，最高在0.7%左右，9~11月PPI将出现负增长。2019年全年PPI上涨0.1%，大幅低于2018年3.5%。

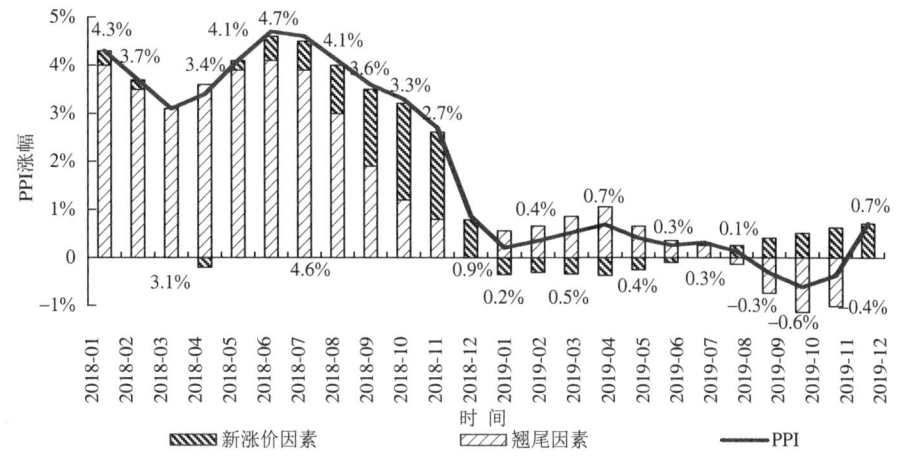

图25 2018年PPI月度同比数据和2019年PPI月度同比预测数据

资料来源：2018年数据来自国家统计局，2019年数据为作者测算

（三）2019年CPI预测

根据2018年各月的CPI环比指数，测算得到翘尾因素对2019年CPI的影响在0.7个百分点左右，与2018年翘尾因素的影响基本相同。2017年、2018年和2019年各月的翘尾因素如图26所示。2019年9月、10月翘尾因素为负，主要是受到2018年11月CPI环比为负的影响。

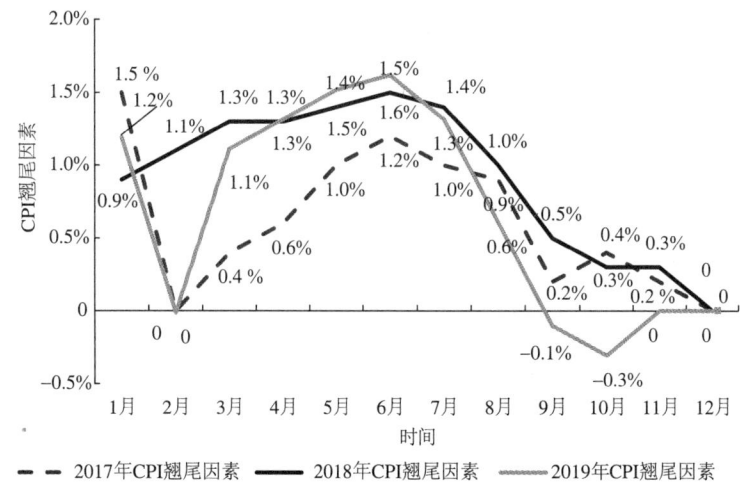

图26 2017~2019年CPI各月翘尾因素

资料来源：2017年、2018年数据来自国家统计局，2019年数据为作者测算

使用传导模型，可以计算出CPI在2019年的月度环比涨幅。根据环比与同比的关系，

计算出 CPI 月度同比涨幅，结果如图 27 所示，2019 年 CPI 最高点出现在 6 月、7 月，在 2.4%左右。2019 年全年 CPI 将上涨 2.0%，与 2018 年 2.1%的水平的基本持平。

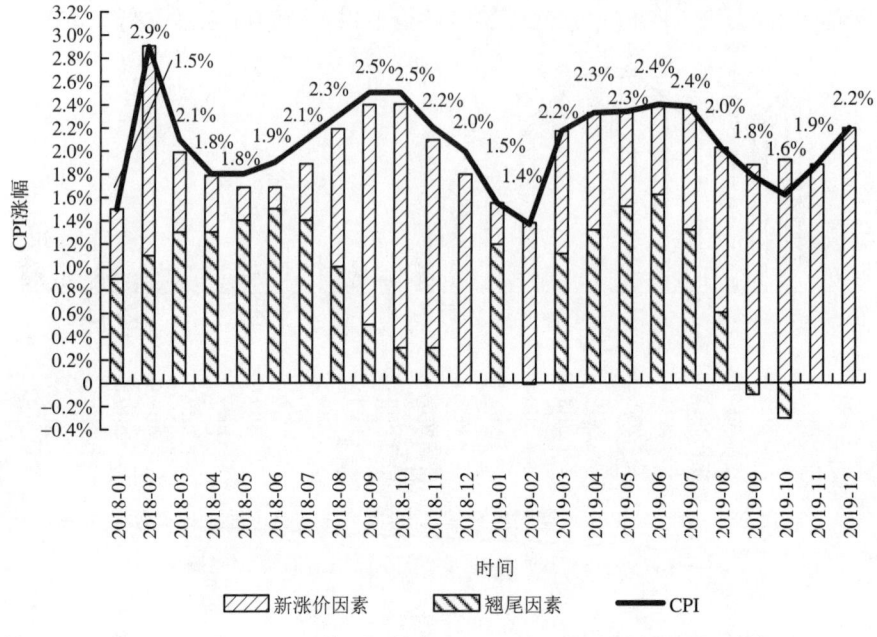

图 27 2018 年 CPI 月度同比数据和 2019 年 CPI 月度同比预测数据

资料来源：2018 年数据来自国家统计局，2019 年数据为作者测算

四、结论和政策建议

综上所述，2019 年我国物价整体稳定，CPI 将继续温和上涨，初步预测全年 CPI 将上涨 2.0%；PPI 和 PPIRM 涨幅大幅度回落，初步预测 PPI 和 PPIRM 将分别上涨 0.1%和 0.4%左右，存在一定的通货紧缩风险。物价的下降将明显影响到我国企业效益和财政收入，但也有利于企业降低成本。

2019 年物价的不确定性主要来源于猪肉价格和原油价格。如果猪肉价格发生较大幅度上涨，将明显推高 CPI 涨幅；如果原油价格因意外事件出现较大上涨，PPI 和 PPIRM 的涨幅也将提高。相反，猪肉价格重新下跌和原油价格继续下跌将加大 2019 年通货紧缩压力。

就宏观调控而言，本报告提出以下政策建议。

（一）继续实施稳健货币政策

2019 年我国物价整体稳定，基本不存在通胀压力，而通缩压力较大，因此 2019 年货币政策重点要在防止通货紧缩上，通过适度增加货币供应，保持经济体系充裕的流动性，营造相对宽松的货币条件，以更好地支持实体经济的需要。同时，需要利用这一良好时机，理顺新形势下的货币政策传导机制，督促金融企业去杠杆，引导全社会去杠杆，防范我国债务风险。

（二）压缩流通成本保护农产品生产者利益

近年来，我国农产品生产日益产业化，农产品市场得到充分保障，价格波动幅度缩小，持续时间短，保障了我国物价的基本稳定。但农产品价格长期低迷将伤害农业生产者的积极性，不利于现代农业的良性发展。当前农产品流动环节费用仍然偏高，建议大力推广"互联网+农产品"及发展农产品冷链物流，压缩流通成本，让农业生产者得到更多收益。

（三）多使用市场化手段进行环保、去产能等供给侧调控

去产能、环保供给政策应充分考虑我国市场的供给情况，尽量不用一刀切、直接关停等"疾令"手段，以减少对市场价格的干扰冲击，要充分利用市场化手段，依法严格执行环保标准，规则明确，程序透明，加强约束和激励，为企业设定时间表，以促进企业主动调整产能，满足环保需要，同时实现稳定市场的需要。

（四）跟踪监测价格走势

密切跟踪分析国内外价格总水平和重要商品价格走势，做好预案，及时提出调控建议。加强民生商品价格监测预警，研究完善价格异常波动应对预案。健全重要商品储备制度，丰富调控手段，提升调控能力，防范价格异常波动。逐步构建覆盖重要商品和服务的价格指数体系，合理引导市场预期。

2019年中国财政形势展望

骆晓强

报告摘要：2018年，我国财政运行总体平稳。全国一般公共预算收入183 352亿元，增长6.2%；全国一般公共预算支出220 906亿元，增长8.7%。全国政府性基金预算收入75 405亿元，增长22.6%，全国政府性基金预算支出80 562亿元，增长32.1%。全国国有资本经营预算收入2900亿元，增长9.8%；全国国有资本经营预算支出2159亿元，增长6.7%。全国社会保险基金预算收入72 649.22亿元，增长24.3%；全国社会保险基金支出64 586.45亿元，增长32.7%。2018年一般公共预算收入中，国内增值税、企业所得税和个人所得税贡献了大部分财政增收；从行业看，上游周期性行业受价格上涨带动，对财政收入贡献突出。2018年一般公共预算支出中，社会保障和就业支出、医疗卫生与计划生育支出、城乡社区支出及债务付息支出占比明显上升。从月度数据看，一般公共预算收入随经济增速的回落及减税降费政策效果的体现，呈现前高后低态势。

2018年，我国继续实施积极的财政政策，加大减税降费力度和财政支出力度，优化财政支出结构。同时，持续推进财税体制改革，改革个人所得税制度，深化增值税改革，防范化解地方政府隐性债务风险，建立企业职工基本养老保险基金中央调剂制度，全面实施预算绩效管理。

2019年，我国财政发展面临着由经济增速下滑带来的财政收入增速下降的压力，不排除个别基层出现财政困难；地方政府债务积累较多，债务风险依然较大；财政扩张的空间不能过于乐观。综合2019年经济状况，预计财政收入增速在4.6%左右；财政支出将继续扩张，财政赤字占GDP的比重略有上升。

按照中央经济工作会议中2019年"积极的财政政策要加力提效，实施更大规模的减税降费，较大幅度增加地方政府专项债券规模"的要求，建议继续减税降费，调整优化财政支出结构，切实防范地方政府债务风险，扎实推进财税体制改革。

一、2018年我国财政运行情况

如表1所示，2018年，全国一般公共预算收入183 352亿元，比2017年增加10 709[①]亿元，增长6.2%；全国一般公共预算支出220 906亿元，比2017年增加17 720亿元，增长

[①] 由于政府收支分类科目调整，2018年一般公共预算收入中调入一些原包含在政府性基金预算中的项目，为可比，在计算增减额和增减幅时使用了2017年的同口径数。

8.7%。全国政府性基金预算收入 75405 亿元，增长 22.6%，其中土地使用权出让收入 65096 亿元，增长 25%；全国政府性基金预算支出 80562 亿元，增长 32.1%，其中土地使用权出让收入相关支出 69941 亿元，增长 34.2%。全国国有资本经营预算收入 2900 亿元，增长 9.8%；全国国有资本经营预算支出 2159 亿元，增长 6.7%。全国社会保险基金预算收入 72649.22 亿元，增长 24.3%；全国社会保险基金预算支出 64586.45 亿元，增长 32.7%。

表 1　2016~2018 年我国四本预算收支概况（单位：亿元）

项目	2016 年		2017 年		2018 年	
	收入	支出	收入	支出	收入	支出
一般公共预算	159 605	187 755	172 593	203 085	183 352	220 906
政府性基金预算	46 643	46 878	61 480	60 969	75 405	80 562
国有资本经营预算	2 609	2 155	2 581	2 015	2 900	2 159
社会保险基金预算	50 112	43 605	58 438	48 653	72 649.22	64 586.45

资料来源：财政部网站，http://yss.mof.gov.cn/zhengwuxinxi/caizhengshuju；2018 年为预算执行数，http://gks.mof.gov.cn/zhengfuxinxi/tongjishuju/201901/t20190123_3131221.html

考虑到一般公共预算收支是我国政府财政收支的核心，下文主要分析一般公共预算收支情况。下文所称财政收入和支出专指一般公共预算收支，其概况如表 2 所示。需要说明的是表中财政收支差额为财政部公布数据，不等于财政收入减财政支出，按财政部定义，财政收支差额=收入总量（全国一般公共预算收入+全国财政使用结转结余及调入资金）-支出总量（全国一般公共预算支出+补充中央预算稳定调节基金）。

表 2　2013~2018 年全国一般公共预算收支概况（单位：亿元）

项目	2013 年	2014 年	2015 年	2016 年	2017 年	2018 年
财政收入	129 210	140 370	152 269	159 605	172 593	183 352
财政支出	140 212	151 786	175 878	187 755	203 085	220 906
财政收支差额	-12 000	-13 500	-16 200	-21 800	-23 800	-23 800
收支差额占 GDP 比重	-2.0%	-2.1%	-2.4%	-2.9%	-2.9%	-2.6%

资料来源：财政部网站，http://yss.mof.gov.cn/zhengwuxinxi/caizhengshuju；2018 年为预算执行数，http://gks.mof.gov.cn/zhengfuxinxi/tongjishuju/201901/t20190123_3131221.html

2018 年我国一般公共预算运行表现出以下特点。

（一）财政收入增速前高后低

2018 年前 5 个月，受 2017 年经济较好的甩尾效应，财政收入出现较快增长，比 2017 年同期增长 12.2%，6 月开始，中美贸易摩擦对经济的影响传递到财政收入。同时，减税降费政策效应（增值税降率从 5 月 1 日起实施）开始显现，财政收入增速明显放缓，10 月和 11 月财政收入当月收入同比分别增长-3.1%和-5.4%，出现负增长；2018 年全年财政收入增速下滑到 6.2%。主要项目收入情况如表 3 所示。

表 3　财政收入主要项目

主要项目	2015 年金额/亿元	2016 年金额/亿元	2017 年金额/亿元	2018 年	
				金额/亿元	增长率
财政收入	152 269	159 605	172 593	183 352	6.2%

续表

主要项目	2015年金额/亿元	2016年金额/亿元	2017年金额/亿元	2018年 金额/亿元	2018年 增长率
各项税收	124 922	130 361	144 370	156 401	8.3%
国内流转税	64 851	66 465	70 965	77 001	8.5%
国内增值税	31 109	40 712	56 378	61 529	9.1%
国内消费税	10 542	10 217	10 225	10 632	4.0%
营业税	19 313	11 502			
城市维护建设税	3 886	4 034	4 362	4 840	11.0%
进口环节税收	15 094	15 388	18 969	19 727	4.0%
进口货物增值税、消费税	12 533	12 785	15 971	16 879	5.7%
关税	2 561	2 604	2 998	2 848	−5.0%
出口货物退增值税、消费税	−12 867	−12 154	−13 870	−15 913	14.7%
所得税	35 751	38 940	44 084	49 195	11.6%
企业所得税	27 134	28 851	32 117	35 323	10.0%
个人所得税	8 617	10 089	11 966	13 872	15.9%
土地和房地产相关税种收入	14 021	15 018	16 438	17 966	9.3%
车辆交通工具有关税收	3 453	3 405	4 105	4 333	5.6%
印花税	3 441	2 209	2 206	2 199	−0.3%
资源税收	1 178	1 090	1 473	1 741	18.2%
非税收入	27 347	29 244	28 223	26 951	−4.7%
专项收入	6 985	6 909	7 029	7 520	6.9%
行政事业性收费收入	4 873	4 896	4 745	3 925	7.4%
罚没收入	1 877	1 918	2 394	2 658	10.7%
国有资本经营收入	6 080	5 895	4 191	3 577	−14.7%
国有资源(资产)有偿使用收入	5 464	6 927	7 455	7 077	−5.3%
其他收入	2 068	1 823	2 409	2 194	−9.3%

资料来源：财政部网站。http://yss.mof.gov.cn/zhengwuxinxi/caizhengshuju/

注：由于2018年预算科目有所调整，2017年各收入项目金额为科目调整前金额，2018年各收入项目金额的增长率按照可比的口径即调整后的口径进行计算得到。本表数据因进行了约分，可能存在偏差

1. 税收收入较快增长

2018年全国一般公共预算收入中的税收收入156 401亿元，增长8.3%。分税种看，受益于上游产品价格上涨，国内增值税61 529亿元，增长9.1%，拉动财政收入增长3.0个百分点，是财政增收的最主要力量。国内消费税10 632亿元，增长4.0%。受益于企业效益较好，企业所得税35 323亿元，增长10.0%，拉动财政收入增长1.9个百分点。由工薪所得税增长推动，个人所得税13 872亿元，增长15.9%，拉动财政收入增长1.1个百分点。受进口较快回升带动，进口货物增值税、消费税共16 879亿元，增长5.7%，受调低关税税率影响，关税2 848亿元，下降5.0%，进口环节税收（进口货物增值税、消费税和关税）拉动财政收入增长0.4个百分点。受出口较快增长影响，出口退税15 913亿元，增长14.7%，拉低财政收入增幅1.2个百分点。土地和房地产直接相关税收出现分化，其中，契税5 730亿元，增长16.7%；土地增值税增长14.9%；房产税增长10.9%；城镇土地使用税增长1.1%；耕地占用税下降20.2%，合计拉动财政收入增长0.9个百分点。从行业来看，上游周期性行业受益于价格上涨，对2018年财政收入贡献依然突出，如石油和天然气开采业、非金属矿物制品业、黑色金属冶炼和压延加工业税收同比分别

增长44.2%、36.1%、48.7%，但随着2018年11月以原油为代表的大宗商品价格的大幅下跌，上游行业对财政增收的拉动趋于放缓；房地产行业依然保持了较高的税收贡献，房地产业和建筑业税收同比分别增长17.3%、16.4%。我国税收收入结构中流转税比重趋于稳定，所得税比重继续上升，2018年所得税占财政收入比重达到26.8%，比2017年上升1.3个百分点。

2. 非税收入出现下降

2018年，我国一般公共预算非税收入26 951亿元，比2017年下降4.7%。其中，专项收入增长6.9%，行政事业性收费下降7.4%，罚没收入增长10.7%，国有资本经营收入下降14.7%，国有资源（资产）有偿使用收入下降5.3%。非税收入占财政收入的比重从2017年的16.4%下降到14.7%，下降1.7个百分点。

3. 地方财政收入出现明显分化

2018年，中央一般公共预算收入85 447亿元，同比增长5.3%；地方一般公共预算本级收入97 905亿元，同比增长7%。分地区来看，地方财政收入出现了明显分化，如图1所示。全国31个地区中，西藏、山西、浙江、陕西、海南、青海、河南等7个地区财政收入实现两位数增长，辽宁、四川、内蒙古、河北等23个地区为个位数增长，天津1个地区为负增长，增长-8.8%。这是我国地区经济增速分化及财政经济数据挤水分的反映。

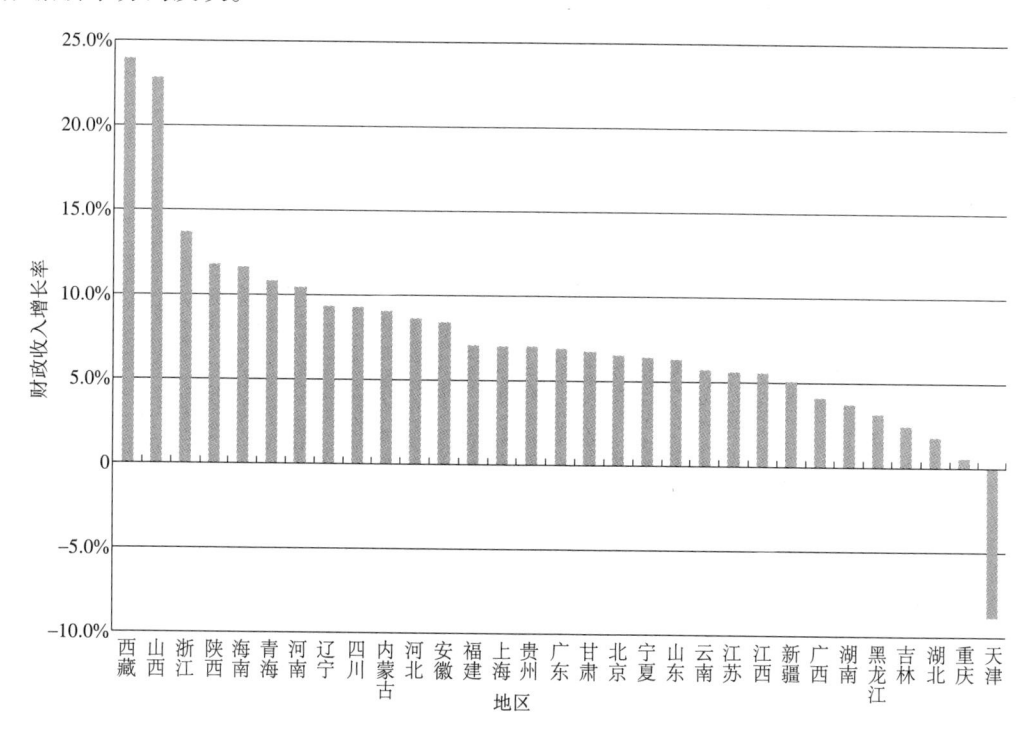

图1 2018年各地区一般公共预算收入同口径增长情况

资料来源：http://news.jxntv.cn/2019/0203/9098963.shtml

（二）财政支出较快增长

2018年，全国一般公共预算支出同比增长8.7%。其中，中央一般公共预算本级支出32708亿元，同比增长8.8%；地方一般公共预算支出188198亿元，同比增长8.7%。

从主要支出科目情况看，如表4所示，教育支出32222亿元，增长6.7%；社会保障和就业支出27084亿元，增长9.7%；城乡社区支出22700亿元，增长10.2%；农林水支出20786亿元，增长9.9%；一般公共服务支出18607亿元，增长12.5%；医疗卫生与计划生育支出15700亿元，增长8.5%；公共安全支出13790亿元，增长10.4%；国防支出11281亿元，增长8.0%；交通运输支出11073亿元，增长3.7%；科学技术支出8322亿元，增长14.5%；债务付息支出7345亿元，增长17.1%；住房保障支出6519亿元，下降0.5%；节能环保支出6353亿元，增长13%；资源勘探信息等支出4993亿元，下降0.9%。

从我国财政支出结构的变化趋势看，一般公共服务支出占比明显下降，从2007年占财政支出的12.9%下降到2018年的8.4%，体现了严格控制"三公经费"的成效。交通运输支出、资源勘探信息等支出、商业服务业等支出和金融支出等四项经济事务支出比重从2007年的12.3%下降到2018年的8.6%，下降了3.7个百分点，体现了从经济事务中的逐步退出。社会保障和就业支出由2007年的10.9%上升到2018年的12.3%，提高1.4个百分点；医疗卫生与计划生育支出占财政支出比重由2007年的4.7%上升到2018年的7.1%，上升了2.4个百分点，反映了人口老龄化及医疗保健职能加强的影响。城乡社区事务支出占比从2007年的6.5%上升到2018年的10.3%，上升了3.8个百分点，反映了我国城镇化的进程和城乡建设加快。债务付息支出占比从2007年的2.1%上升到2018年的3.3%，上升了1.2个百分点，反映了我国政府债务负担的迅速上升。

表4 财政支出主要项目

主要项目	2015年金额/亿元	2016年金额/亿元	2017年金额/亿元	2018年金额/亿元	2018年增长率
一、一般公共服务支出	13548	14791	16510	18607	12.5%
二、外交支出	480	482	522	586	12.4%
三、国防支出	9088	9766	10432	11281	8.0%
四、公共安全支出	9380	11032	12461	13790	10.4%
五、教育支出	26272	28073	30153	32222	6.7%
六、科学技术支出	5863	6564	7267	8322	14.5%
七、文化体育与传媒支出	3077	3163	3392	3522	3.7%
八、社会保障和就业支出	19019	21591	24612	27084	9.7%
九、医疗卫生与计划生育支出	11953	13159	14451	15700	8.5%
十、节能环保支出	4803	4735	5617	6353	13.0%
十一、城乡社区支出	15886	18395	20585	22700	10.2%
十二、农林水支出	17380	18587	19089	20786	9.9%
十三、交通运输支出	12356	10499	10674	11073	3.7%
十四、资源勘探信息等支出	6006	5791	5034	4993	-0.9%
十五、商业服务业等支出	1747	1725	1569	1592	1.0%
十六、金融支出	960	1303	1148	1378	20.0%
十七、援助其他地区支出	261	303	399	441	10.6%

续表

主要项目	2015年金额/亿元	2016年金额/亿元	2017年金额/亿元	2018年 金额/亿元	2018年 增长率
十八、国土海洋气象等支出	2 115	1 787	2 304	2 221	-3.7%
十九、住房保障支出	5 797	6 776	6 552	6 519	-0.5%
二十、粮油物资储备支出	2 613	2 190	2 251	2 053	-8.8%
二十一、债务付息支出	3 549	5 075	6 273	7 345	17.1%
二十二、债务发行费用支出	55	70	60	60	0.7%
二十三、其他支出	3 671	1 899	1 729	2 278	30.2%
支出合计	175 878	187 755	203 085	220 906	8.7%

资料来源：财政部网站. http://yss.mof.gov.cn/zhengwuxinxi/caizhengshuju/；2018年为预算执行数, http://gks.mof.gov.cn/zhengfuxinxi/tongjishuju/201901/t20190123_3131221.html

注：由于2018年预算科目有所调整，2017年各支出项目金额为科目调整前金额，2018年各支出项目金额的增长率按照可比的口径即调整后的口径进行计算得到；本表数据因进行了约分，可能存在偏差

二、2018年我国财政政策实施情况和财税改革进展

2018年以来，我国继续实施积极的财政政策，主要举措有以下四个方面。

（一）较大力度减税降费

一是深化增值税改革，于2018年5月1日起将17%和11%的增值税税率下调为16%和10%，统一增值税小规模纳税人标准，特定行业纳税人留抵税额一次性退还。二是扩大享受税收优惠政策的小型微利企业范围，自2018年1月1日至2020年12月31日，将小型微利企业的年应纳税所得额上限由50万元提高到100万元，符合条件的小型微利企业，享受减半征税政策。三是出台新的支持研发创新的税收政策。在2018年1月1日至2020年12月31日期间，将企业研发费用加计扣除比例提高到75%的政策适用范围由科技型中小企业扩大至所有企业。2018年7月1日起，创投企业和天使投资个人税收优惠推广至全国实施。四是提高个人所得税起征点。2018年10月1日起将工薪收入个税起征点从月收入3500元提高到5000元，扩大低税率的税收级距。五是调整进出口税收政策。两次提高部分产品出口退税率，退税率由原来的七档减为五档。进一步完善跨境电商出口免税政策和零售进口税收政策。自主降低关税总水平。对包括抗癌药在内的绝大多数进口药品实施零关税，大幅降低汽车整车及零部件、部分日用消费品进口关税，降低部分进口机电设备、零部件及原材料等工业品关税，我国关税总水平由2017年的9.8%降至2018年的7.5%。

（二）较大幅度增加财政支出

2018年全国一般公共预算支出达220 906亿元，加上政府性基金支出、国有资本经

营支出、全国社会保险基金支出，四本预算剔除相互往来合计支出规模超过34万亿元，支出规模已属较大，成为我国经济社会发展的重要基础。同时，加快地方政府债券发行和使用，完成1.35万亿元专项债券发行计划，完成地方政府存量债务置换。推进PPP模式规范发展，推广政府购买服务，加强重点领域"补短板"。

（三）加大社会民生支出

大力支持脱贫攻坚，整合资金向贫困地区、贫困人口倾斜。推动教育改革发展，巩固城乡义务教育经费保障机制，支持学前教育、职业教育、高等教育发展，落实覆盖各教育阶段的家庭经济困难学生资助政策。完善社会保障制度体系，提高退休人员基本养老金，建立城乡居民基本养老保险待遇确定和基础养老金正常调整机制，推动划转部分国有资本充实社保基金试点，稳步扩大全国社会保障战略储备基金。加大医疗卫生支出，城乡居民医保财政补助标准提高到每人每年490元。基本公共卫生服务经费人均补助标准达到55元。提高优抚对象等人员抚恤和生活补助标准，完善军人退役安置制度。加强基本住房保障，支持棚户区改造开工616万套，完成农村危房改造190万户。深入实施文化惠民工程，加强基本公共文化服务。

（四）推进财政体制改革

一是税制改革迈出坚实步伐。改革个人所得税制度，实现从分类税制向综合与分类相结合税制的重大转变。深化增值税改革，降低增值税率，统一小规模纳税人标准。二是加强地方政府债务风险防控。提出防范化解地方政府隐性债务风险的一揽子政策措施，推动建立地方政府举债终身问责、倒查责任机制。健全地方政府隐性债务统计监测机制。三是建立养老保险基金中央调剂制度。自2018年7月1日起，企业职工基本养老保险在现行省级统筹基础上，建立中央调剂基金，对各省（自治区、直辖市）养老保险基金进行适度调剂，均衡地区间基金负担，重点缓解少数困难省（自治区、直辖市）的基金收支压力，确保基本养老金按时足额发放。四是全面实施绩效管理。印发《中共中央 国务院关于全面实施预算绩效管理的意见》，提出用3~5年时间基本建成全方位、全过程、全覆盖的预算绩效管理体系，实现预算和绩效管理一体化，着力提高财政资源配置效率和使用效益，改变预算资金分配的固化格局，提高预算管理水平和政策实施效果。

三、2019年我国财政运行面临的任务和挑战

财政是政府配置资源的基本手段，也是国民经济问题的综合反映。党的十九大提出了建设社会主义现代化强国，实现中华民族伟大复兴的奋斗目标。财政作为国家治理的基础和重要支柱，我国经济社会发展中的不充分、不平衡会以不同方式从不同方面不同

程度地反映到财政上,财政发展面临多重挑战。

2019年我国财政运行面临的任务和挑战突出表现在以下几个方面。

(一)经济增长放缓加大财政收支矛盾

在中美贸易摩擦的不确定影响下,出口受阻,并向投资消费传导;企业、居民预期均较悲观,投资消费增长后劲不足;成本依然居高不下,实体经济困难增多,部分企业经营困难,经济增速的下滑将带来财政收入增速的回落。不排除个别基层财政难以收支平衡,保工资、保运转、保基本民生出现困难。

(二)地方政府债务风险依然较大

地方政府一般预算和政府性基金预算举债融资规模仍在扩大(表5),加上地方政府的隐性债务,地方政府债务余额已经处于一个较高水平,如果地方政府一般债务加专项债务再加地方城投债(数据来自 Wind 数据库)作为地方政府债务余额,一些省份如青海、贵州的债务率(债务余额与财政收入之比)已经超过600%,远远超过200%的合理区间,偿还利息的压力很大。

从债务可持续动态模型看,地方政府债务是否可持续最终取决于GDP名义增长率和债务利率之间的对比。虽然2019年利率上涨的压力可能随货币政策适度宽松而有所缓解,但2019年经济增速下行压力更大,经济增速的下滑将带来财政收入降速,财政对债务的保障能力将明显下降,部分地区可能进入借债还息——利息累计加大债务压力的"利滚利"的恶性循环,不排除出现债务违约可能。

表5 我国政府债务情况

项目	2014年	2015年	2016年	2017年	2018年
政府债务余额/亿元	243 877	254 168	279 072	299 476	333 469
中央政府债务余额/亿元	95 655	106 600	125 908	134 770	149 607
地方政府债务余额/亿元	148 222	147 568	153 164	164 706	183 862
其中:地方政府一般债务余额/亿元	94 272	92 619	97 868	103 322	109 939
地方政府专项债务余额/亿元	53 949	54 949	55 296	61 384	73 923
政府债务占GDP比重	37.9%	36.9%	37.7%	37.3%	37.0%
地方政府债务率	82.6%	82.6%	79.8%		

资料来源:根据财政部网站公布的历年预算决算报告整理,http://yss.mof.gov.cn/zhengwuxinxi/caizhengshuju/;2018年为预算执行数,http://yss.mof.gov.cn/zhuantilanmu/dfzgl/sjtj/201901/t20190123_3131019.html

注:本表数据因进行了约分,可能存在偏差

(三)财政政策扩张空间不能过于乐观

在经济下行压力较大的背景下,有观点认为我国可实行功能财政,不必在意财政赤字规模,加大减税力度,扩大财政支出规模。但事实上,我国当前财政扩张的空间并不能过于乐观。从一般预算和政府性基金预算看,已有显性债务存量加上隐性债务存量已超过 GDP 的 60%这一国际警戒线，已进入风险区，无约束地扩大财政赤字势必伤及财政自身的可持续性，带来更大的困难。从社会保险基金预算看，人口老龄化对职工养老保险的压力日益显现，保费收支缺口已成常态，不考虑精算平衡大规模降低社保费率必然会引起社保自身的不可持续。稳固的财政是我国经济稳定增长的重要保障，在刺激总需求的时候也不可忽略财政自身的可持续。大规模的减税降费需要与节约支出、提高财政资金配置效率、提高支出效率紧密结合起来。

四、2019 年财政形势和财政政策展望

（一）2019 年财政收入预测

2019 年我国经济增速继续回落概率较大，工业品出厂价格水平涨幅继续回落，企业利润增幅下降，财政收入增长的经济基础总体较弱。加上 2019 年将加大减税降费力度，财政收入增幅将明显回落。使用分税种模型预测，2019 年财政收入增长 4.6%左右，全国一般公共预算收入规模达到 19.2 万亿元左右。

财政支出方面，支出刚性短期很难改变，社会保障、医疗卫生等与人口老龄化相关领域的支出需求依然较旺，脱贫攻坚、稳增长、科技创新等任务也需要财政支出支持，2019 年财政支出规模仍将保持扩张态势，财政赤字占 GDP 的比重将有所上升。

（二）2019 年财政政策建议

按照中央经济工作会议 2019 年"积极的财政政策要加力提效，实施更大规模的减税降费，较大幅度增加地方政府专项债券规模"的要求，本报告提出以下几点建议。

一是实施更大规模减税降费。适当降低增值税税率，提高小规模纳税人增值税起征点，建立增值税留抵税款退税制度。落实修改后的个人所得税法和实施条例，实施 6 项专项附加扣除，减轻居民税负。进一步清理规范涉企收费。降低过高的社保缴费名义费率，稳定缴费方式，确保企业社保缴费实际负担有实质性下降。研究更加普惠、更加简便的减税降费政策，如较大幅度降低企业所得税名义税率。

二是进一步优化财政支出结构。为保证财政可持续，在大规模减税降费的同时，也要严格控制财政支出规模，优化财政支出结构，改善财政支出使用方式。建议进一步退出一般竞争性领域，有保有压，调整优化支出结构；循序渐进、量力而行改善民生，立足于保基本、兜底线、促公平，多做雪中送炭，不搞锦上添花；要加大社会保障、医疗卫生、农业发展、环境保护等领域的顶层设计，花钱买机制，增加资金配置效率。要加大农业、科技等领域财政资金整合力度，更好发挥资金效率。进一步改革财政支出方式，减少财政资金使用过程中"跑冒滴漏"，多使用市场化方式，带动民营资本、民营主体的参与，提高资金使用效率。

三是切实防范地方政府隐性债务风险。防范地方政府隐性债务风险是打赢金融风险防控战的重要部分。建议加大对违法违规融资担保行为的查处问责力度，终身问责、倒查责任，坚决遏制隐性债务增量，堵住后门。出台加快推进融资平台公司市场化转型等制度办法，创新金融工具，稳妥处置债务存量。完善地方政府债券信息披露和信用评级制度，健全地方政府债务风险评估和预警机制，建立开前门的激励与约束机制。

四是加快推进财税体制改革。按照十九大报告的要求，"加快建立现代财政制度，建立权责清晰、财力协调、区域均衡的中央和地方财政关系"，特别是事权应适当向中央集中，将基层的事务集中到当地地方性事务上来，减轻基层财政压力。"建立全面规范透明、标准科学、约束有力的预算制度，全面实施绩效管理。深化税收制度改革，健全地方税体系"[①]。

---

① 习近平. 决胜全面建成小康社会 夺取新时代中国特色社会主义伟大胜利——在中国共产党第十九次全国代表大会上的报告. http://www.gov.cn/zhuanti/2017-10/27/content_5234876.htm[2018-11-01].

2019年中国货币政策展望

鲍 勤

报告摘要： 2018年我国经济平稳发展，货币政策保持稳健中性的基调，取得了较好的成效：一方面宏观杠杆率趋稳；另一方面金融对实体经济形成有力支持，通过差别化的货币政策积极促进了经济结构调整。

从2018年货币政策操作来看，随着外汇占款持续下降，我国央行货币发行和货币政策主导权增强。2018年我国货币政策操作主要以公开市场操作作为常规调节金融体系流动性的方法，并综合运用常备借贷便利（standing lending facility，SLF）和中期借贷便利（medium-term lending facility，MLF）等创新型货币政策工具以增强流动性管理的灵活性与有效性。2018年我国央行共实行四次定向降准，存款准备金率进一步下降。此外，2018年我国进一步完善人民币汇率市场化形成机制，并积极推进人民币国际化进程。

从2018年货币政策传导的中间目标来看，市场流动性充裕稳定，无论是广义货币量还是社会融资规模都保持平稳增长，贷款保持较快增长，贷款结构优化，贷款利率总体稳定。从最终目标来看，2018年，我国宏观经济稳中有进，根据国家统计局初步核算，GDP实际增速6.6%，物价总体平稳可控，通货膨胀压力不大，CPI低位运行，2018年全年同比上涨2.1%，PPI从高位持续回落，2018年全年同比上涨3.5%。

展望2019年，在复杂的国际、国内经济形势下，预期我国经济增速将进一步放缓，需求面下行压力较大；物价水平将保持整体稳定，CPI将温和上涨，PPI和PPIRM涨幅将大幅回落；2019年美国加息进程或放缓为我国货币政策操作赢得了空间。预期2019年我国将继续实施稳健的货币政策，在货币供应总量上松紧适度，为经济体提供充裕合理的流动性，同时，通过差别化的货币政策工具操作实现更好的结构性货币政策效果。对2019年的主要货币政策指标的预测结果表明：2019年我国广义货币量M2期末余额为197.3万亿元，同比增长8.1%；M2与GDP之比（M2/GDP）将稳定在2左右；社会融资规模存量为225万亿元左右，同比增长12%，其中，人民币贷款为151.6万亿元左右，同比增长13%。

为更好地熨平由外部冲击和内部经济结构性调整带来的负向冲击，同时更好地促进经济系统优化结构、提高效率，建议：第一，继续实施稳健中性的货币政策，继续通过降低存款准备金率释放流动性，加强结构性货币政策工具的探索，以更好地实现对实体经济的支持。第二，在货币政策操作工具创新的基础上，简化货币政策工具手段，改善市场主体对货币政策的预期；积极推进疏通货币政策传导路径，增强货币政策工具传导效率。第三，利用美国中央银行美联储加息进程放缓、美元指数或承压下行的有利时机，积极推进并进一步完善人民币汇率市场化定价机制，同时着眼中长期持续推进人民币国际化的机制设计，完善人民币的锚定机制；利用中美贸易摩擦带来的全球外贸结构调整契机，积极推进人民币跨境结算。

一、2018 年货币政策回顾

2018 年，中国经济保持平稳发展，经济增长动力加快转换。面对中美贸易摩擦加剧的不利外部环境，我国经济保持韧性，内需对经济拉动作用上升。货币政策保持稳健中性的基调，并取得了较好的成效：一方面，金融风险防控得力，宏观杠杆率趋稳；另一方面，金融对实体经济形成有力支持，通过差别化的货币政策积极促进经济结构调整。

（一）货币发行

随着国际、国内经济结构的调整，我国央行基础货币供给结构也在发生重要变化，一个显著特征就是外汇占款下降导致其在基础货币供给中所占地位的下降。如图 1 所示，我国央行外汇占款自 2014 年 6 月起结束了此前较长时期的快速增长进程，自高点开始持续回落。2018 年 1~8 月，外汇占款基本保持在 21.5 万亿元左右，与 2017 年基本持平，9 月以来外汇占款受中美贸易摩擦导致的贸易顺差收窄的影响，有所下降，截至 2018 年 12 月底，外汇占款 21.26 万亿元。受外汇占款下降的影响，在货币当局总资产中，国外资产占比持续下降。如图 2 所示，国外资产占比从 2013 年 12 月的历史高点 85.80%下降至 2017 年 12 月的 60.94%，2018 年，这一比例基本稳定保持在 60%左右，2018 年 12 月，这一比例为 58.43%；与此相对的是对其他存款性公司债权在总资产中占比的持续增长，

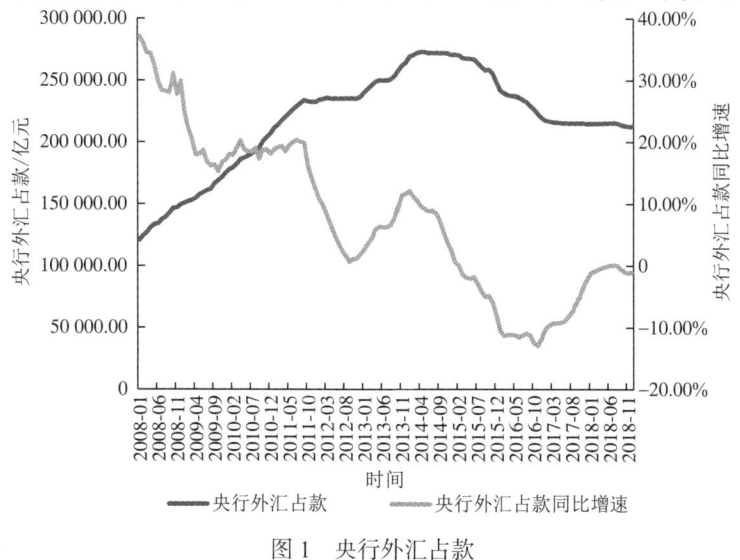

图 1 央行外汇占款

资料来源：根据 Wind 数据库数据整理计算，以下若无特殊说明，均来自 Wind 数据库或根据 Wind 数据库数据整理计算得到

从 2016 年之前的不足 10%增长至 2017 年 12 月的 28.17%，在 2018 年，这一比例基本稳定在 27%~29%。央行资产格局的变化直接影响了其储备货币的变化，如图 3 所示，在货币当局储备货币中，作为现金投放的货币发行基本保持稳定的增长，但货币当局储备货币变化整体呈现出 2015 年之前与外汇占款基本同步、2015 年之后与货币当局对其他存款性公司债权同步的特征。这说明我国央行货币发行受制于外，由外汇占款被动决定的局面已经发生根本变化，我国央行目前拥有着货币发行的主导权。

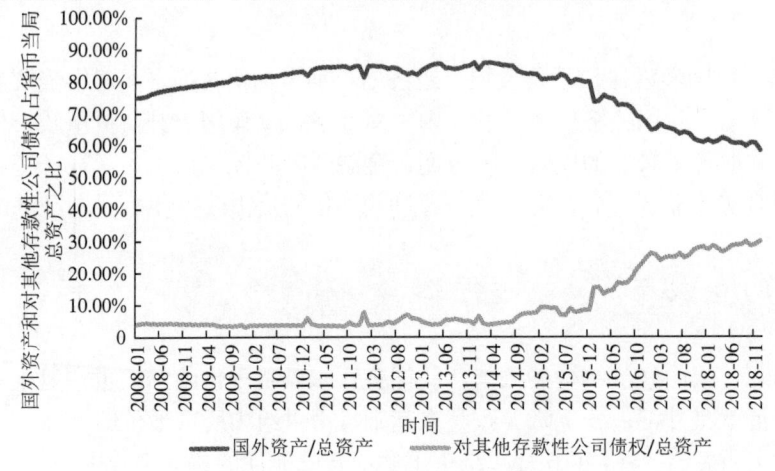

图 2　货币当局总资产中国外资产和对其他存款性公司债权占比

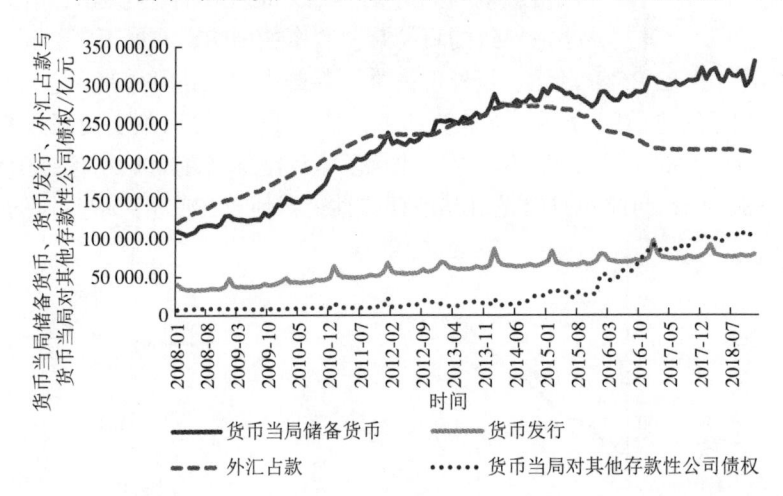

图 3　货币当局储备货币、货币发行、外汇占款与货币当局对其他存款性公司债权

（二）货币政策操作

随着我国货币政策操作工具的创新和机制的完善，目前我国已基本形成以公开市场操作作为常规货币政策工具、以存款准备金率调整和其他创新型货币政策工具调整作为结构性货币政策工具、以其他传统货币政策工具作为补充的较为完备的货币政策操作体系来调节经济金融体系的流动性。本报告中主要从公开市场操作、存款准备金

率调整、创新型货币政策工具运用和人民币国际化推进四个方面回顾2018年的货币政策操作。

1. 公开市场操作灵活开展

公开市场操作是目前我国央行调节银行体系流动性，引导货币市场利率走势，促进货币供应量合理增长的主要日常操作的货币政策工具之一。2018年，我国积极创新工具，引导市场预期，优化公开市场操作，如图4所示，通过货币投放和回笼有效熨平了短期因素对市场流动性的扰动，有效维护了市场利率平稳运行（图5）。

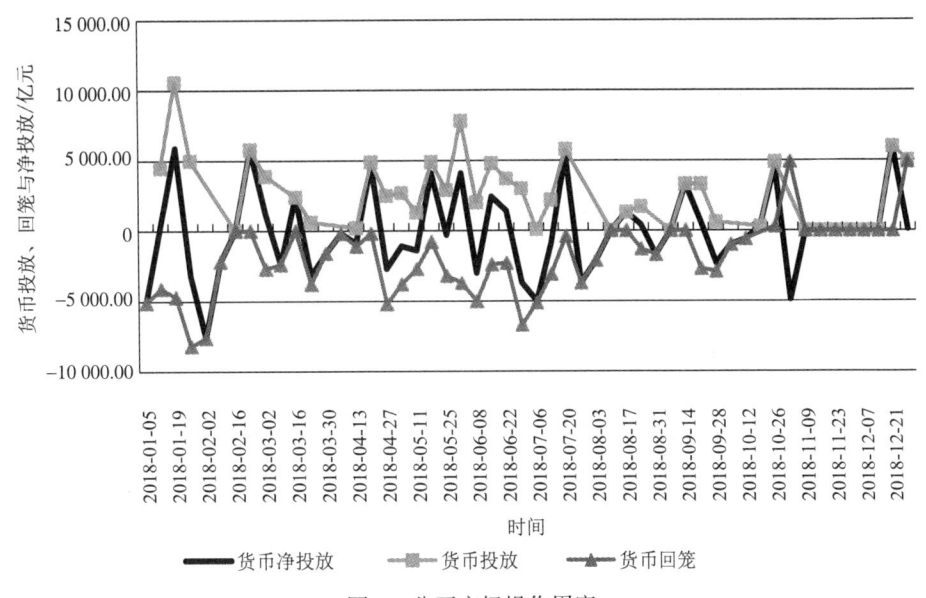

图4 公开市场操作周度

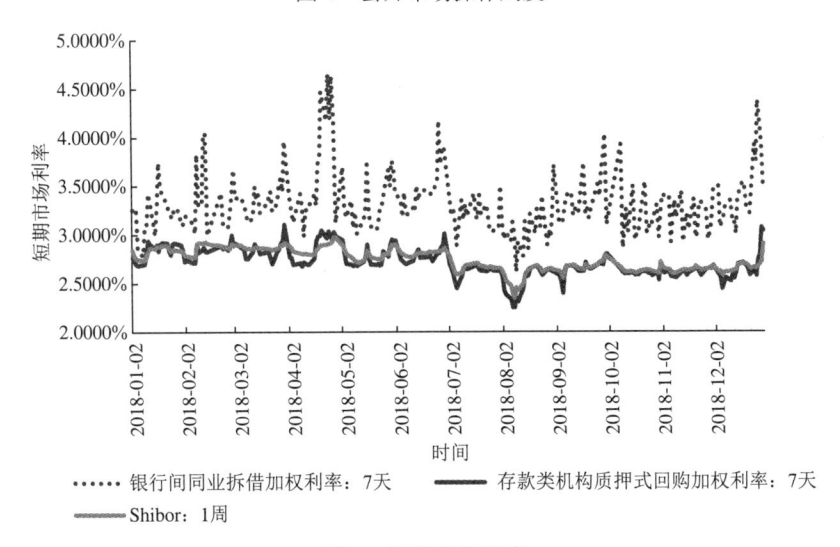

图5 短期市场利率

Shibor：shanghai interbank offered rate，上海银行间同业拆放利率

具体来看,央行在加大中长期流动性投放,通过降准、MLF、抵押补充贷款等工具扩充金融机构中长期资金的同时,往往通过灵活地开展逆回购操作,特别是配合使用临时准备金动用安排(contingent reserve arrangement,CRA)等工具,以较好地实现针对流动性、季节性波动的"削峰填谷",确保银行体系流动性总量在合理充裕水平上的基本稳定。例如,2018年1月11日,全国性商业银行开始陆续使用期限为30天的CRA,即在2018年春节前后,凡符合宏观审慎经营要求、在现金投放中占比较高的全国性商业银行若存在临时流动性缺口,可使用不超过2个百分点的法定存款准备金,使用期限为30天。CRA政策在高峰时累计释放临时性流动性近2万亿元,满足了春节前现金投放的需要。此外,央行加强了通过公开市场逆回购操作利率(7天)作为市场利率引导的作用。例如,2018年3月22日,针对美联储加息,央行逆回购中标利率小幅上行5个基点,以引导货币市场利率,并促进市场主体形成合理的利率预期。

2. 存款准备金率调整

2018年,我国央行共实行了四次定向降准。

第一次是2018年1月25日,全面实施普惠金融定向降准,即分两档降准,第一档针对前一年普惠金融贷款余额或增量占比达到1.5%的商业银行,下调存款准备金率0.5个百分点;第二档针对前一年普惠金融贷款余额或增量占比达到10%的商业银行,在第一档基础上进一步下调存款准备金率1个百分点。根据《2018年第一季度中国货币政策执行报告》,这一政策惠及全部大中型商业银行、近80%的城市商业银行和90%的非县域农村商业银行,释放资金约4500亿元。

第二次是2018年4月25日,下调大型商业银行、股份制商业银行、城市商业银行、非县域农村商业银行和外资银行人民币存款准备金率1个百分点,以置换其借用的MLF并支持小微企业融资。根据《2018年第二季度中国货币政策执行报告》,金融机构在按照"先借先还"顺序偿还MLF 9000亿元后,仍获得增量资金近4000亿元,增加了银行体系资金的稳定性,优化了流动性结构。

第三次是2018年7月5日,下调大型商业银行、股份制商业银行、城市商业银行、非县域农村商业银行和外资银行人民币存款准备金率0.5个百分点,以支持市场化、法治化"债转股"和小微企业融资。根据《2018年第二季度中国货币政策执行报告》,5家国有商业银行和12家股份制商业银行释放资金约5000亿元。

第四次是2018年10月15日,下调大型商业银行、股份制商业银行、城市商业银行、非县域农村商业银行和外资银行人民币存款准备金率1个百分点,降准所释放的部分资金用于偿还10月15日到期的约4500亿元MLF,这部分MLF当日不再续做。除去此部分,降准还可再释放增量资金约7500亿元。

经过四次降准以后,截至2018年12月底,我国大型存款类金融机构人民币存款准备金率为14.5%,中小型存款类金融机构人民币存款准备金率为12.5%。存款准备金率的下降对于金融机构总体超储率水平而言并没有明显的正向影响,如图6所示,金融机构超储率在2018年9月仅为1.50%,处于低位,但部分机构超储率明显提高,例如，农村信用社超储率 2018 年 3 月为 9.4%，比同期金融机构超储率高出 8.1 个百分点。

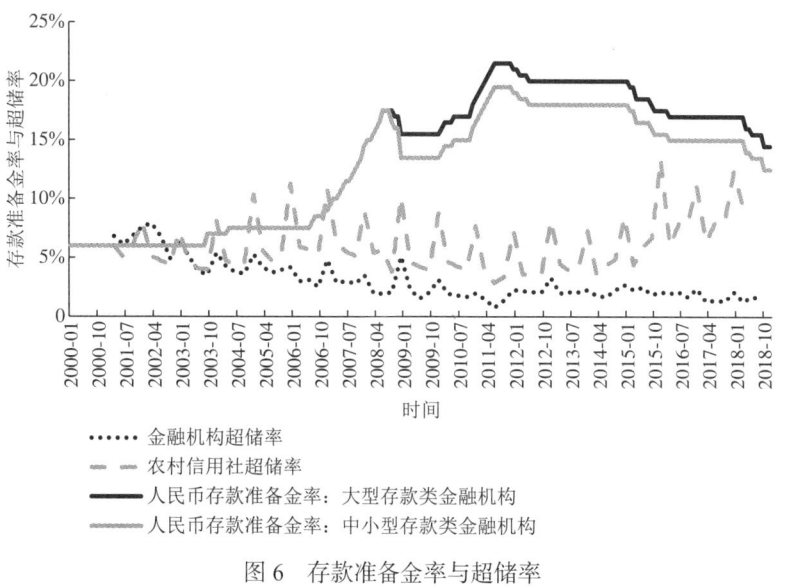

图 6　存款准备金率与超储率

3. 创新型货币政策工具灵活运用

2018 年，我国央行综合运用了 SLF 和 MLF 等创新型货币政策工具以增强流动性管理的灵活性与有效性。

SLF 是除公开市场操作外的另一类用于管理流动性的货币政策工具，与公开市场操作由央行发起不同，它是由金融机构主动发起的，是金融机构与央行之间"一对一"的交易。我国的 SLF 主要面向政策性银行和全国性商业银行，以抵押方式发放，期限为 1~3 个月，SLF 的利率水平通常为利率走廊上限。2018 年 1~12 月，我国累计开展 SLF 操作 4387.10 亿元，期末余额为 927.80 亿元。

MLF 是央行用来提供中期基础货币的政策工具。MLF 主要面向符合宏观审慎管理要求的商业银行和政策性银行，通过招标以质押方式发放，由金融机构使用优质债券作为合格质押品。2018 年 6 月，央行扩大了 MLF 担保品范围，将不低于 AA 级的小微、绿色和"三农"金融债，AA+、AA 级公司信用类债券，优质的小微企业贷款和绿色贷款纳入。MLF 的利率水平作为中期政策利率可用于调节市场利率。MLF 是承担结构性货币政策，向符合国家政策导向的实体经济部门提供低成本资金，降低融资成本的重要渠道。截至 2018 年 12 月，我国 MLF 期末余额为 49 315 亿元。

2018 年 12 月 19 日，央行又创设了定向中期借贷便利（targeted medium-term lending facility，TMLF），针对大型商业银行、股份制商业银行和大型城市商业银行为小微企业与民营企业的贷款提供 TMLF 的金额。该操作期限为一年，到期可根据金融机构需求连续做两次，实际使用期限为三年。为了改善对小微企业和民营企业的金融支持，降低融资成本，TMLF 比 MLF 的利率优惠 15 个基点。

4. 人民币国际化逐步推进

除了国内的货币发行和货币政策工具操作外,人民币相关的政策也是我国重要的货币政策安排之一。2018年,我国进一步完善人民币汇率市场化形成机制,这体现在人民币汇率在市场力量推动下波动,导致双向浮动弹性进一步增强。此外,推进人民币国际化的相关制度性、体制性安排在2018年可圈可点,这主要体现在四个方面:一是继续深化我国与国外银行的双边本币互换协议。2018年,我国央行与澳大利亚、阿尔巴尼亚、南非、白俄罗斯、巴基斯坦、智利、哈萨克斯坦、马来西亚等多国央行续签协议,并与尼日利亚等国央行签署协议。二是推进建立大宗商品人民币结算的交易中心。2018年3月26日,以人民币计价结算的原油期货在上海国际能源交易中心挂牌交易。2018年5月4日,以人民币计价的大连商品交易所铁矿石期货正式引入境外投资者。三是积极推进企业使用人民币进行跨境结算。全面投产人民币跨境支付系统(二期),并进一步推进、完善人民币跨境业务政策,促进贸易投资便利化。四是积极推进境外人民币业务的开展,特别是与境外机构合作开展境外人民币清算业务。

(三)货币政策传导及其效果

从货币政策的最终目标来看,2018年,我国宏观经济保持了稳中有进的增长,根据国家统计局初步核算,全年GDP实际增速6.6%,物价总体平稳可控,通货膨胀压力不大,CPI低位运行,2018年全年同比上涨2.1%,PPI从高位持续回落,2018年全年同比上涨3.5%。从货币政策的中间目标来看,市场流动性充裕稳定,无论是广义货币量还是社会融资规模都保持平稳增长,贷款保持较快增长,贷款结构优化,贷款利率总体稳定。

1. 广义货币量M2

2018年,我国广义货币量M2同比增长趋于稳定,基本维持在8%左右,比2017年略有下降,截至2018年12月,M2同比增长8.1%。从M2与M1的对比来看,如图7

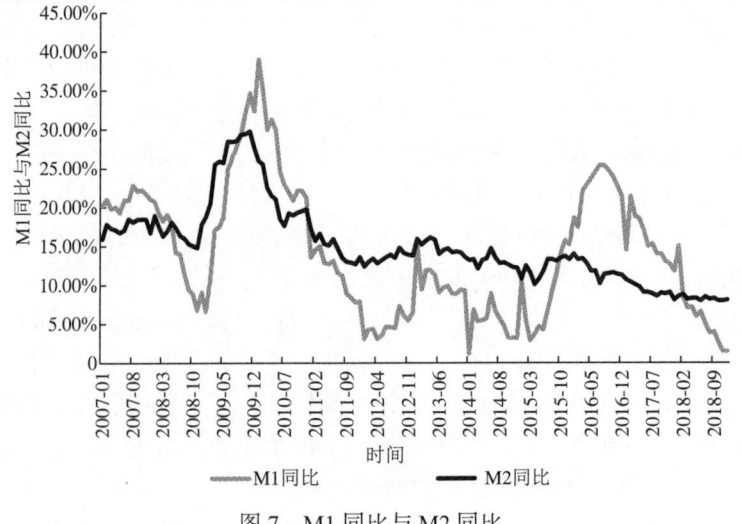

图7 M1同比与M2同比

所示，可以看到，2018年，M1同比增长出现了快速下降，截至2018年12月，M1同比增长降至1.5%，比2017年12月下降10.3个百分点。M2/M1如图8所示，2012年以来，这一比例打破了以往在2.5~3.0波动的常规态势，快速突破3.0并呈持续攀升趋势，2015年下半年开始，这一比例开始呈回落趋势，但2018年，这一比例再次有所提升。

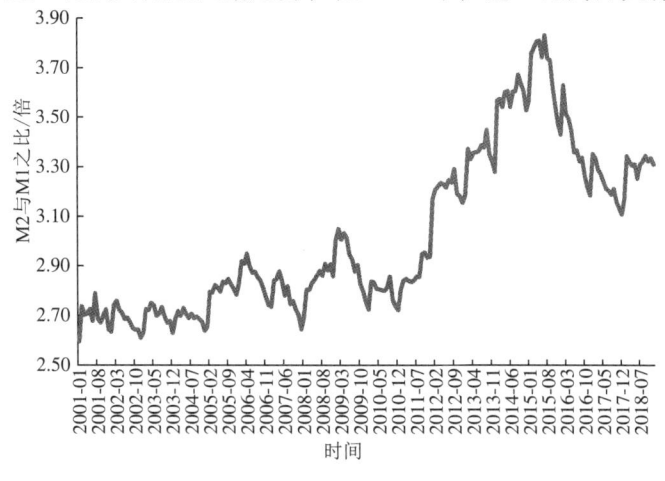

图8 M2/M1

2. 社会融资规模

社会融资规模是比广义货币量M2更宽口径的全面反映经济系统从金融体系所获流动性的指标。2018年，我国社会融资规模增速继2017年有所放缓后加速下降。截至2018年12月，我国社会融资规模存量同比增长9.78%，高于同期M2同比增长1.68个百分点，但比2017年同期下降3.62个百分点（图9）。

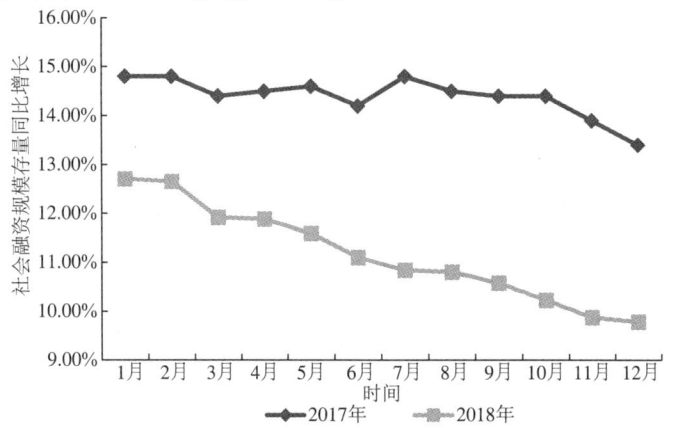

图9 社会融资规模存量同比增长

从社会融资规模存量构成来看，人民币贷款（截至2018年12月在存量中占比67.09%）增速基本保持稳定，在13%左右，外币贷款（截至2018年12月在存量中占比1.10%）持续负增长，委托贷款（截至2018年12月在存量中占比6.16%）持续负增长且增速扩大，信托贷款（截至2018年12月在存量中占比3.91%）和未贴现银行承兑汇票

（截至 2018 年 12 月在存量中占比 1.90%）增速大幅下降并由正转负，非金融企业境内股票（截至 2018 年 12 月在存量中占比 3.49%）增速有所放缓，企业债券（截至 2018 年 12 月在存量中占比 10.03%）增速有所提高。从社会融资规模增量来看，人民币贷款所占比重进一步增加，以 2018 年 12 月为例，当月新增人民币贷款占社会融资规模之比为 81.36%，比 2017 年同期高 19.55 个百分点。

二、2019 年货币政策展望

（一）国内经济增速进一步放缓，需求面下行压力较大

展望 2019 年，外部方面，中美贸易摩擦的演化存在一定的不确定性，这会直接影响我国对美国的贸易，间接影响我国经济发展，更重要的是，中美之间经贸关系的变化会极大地影响市场预期和市场信心。例如，IMF 在 2018 年 10 月发布的《世界经济展望》（*World Economic Outlook*）报告中，对中国经济 2019 年 GDP 增速的预期进一步调低 0.2 个百分点至 6.2%。

在国内，随着我国经济结构转型的持续深化和诸多经济改革政策措施的实际落地，我国经济在 2019 年将继续朝结构性调整的方向发展，总体经济增速将可能进一步放缓。从供给面来看，中美贸易摩擦对我国制造业造成一定冲击。2018 年 12 月，我国制造业 PMI 下降至 49.40%，低于临界点，比 2017 年同期下降 2.2%，其中，新订单指数下降至 49.70%，比 2017 年同期下降 3.7%，新出口订单指数下降至 46.60%（自 2018 年 6 月起一直位于 50% 以下），比 2017 年同期下降 5.3%。

从需求面来看，消费方面，2018 年我国消费增速比 2017 年有所放缓，2018 年 1~12 月，社会消费品零售总额累计同比增长 9.00%，比 2017 年同期下降 1.2 个百分点，若扣除价格因素，实际累计同比增长仅 6.90%，比 2017 年同期下降 2.12 个百分点；限额以上企业消费品零售总额、限额以上企业商品零售总额、限额以上企业餐饮收入总额、网上商品和服务零售额等其他消费指标增速也都比 2017 年同期出现明显下降。预期 2019 年我国消费名义增速将保持基本稳定，但受到物价上涨的影响，实际消费增速增长有限。投资方面，2018 年我国固定资产投资增长放缓，1~12 月，固定资产投资完成额累计同比增长 5.9%，比 2017 年同期下降 1.3 个百分点，若剔除价格因素，2018 年固定资产投资完成额实际累计同比增长 0.28%，比 2017 年同期下降 1.04 个百分点。预期 2019 年我国名义投资增速和实际投资增速将均比 2018 年有所回升。进出口方面，2018 年受到中美贸易摩擦的影响和为应对贸易摩擦而抢进口、抢出口的影响，我国进出口增速都显著放缓，但进口增速明显高于出口增速，2018 年 1~12 月，以人民币计价的出口金额累计同比增长 7.10%，比 2017 年同期下降 3.7 个百分点，进口金额累计同比增长 12.90%，比 2017 年同期下降 5.8 个百分点，2018 年全年贸易差额 23 303 亿元，比 2017 年同期大幅下降 5217 亿元，净出口对我国经济的拉动有所下降。预期 2019 年净出口对我国经济的

贡献率将进一步下降。

（二）CPI 温和上涨，PPI 和 PPIRM 涨幅大幅回落

展望 2019 年，预期我国物价水平将保持整体稳定，CPI 将继续温和上涨，涨幅略低于 2018 年，全年上涨 2.0%，其中翘尾因素影响 0.7 个百分点；全年 CPI 高点预期出现在 5~6 月，约为 2.4%，通货膨胀压力不大。PPI 和 PPIRM 涨幅将比 2018 年大幅回落，全年分别上涨 0.1% 和 0.4%，存在一定通货紧缩风险，其中翘尾因素影响分别为 0.2 个百分点和 0.6 个百分点，翘尾因素影响减弱是 2019 年 PPI 和 PPIRM 涨幅大幅回落的重要原因。2019 年物价的不确定性主要来源于猪肉价格和原油价格，但是总体而言，这两部分因素不会影响 2019 年我国物价整体稳定的预期。在通货膨胀压力基本不存在、通货紧缩压力较大的情况下，2019 年的货币政策操作在为市场提供充裕的流动性方面存在更大的空间。

（三）2019 年美国加息进程或放缓为我国货币政策操作赢得空间

2018 年，美联储处于加息周期中，自 2008 年 12 月 16 日为应对金融危机，美联储将联邦基金利率目标值下调至 0~0.25% 后，美联储维持了长达 7 年的近乎"零利率"的政策水平（图 10），这在历史上前所未有。2015 年 12 月 17 日，美联储开启加息周期，将联邦基金利率目标值上调 0.25%~0.50%，并于 2016 年 12 月 15 日再次上调至 0.75%。2017 年开始，美联储加息进程加速，全年加息 3 次，每次均上调 0.25 个百分点；2018 年，美联储加息 4 次，联邦基金利率目标值调高至 2.50%。

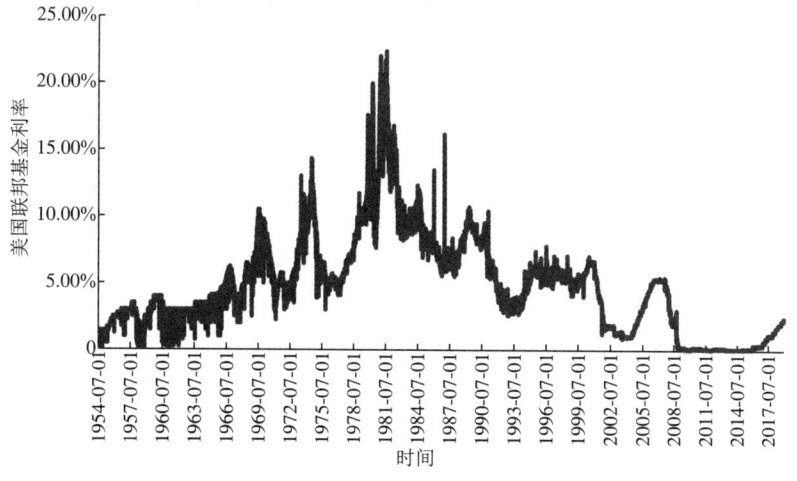

图 10 美国联邦基金利率

美联储的加息进程对中美两国利差影响较大。2018 年我国与美国 1 年期国债利差已大幅收窄并由正转负，如图 11 所示，美国 1 年期国债收益率在 2018 年 11 月 7 日超过我国 1 年期国债收益率，截至 2018 年 12 月 31 日，美国 1 年期国债收益率比我国 1 年期国

债收益率高出 0.03 个百分点，这将会增大美元相对人民币的短期吸引力。从中长期利差来看，截至 2018 年 12 月 31 日，我国 10 年期和 30 年期国债收益率比美国分别高出 0.5365 个百分点和 0.6856 个百分点，尚存优势。2019 年美联储加息进程将直接影响我国货币政策操作空间。考虑到当前美国经济增速回落风险加大、国际油价暴跌、美国资本市场处于高位回调，这些情况或促使美联储放缓加息步伐，2019 年，预期美联储加息进程将放缓至两次。若美国 2019 年加息进程放缓，将为我国货币政策操作赢得空间：我国的利率水平或有进一步降低的可能性，而这不至为我国人民币汇率和跨境资本流动带来较大压力。

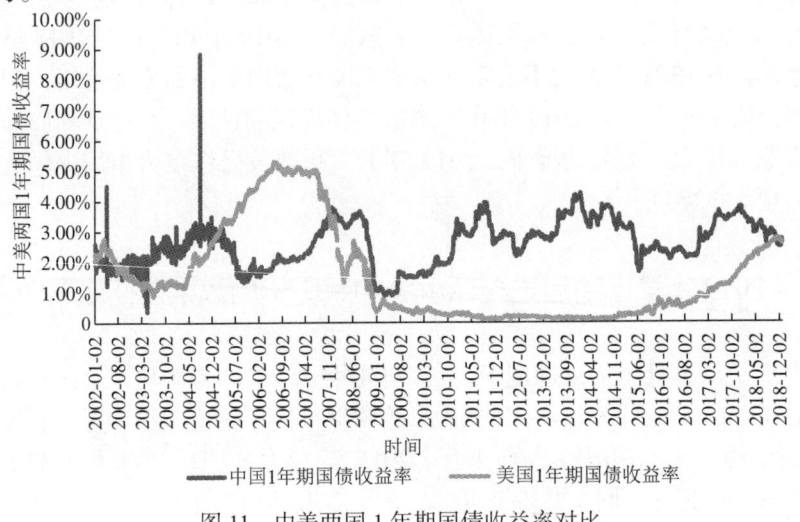

图 11 中美两国 1 年期国债收益率对比

（四）预计 2019 年我国将继续实施稳健的货币政策

预期 2019 年，在"稳中求进"的总基调下，在"稳就业、稳金融、稳外贸、稳外资、稳投资、稳预期"的目标下，我国货币政策仍然将坚持稳定中性，在货币供应总量上松紧适度，为经济体提供充裕合理的流动性，同时，货币政策应进一步优化其结构性特征，通过差别化的货币政策工具操作，实现更好的货币政策效果。货币政策操作类似经济系统的水闸，尽管差别化的货币政策最终会通过货币的流动对总体经济造成影响，但是，货币政策的传导是需要时间的，货币政策的发力点是最先享受到货币政策效益的地方，这一传导时滞是差别化货币政策发挥功效的路径。

2019 年，预期央行仍将继续通过利率手段引导、调节市场利率并以此调控经济系统运行，但这一政策空间比较有限，疏通货币政策传导路径，让货币政策更好地实现"上令下达"仍然是 2019 年的重要工作。存款准备金率仍然是 2019 年更为合适的货币政策工具。从存款准备金率的历史变化来看，如图 6 所示，尽管目前我国存款准备金率水平与 2007 年下半年（美国次贷危机爆发前）相近，但仍然高于历史水平，特别是考虑到目前金融机构总体超储率较低的现状，2019 年存款准备金率仍然有下调的空间。此外，通过公开市场操作和其他创新型货币政策工具灵活地调节市场的短期流动性，并影响市场的中长期利率水平,这也是2019年货币政策操作的重要内容。

三、2019年主要货币政策指标预测

(一)广义货币量M2

对广义货币量M2的预测主要通过以下三种方式:①通过ARIMA模型预测M2;②通过M2与M1的相对关系预测;③通过M2与GDP的相对关系预测。综合这三种方式的预测结果,可以得到如下结论:预测2019年广义货币量M2期末余额为197.3万亿元,同比增长8.1%;预测2019年M2/GDP将稳定在2左右。

(二)社会融资规模

由于社会融资规模口径调整,目前只公布了根据新口径调整的2017年1月以后的数据,故可用来建模的数据较少,因此,对社会融资规模的预测主要通过以下两种方式:①通过社会融资规模存量的历史数据使用趋势模型预测;②基于社会融资规模存量构成的结构特征,通过使用社会融资规模存量的主要细分项目的预测值,结合分项所占比重,预测社会融资规模总存量。结合这两种方式的预测结果,可以得到如下结论:预测2019年,社会融资规模存量为225万亿元左右,同比增长12%,其中,人民币贷款为151.6万亿元左右,同比增长13%。

四、政 策 建 议

展望2019年,国际、国内经济形势十分严峻,中国经济处于结构转型的攻坚时期,为了更好地熨平由外部冲击和内部经济结构性调整带来的负向冲击,同时更好地促进经济系统优化结构、提高效率,提出以下政策建议。

第一,继续实施稳健中性的货币政策,但考虑到物价存在一定通货紧缩压力,要着力为市场提供充裕的货币流动性,建议继续降低存款准备金率来释放流动性;同时,要加强结构性货币政策工具的探索,以更好地实现对实体经济的支持。

第二,在货币政策操作工具创新的基础上,简化货币政策工具手段,改善市场主体对货币政策的预期;积极推进疏通货币政策传导路径,增强货币政策工具传导效率。

第三,利用美联储加息进程放缓、美元指数或承压下行的有利时机,积极推进并进一步完善人民币汇率市场化定价机制,同时着眼中长期持续推进人民币国际化的机制设计,完善人民币的锚定机制;利用中美贸易摩擦带来的全球外贸结构调整契机,积极推进人民币跨境结算。

2019年世界经济与中国国际收支展望

鲍 勤 郑嘉俐 汪寿阳

报告摘要： 预期2019年世界经济增速将比2018年有所放缓，我国经济仍然面临着较大的挑战。随着世界经济增速分化加剧，发达经济体与新兴市场和发展中经济体差距逐步缩小，从中长期看，新兴市场和发展中经济体经济的持续稳步快速增长使新兴市场和发展中经济体在世界经济中所扮演的角色越来越重要，这一趋势将在2019年得以延续，全球经济格局正在重塑。除实体经济外，资本和金融市场2019年也面临着较大的不确定性，预期美联储加息进程将有所放缓，欧洲中央银行（以下简称欧央行）即将退出量化宽松，世界主要发达经济体趋于紧缩的货币政策将使得2019年风险加大。

国际收支方面，2018年我国经常项目差额总体出现大幅下降甚至由顺差转为逆差的现象，主要是由货物贸易顺差缩小、服务贸易逆差扩大导致。具体来看，受货物贸易借方增速高于贷方的影响，货物贸易差额有所缩小；服务贸易逆差持续温和扩大；初次收入和二次收入保持温和波动的双逆差。预期2019年我国国际收支平衡表的经常账户将延续2018年格局，并受到下列因素的影响：呈现稳定波动态势的人民币汇率、不容乐观的国外经济和稳中有忧的国内经济所决定的货物与服务贸易需求、受预期和国内外利差影响的资金流动、中美贸易摩擦和其他国际政治经济格局变动的不确定性。根据经济理论及计量模型，预测2019年我国经常项目货物贸易顺差将略有缩小，缩小至3579.0亿美元，服务贸易逆差将进一步扩大至3396.7亿美元，货物和服务贸易顺差为182.3亿美元，经常账户差额预计2019年第一季度将很可能为逆差，而2019年全年将延续2018年的主要特征，经常账户处于基本平衡状态。

跨境资金流动方面，2018年我国跨境资金流动总体平稳。从境内银行代客涉外收付数据来看，涉外收入和对外付款累计值均高于前三年同期水平。从结售汇数据来看，结售汇差额表现为净售汇，比2017年同期缩减。从结售汇意愿来看，2018年前三季度较2017年同期相比，购汇意愿略微下降，而结汇意愿小幅上升。根据建立的中国国际资本流动预警指标体系对2019年我国跨境资金流动预警，从表征未来跨境资金流动的远期结售汇数据及表征当前跨境资金流动状况的一致合成指数来看，当前我国跨境资金流出压力虽有所缓解，但仍然较大，且未来跨境资金流出压力依然较大，还未出现明显好转的迹象。

基于上述分析，给出如下政策建议：第一，调整公众对经常账户顺逆差规模变化的正确认知，积极引导舆论，改善由经常账户变动引起的预期变化；第二，继续积极推进改革开放，特别是东南亚经济一体化进程，通过进一步的开放把握转型机遇，通过高质量的发展优化产业结构，推进货物与服务贸易；第三，在美元加息周期中顺势而为，保持人民币币值基本稳定以维护市场信心，通过抓住时机合理引导汇率双向波动抵消人民币贬值预期。

一、2019 年世界经济发展展望

（一）预期 2019 年世界经济增速将比 2018 年有所放缓

展望 2019 年，全球经济增长仍然面临着较大的挑战。根据 IMF 于 2018 年 10 月所做的预测[①]，2018 年全球经济增速为 3.7%，2019 年全球经济增速也是 3.7%，均比其此前（4 月、7 月）所做预测值下调了 0.2 个百分点。其中，发达经济体增速 2019 年预测值为 2.1%，比 2018 年预测值低 0.3 个百分点，经济状况不容乐观。具体来看，2019 年，美国经济增速为 2.5%，比 2018 年低 0.4 个百分点；欧元区经济增速为 1.9%，比 2018 年低 0.1 个百分点；日本经济增速为 0.9%，比 2018 年低 0.2 个百分点；英国经济增速为 1.5%，比 2018 年高 0.1 个百分点。

（二）世界经济增速分化加剧，发达经济体与新兴市场和发展中经济体差距缩小，全球经济格局正在重塑

2000 年以来，世界经济增长呈现出明显的分化态势，发达经济体经济增速远低于新兴市场和发展中经济体。如图 1 所示，2000~2017 年，发达经济体 GDP 平均实际增速为 1.88%，而新兴市场和发展中经济体为 5.77%，比前者高出 3.89 个百分点。在这样的发展态势下，发达经济体在全球 GDP 中所占份额逐步下降，而新兴市场和发展中经济体所占份额则逐步提升，如图 2 所示，若按现价衡量，2017 年，发达经济体 GDP 在全球 GDP 中占比 60.36%，而新兴市场和发展中经济体 GDP 占比提升至 39.64%；若按购买力平价衡量，则在 2008 年，就出现了新兴市场和发展中经济体 GDP 超过发达经济体 GDP 的反转态势，并且这一趋势得以延续。

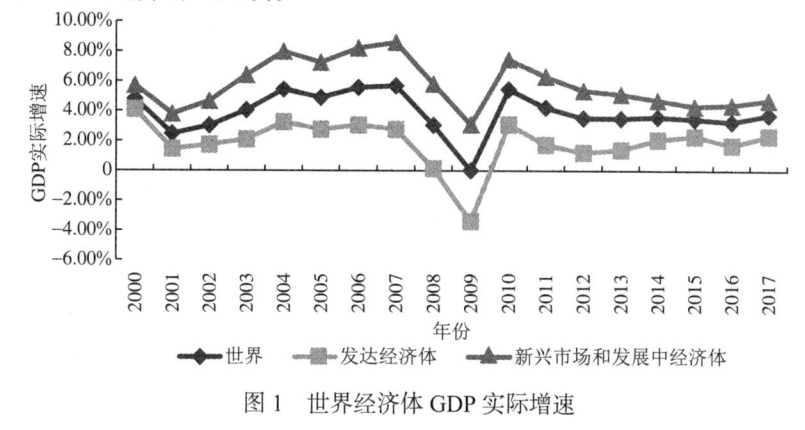

图 1 世界经济体 GDP 实际增速

资料来源：数据来自 Wind 数据库或根据 Wind 数据库数据整理

---

① IMF，*World Economic Outlook*，2018 年 10 月。

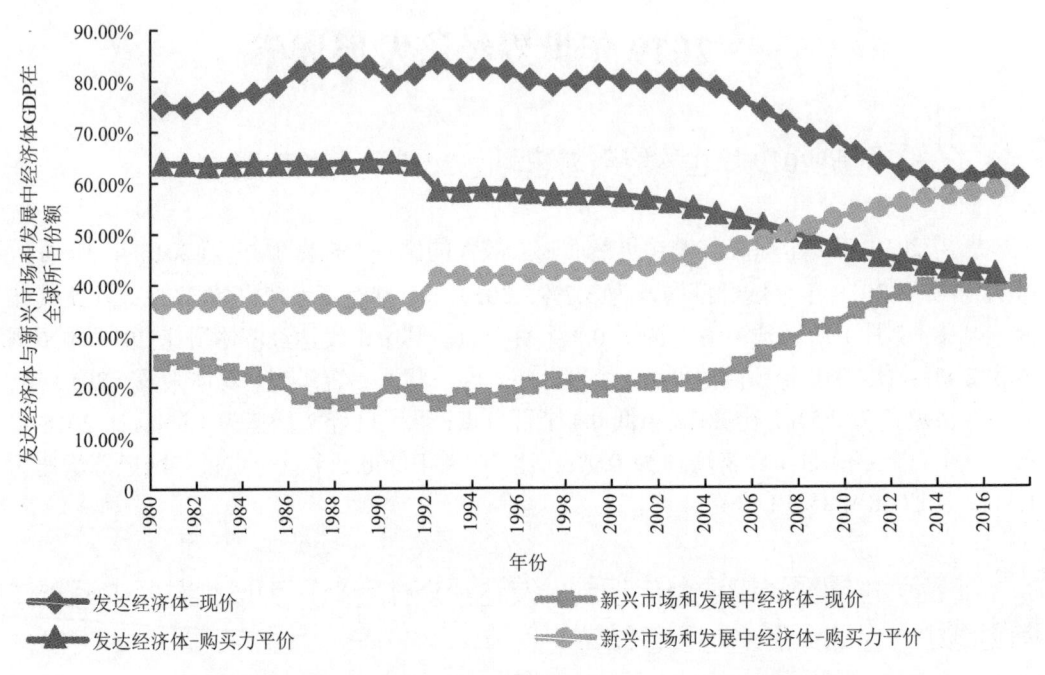

图 2 发达经济体与新兴市场和发展中经济体 GDP 在全球所占份额

资料来源：数据来自 Wind 数据库或根据 Wind 数据库数据整理

在这样的情况下，发达经济体与新兴市场和发展中经济体差距逐步缩小，如图 3 所示，不妨以发达经济体与新兴市场和发展中经济体按购买力平价计算的人均 GDP 来表征经济体的发展水平，则发达经济体的优势从 1990 年人均 GDP 接近新兴市场和发展中经济体的 8 倍持续下跌至 2016 年的 4.2 倍。更重要的是，从投资率（投资占 GDP 比重）这一反映未来经济增长潜力的指标来看，如图 4 所示，新兴市场和发展中经济体的投资率水平在 2000 年之后快速提升。2017 年，新兴市场和发展中经济体的投资率远高于发达经济体，为 32.23%，超过发达经济体 10.61 个百分点。

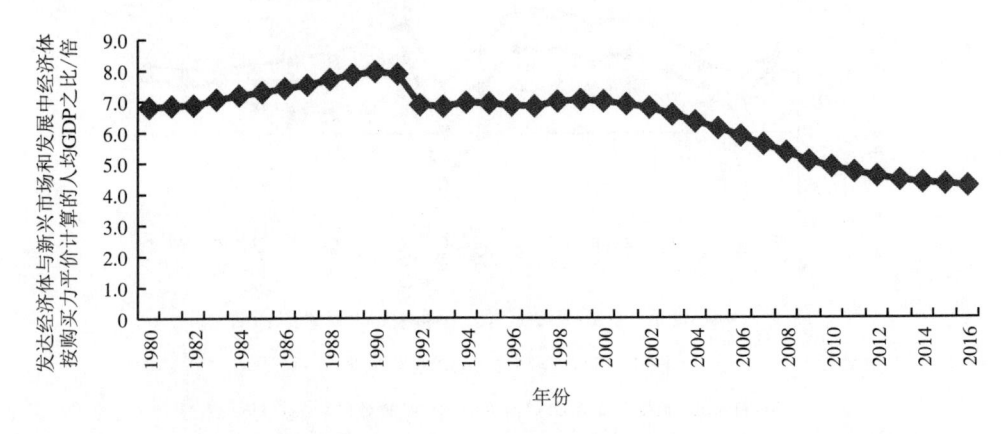

图 3 发达经济体与新兴市场和发展中经济体按购买力平价计算的人均 GDP 之比

资料来源：数据来自 Wind 数据库或根据 Wind 数据库数据整理

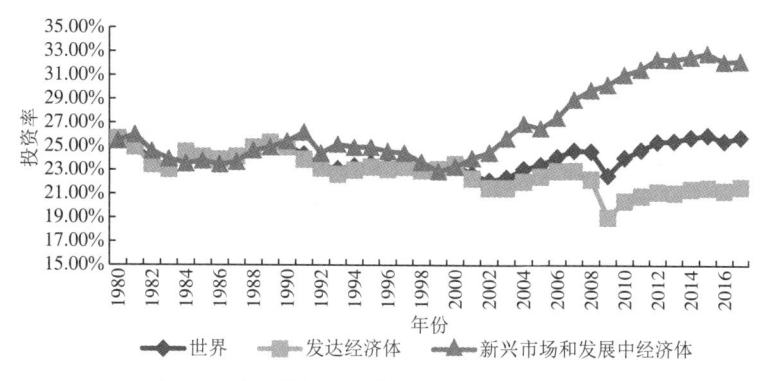

图 4 世界投资率（投资占 GDP 比重）比较

资料来源：数据来自 Wind 数据库或根据 Wind 数据库数据整理

从中长期来看，随着新兴市场和发展中经济体经济的持续稳步快速增长，其在世界经济中扮演的角色将会越来越重要，全球政治经济格局将随之出现调整。从这一视角来看，2019 年将是这一进程中的一个小环节，虽然可能加速或延缓趋势，但不会改变趋势。

（三）2019 年世界主要国家经济政策展望

2019 年，世界主要发达经济体的货币政策将趋于紧缩：在美国，继 2018 年 4 次加息之后，联邦基金利率目标区间调整到 2.25%~2.50%，预期 2019 年加息进程将有所放缓，可能会加息 2 次左右；在欧元区，欧央行在 2018 年 12 月 13 日的政策利率会议上宣布，维持主要再融资利率、边际贷款利率、存款便利利率等三大主要利率不变，并在 2018 年 12 月末结束量化宽松，这意味着欧央行也开启了紧缩的步伐。

美国中央银行美联储在 2018 年 12 月底美国股市处于下行时期坚持加息并将在 2019 年延续加息周期、欧元区在 2018 年 12 月末结束债券购买计划，均将可能导致金融市场融资条件恶化，这些都意味着 2019 年将是风险加大的一年，无论是对于部分仰赖美元债务的新兴市场和发展中经济体，还是对于过于依赖央行债务扶持的欧元区债务国，抛开实体经济不谈，在资本和金融市场上，都面临着较大的不确定性。

二、2019 年我国国际收支形势展望

国际收支是一国与外部经济体之间的经济往来的集中反映，在国际收支平衡表中，经常账户包括货物、服务、初次收入和二次收入等，用贷方表示资金流入我国，借方表示资金流出我国，资本和金融账户包括资本账户和金融账户，后者又可细分为直接投资、证券投资、金融衍生工具、其他投资和储备资产等。由于资本和金融账户本身波动较大，且受政策影响较多，本报告仅集中于对经常账户的分析。

（一）2019年我国经常账户将延续2018年格局

2018年第一季度，我国经常账户逆差341亿美元，这是1998年以来我国国际收支平衡表中经常账户单季度第二次出现逆差（第一次是2001年第二季度），其中，货物和服务逆差218亿美元，是1998年以来该账户季度值第四次出现逆差且逆差规模最大的一次（前三次分别是2003年、2004年和2014年，均出现在第一季度）。受此影响，2018年前三季度，根据国家外汇管理局2018年12月28日公布的初算数据，经常账户逆差55亿美元。

从经常账户主要构成项目的历史变动来看，我国经常账户差额主要取决于货物和服务项目的差额，初次收入和二次收入差额相对规模较小，货物项目的顺差和服务项目逆差的相对规模决定了经常账户差额的情况。2018年第一季度，货物贸易顺差规模出现了超预期的下降，这是导致经常账户出现逆差的主要原因。从月度数据来看，如图5所示，2018年1月，货物贸易顺差仅为242亿美元，远低于前三年的水平，考虑到2015~2018年的春节分别在2月19日、2月8日、1月28日和2月16日，2018年的季节性因素在理论上应更接近2015年的季节性因素，即其影响主要体现于3月，但从实际数据来看，2018年2月的货物贸易顺差数据与2018年1月类似，明显低于2015年的水平，3月逆差规模则比2015年逆差规模更甚。

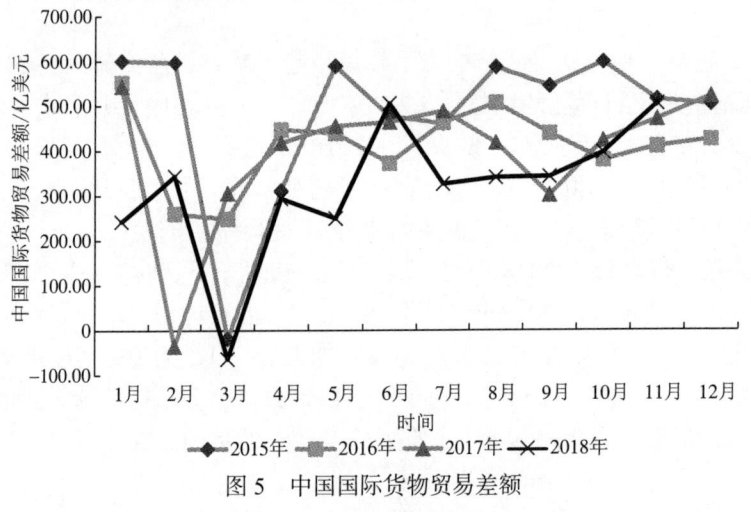

图5 中国国际货物贸易差额

资料来源：数据来自Wind数据库或根据Wind数据库数据整理

货物贸易差额受到货物贸易贷方和借方两个方面的影响，从月度数据来看，如图6和图7所示，2018年，我国货物贸易贷方和货物贸易借方都出现增长，且货物贸易借方增长更快。从具体数据来看，2018年1~11月，货物贸易贷方累计同比增长10.60%，比2017年同期下降1.19个百分点，但货物贸易借方累计同比增长18.35%，比2017年同期提高0.59个百分点。货物贸易借方增速高于货物贸易贷方是货物贸易差额下降的重要原因。2018年1~11月，我国货物贸易差额累计3481.56亿美元，同比下降18.06%，比2017年同期下降12.19个百分点。

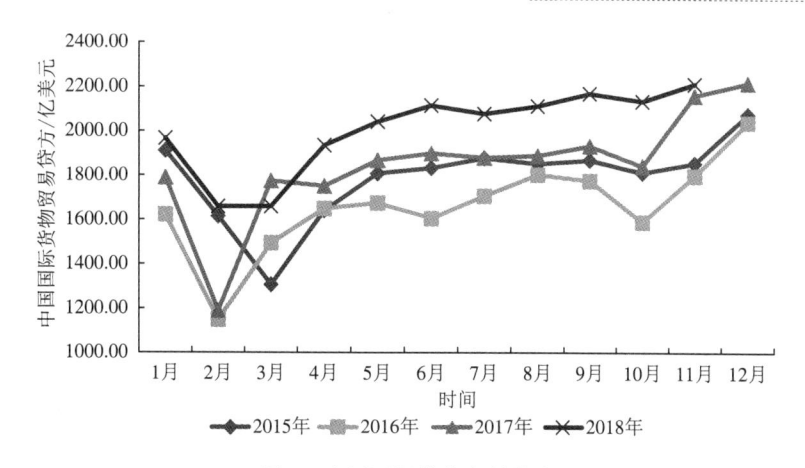

图 6 中国国际货物贸易贷方

资料来源：数据来自 Wind 数据库或根据 Wind 数据库数据整理

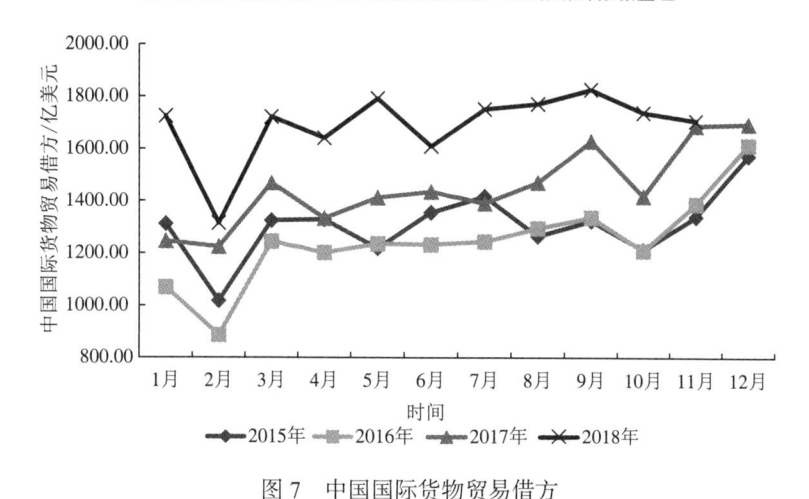

图 7 中国国际货物贸易借方

资料来源：数据来自 Wind 数据库或根据 Wind 数据库数据整理

服务贸易逆差也是经常项目逆差的重要原因，其中，旅行项目的逆差占比最高，2018 年 1~11 月，旅行逆差高达 2170.0 亿美元，比 2017 年同期扩大 186.9 亿美元，占服务贸易差额的比重超过 80%。但是，旅行项目逆差对服务项目逆差的贡献率已有所下降（图 8）。从服务贸易的细项来看，主要顺差项目（包括加工服务，维护和维修服务，建设，电信、计算机和信息服务，其他商业服务）总体变化比较稳定（图 9）。2018 年 1~11 月，主要顺差项目累计顺差 470.1 亿美元，比 2017 年同期增长 41.8 亿美元，但其他项目呈现逆差持续温和扩大的态势，2018 年 1~11 月，其他项目逆差累计 3160.0 亿美元，比 2017 年同期扩大 383.4 亿美元。

从经常账户的其他项目来看，初次收入和二次收入差额相对较小，如图 10 所示，我国初次收入账户表现为波动较大、逆差多于顺差的特征，其中主要的影响因素是投资收益的波动；二次收入账户从 2012 年第四季度首次变为逆差，自 2014 年第三季度以来出现了持续的逆差，2018 年第三季度转负为正。2018 年前三季度，我国初次收入账户和二

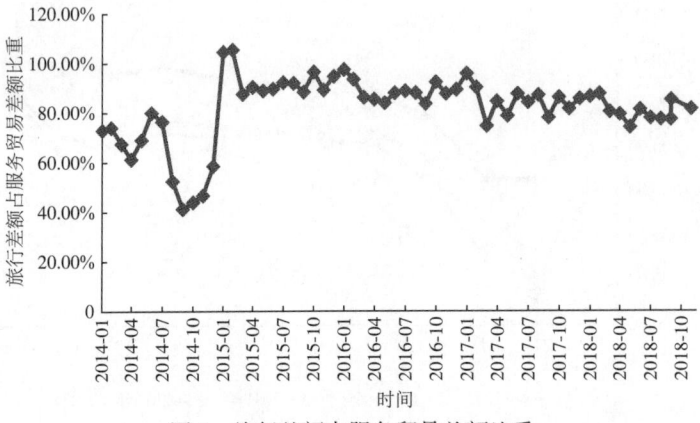

图 8　旅行差额占服务贸易差额比重

资料来源：数据来自 Wind 数据库或根据 Wind 数据库数据整理

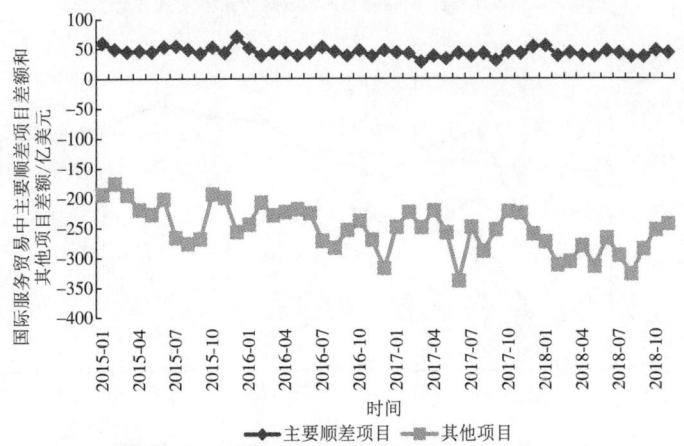

图 9　国际服务贸易中主要顺差项目差额和其他项目差额

资料来源：数据来自 Wind 数据库或根据 Wind 数据库数据整理

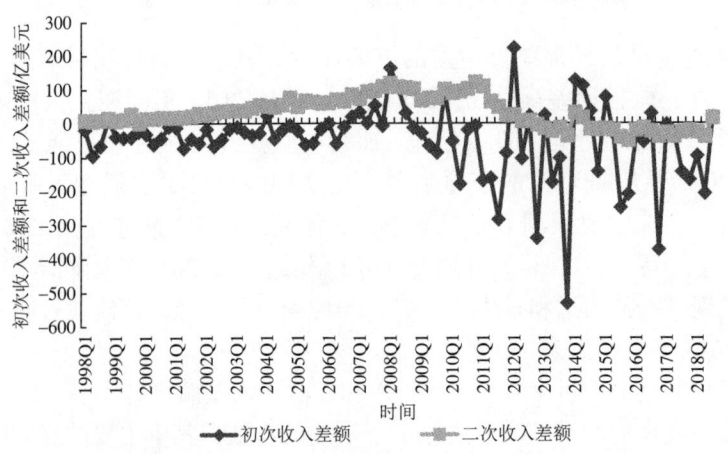

图 10　国际收支平衡表中初次收入差额和二次收入差额

资料来源：国家外汇管理局，http://m.safe.gov.cn/safe/zggjszphb/index.html
Q 表示季度

次收入账户逆差分别为 286 亿美元和 49 亿美元。在经常项目顺差缩小的背景下，初次收入和二次收入的双逆差对经常账户差额的相对影响增大。

综合以上分析可以看到，2018 年我国经常项目差额出现大幅下降甚至由顺差转为逆差的现象，这是随着我国经济发展货物贸易顺差缩小、服务贸易逆差扩大所导致的，并不是偶然现象，预期 2019 年，我国国际收支平衡表的经常账户将延续 2018 年的主要特征，受货物贸易借方增速高于贷方的影响，货物贸易差额有所缩小，服务贸易逆差将持续温和扩大，初次收入和二次收入保持温和波动的双逆差。预期我国经常账户在 2019 年第一季度将可能延续 2018 年第一季度的逆差态势。事实上，经常账户顺差规模下降甚至转为逆差并不奇怪，从数据来看，随着我国服务项目逆差规模的扩大，当我国货物贸易顺差规模扩大的程度不及这一逆差规模扩大时，经常账户差额就会发生缩水。

（二）2019 年影响我国国际收支平衡表的主要因素

展望 2019 年，影响我国国际收支平衡表的主要因素包括以下几点。

1. 人民币汇率

2018 年，我国人民币汇率呈现波动态势，从人民币汇率指数来看（图 11），中国外汇交易中心（China Foreign Exchange Trade System，CFETS）人民币汇率指数和参考特别提款权（special drawing right，SDR）货币篮子的人民币汇率指数走势接近，上半年呈现波动性升值的态势，6 月底至 7 月份呈现快速波动性贬值的态势，8 月份以来呈现波动态势；参考国际清算银行（Bank for International Settlements，BIS）货币篮子的人民币汇率指数相对表现更加稳健。人民币实际有效汇率指数的走势进一步印证了人民币汇率持续波动的事实，如图 12 所示，2018 年 12 月，人民币实际有效汇率指数为 122.73，比 2017 年 12 月提高 1.14；但是，人民币对美元汇率则比 2017 年有所贬值，2018 年 11 月和 12 月，美元对人民币平均汇率分别为 6.9351 和 6.8853，比 2017 年 11 月和 12 月分别贬值 5%和 4%。这主要是受到美元升值的影响，2018 年 12 月，广义实际美元指数为 103.2，比 2017 年 12 月（96.7）升值 6.7%。从美元对人民币的三种汇率来看，如图 13 所示，作为引导汇率的中间价指标与在岸价和离岸价的价差除 2018 年 7 月和 8 月波动较大外，基本稳定在[-0.10，+0.08]。从表征人民币对美元汇率的预期走势的指标来看，2018 年 12 月以来，人民币贬值压力有所减缓，截止到 12 月 31 日，美元对人民币 3 个月无本金交割远期外汇交易（non-deliverable forwards，NDF）的值为 6.8850，6 个月的 NDF 的值为 6.9005，1 年的 NDF 的值为 6.8985，不同期限 NDF 价差进一步缩小，这说明人民币汇率预期更为稳定。展望 2019 年，在中美经贸关系变局未定、中国经济持续稳定发展、美元国际货币地位和国际信心仍显坚挺的背景下，人民币对美元并不存在大幅度升值或贬值的压力。美元指数走势仍然是影响人民币对美元汇率和人民币对一篮子货币汇率的重要因素；而若全球金融市场风险加大、金融条件恶化，预期人民币对美元汇率在 2019 年将会保持相对稳定以稳定市场预期。在这样的情况下，结合人民币汇率自 2008 年以来的基本走势，预期人民币对美元汇率的中枢值将在 6.8~7 波动震荡。

图 11　人民币汇率指数周度值

资料来源：数据来自 Wind 数据库或根据 Wind 数据库数据整理

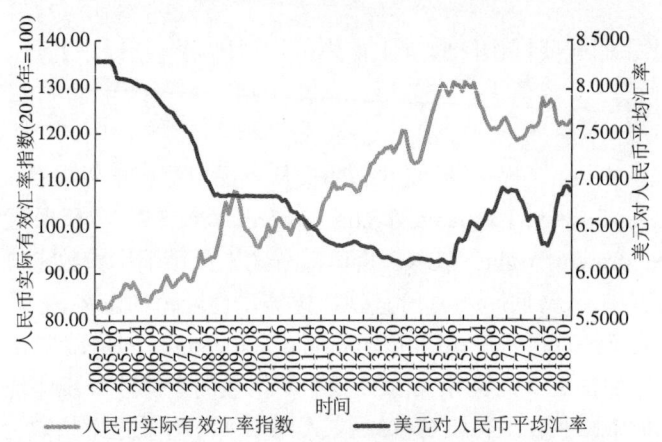

图 12　人民币实际有效汇率指数与美元对人民币平均汇率

资料来源：数据来自 Wind 数据库或根据 Wind 数据库数据整理

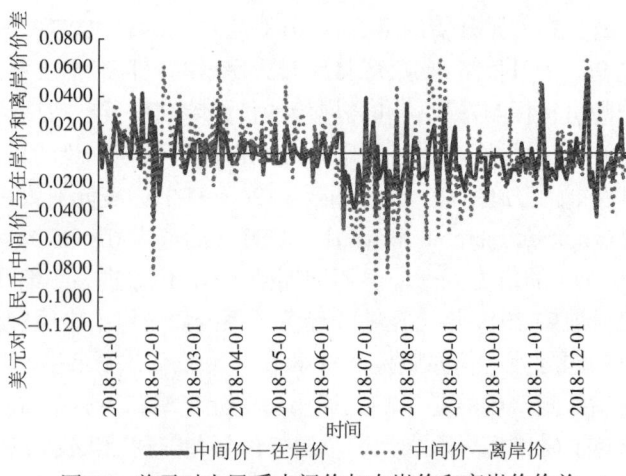

图 13　美元对人民币中间价与在岸价和离岸价价差

资料来源：数据来自 Wind 数据库或根据 Wind 数据库数据整理

2. 由国外经济和国内经济决定的货物与服务贸易需求

货物贸易和服务贸易是国际经贸往来的重要内容，也是影响一国国际收支平衡表主要项目的重要因素。货物贸易需求与服务贸易需求密切相关，如服务贸易项目下的第二大项目"运输"就与货物贸易总量有着密切的关联。一国货物和服务贸易的需求主要取决于该国的经济发展水平与经济发展结构，通常认为，一国自己的产品和服务与他国的产品和服务之间具有不完全的替代关系，而相对价格是影响消费者选择购买国产品还是进口品、影响厂商决定出售国内还是出口国外的重要因素。

展望2019年，中国经济仍将总体保持稳定增长，但增速会进一步放缓，2018年相比2017年经济增速有所放缓，但中国经济对进口货物和服务的需求并没有随之呈现放缓迹象，这预示着我国国内的货物和服务供应与需求的结构存在差异，结构性的不匹配导致了总体需求下降时，对国内产品和服务的需求下降得更快，而对国外产品和服务的需求不降反升。经济系统的结构性调整都是缓慢的过程，因此，预计2019年，我国对进口货物和服务的需求将可能继续增长，但增速可能放缓。

从外部经济来看，如前所述，2019年国际经济形势比2018年更加复杂，中美贸易摩擦虽然具体细节可能有所变化，但特朗普政府秉持的"美国优先"价值观决定了中国仍然面临严峻的挑战。美联储加息进程延续、欧元区退出量化宽松政策等重大事件也为全球金融市场带来了较大的压力。这些共同指向了2019年不容乐观的外部需求。另外，在全球贸易再布局的大背景下，我国出口也面临着诸多挑战。

3. 由预期和国内外利差决定的资金流动

国际收支平衡表本身采取复式记账法，在实际的产品和服务背后，都对应着资金的流动，因此，国际收支本身不可避免地受到其他影响资金流动的重要因素的影响，如对资金回报率的预期。2019年，预期我国货币政策仍将保持稳健中性的总基调，公开市场业务、创新性货币政策工具和法定存款准备金率的定向调整将可能是主要的货币政策工具，以此间接调整影响市场利率。2019年，随着美联储加息的持续，中美利差将进一步缩小，这可能影响市场主体对持有美元和人民币的预期收益率的判定，当然，这也与对人民币汇率走势和预期的判定有关。但是，中美利差缩小本身直接对应着人民币相对美元的吸引力下降，在我国目前较为严格的资本流动管制下，部分资金可能借道货物或服务贸易实现流出的目的，从而导致我国货物和服务贸易的贷方下降、借方增长，导致货物和服务贸易差额进一步缩小。

4. 中美贸易摩擦和其他国际政治经济格局变动

中美贸易摩擦的影响不容小觑。2018年，中美贸易摩擦对我国进出口的负向影响并没有直接体现在进出口贸易数据中，这主要受到企业"抢进口""抢出口"行为影响；但是2019年，预期中美贸易摩擦的负向影响将更多地体现在我国进出口贸易中，对我国进出口贸易带来较大的负向冲击。特别地，如果中美贸易摩擦加剧，如特朗普政府提高额外关税率至20%甚至45%,那么对我国进出口将形成重要的冲击。

和美国发起对华贸易摩擦相比,我国的许多对外的政治、经济措施可能更加着眼于长期良好的国际贸易经济金融格局的构建,如与多国的自贸协定谈判、国内自贸区的发展、海南的进一步开放等,这些政策对国际收支必然产生影响,但这些影响可能是缓慢的、渐进的。

(三)2019年我国国际收支平衡表主要项目预测

本报告主要结合中国宏观经济季度模型和国际收支预测模型对国际收支平衡表中经常账户的主要项目进行预测。在人民币汇率基本稳定(外生设定的人民币对美元平均汇率为6.9、人民币实际有效汇率平均值为123)、中国经济平稳增长(内生预测的 GDP 增速为 6.3%)、外部经济平稳增长(外生设定的美国名义 GDP 增速为 4%、美国实际 GDP 增速为 2.5%、日本实际 GDP 增速为 0.9%、欧盟实际 GDP 增速为 2%)的假设下,预测我国货物贸易贷方在 2019 年为 26 420.3 亿美元,增速比 2018 年有所下降;预测我国货物贸易借方在 2019 年为 22 841.3 亿美元,增速比 2018 年有所下降;预测货物贸易顺差在 2019 年将比 2018 年略有缩小,为 3579.0 亿美元。预测服务贸易贷方在 2019 年为 2347.5 亿美元,增速比 2018 年明显放缓;服务贸易借方在 2019 年为 5744.2 亿美元,增速比 2018 年有所放缓;预测服务贸易逆差在 2019 年将进一步扩大至 3396.7 亿美元。预测 2019 年货物和服务贸易顺差为 182.3 亿美元,预测我国经常账户差额在 2019 年第一季度将很可能为逆差,2019 年全年将与 2018 年类似,经常账户处于基本平衡状态。

三、2019年我国跨境资金流动形势展望

国际收支平衡表基于复式记账和权责发生制原则记录了国际经贸往来,但实际的跨境资本流动需要基于收付实现制原则记录,这体现在我国境内银行代客涉外收入支出数据中,其具体项目与国际收支平衡表相似。跨境资金收付不一定意味着对人民币或美元的额外需求,因此,银行结汇与售汇数据更多受到经济主体自发结售汇动机的影响,因而更为间接,但却能更好地反映国际收支对我国跨境资本流动和人民币汇率的影响,且银行结汇与售汇数据的记录与经常账户项目相匹配。

(一)2018年我国跨境资金流动总体平稳

2018年,我国跨境资金流动总体平稳。

从境内银行代客涉外收付数据来看,2018年1~12月,我国境内银行代客涉外收入

累计 34 779.42 亿美元，对外付款 35 637.61 亿美元，各月均比 2016 年和 2017 年同期有明显提升，2018 年全年略高于 2015 年全年水平，其中，货物和服务贸易涉外收入占总体比重 74.77%，货物和服务贸易涉外支出占总体比重 75.48%，在涉外收入中，以美元作为币种的占比 72.41%，在涉外支出中，以美元作为币种的占比 64.41%。

从结售汇数据来看，2018 年 1~12 月，我国银行结汇 18 915.95 亿美元，售汇 19 475.53 亿美元，结售汇差额表现为净售汇 559.58 亿美元，比 2017 年同期大幅缩减 556.72 亿美元。其中，银行代客净售汇 148.94 亿美元，比 2017 年同期缩减 541.22 亿美元。具体来看，货物贸易结汇 13 706.80 亿美元，售汇 11 486.11 亿美元，净结汇 2220.69 亿美元，比 2017 年同期下降 466.84 亿美元；服务贸易结汇 1171.20 亿美元，售汇 3406.49 亿美元，净售汇 2235.29 亿美元，比 2017 年同期下降 271.72 亿美元。

从结售汇意愿来看，根据国家外汇管理局发布的数据，2018 年前三季度，衡量购汇意愿的售汇率（客户从银行买汇与客户涉外外汇支出之比）为 65%，较 2017 年同期下降 1 个百分点；衡量结汇意愿的结汇率（客户向银行卖出外汇与客户涉外外汇收入之比）为 66%，较 2017 年同期上升 4 个百分点。

（二）2019 年我国跨境资金流动预警

2019 年，在美联储加息导致中美利差持续缩小的预期下，人民币相对美元贬值压力仍然存在，同时，考虑到中国宏观经济增速在 2019 年将比 2018 年进一步放缓、中美贸易摩擦仍面临较大不确定性将可能不利于我国外贸增长、我国经常账户差额将缩小甚至转为逆差，在这样的背景下，2019 年防范我国跨境资金异常流出带来的风险仍然非常重要。

从表征未来我国跨境资金流动的远期结售汇数据来看，2018 年 1~12 月，我国远期结汇签约额累计 2130.27 亿美元，售汇签约累计 2413.16 亿美元，远期净售汇累计为 282.90 亿美元。截止到 2018 年 12 月，远期结汇累计未到期额 494.04 亿美元，而售汇累计未到期额 1253.99 亿美元，净售汇累计未到期额为 759.95 亿美元，比 2017 年同期减少 261.81 亿美元。

从表征当前我国跨境资金流动状况的一致合成指数来看，根据截止到 2018 年 12 月的数据，2018 年 12 月，我国跨境资金流动一致合成指数为 89.3，已连续 5 个月回升，但仍然比近期最高点 2017 年 11 月的 91.7 低 2.4，表明当前我国跨境资金流出压力虽有所缓解，但仍然较大。从具有 3 个月左右预警期的先行合成指数来看（图 14），2018 年 12 月，先行合成指数为 90.6，与上个月相比持平略降，从具体数据来看，2018 年呈现前稳后降态势。结合扩散指数来看，先行扩散指数自 2018 年 1 月跌下 50 线以来，一直在 50 线以下，这意味着未来我国跨境资金流出压力依然较大，并没有出现明显的好转。

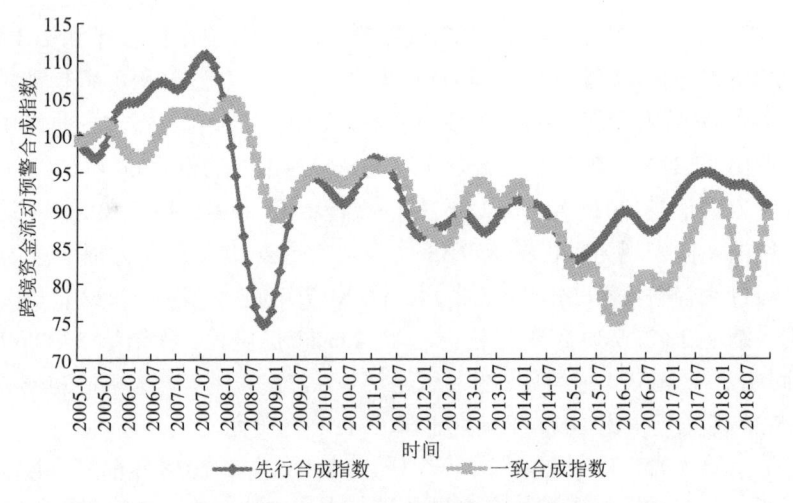

图 14　我国跨境资金流动预警合成指数

资料来源：根据预测中心研究小组测算

四、政 策 建 议

（一）积极引导舆论调整对经常账户的认知

2018年以来，我国经常账户差额大幅缩小，个别季度甚至出现了逆差，需要认识到这是当前和未来一段时期我国国际收支平衡表的常态特征，不能因此而武断地认为我国经常账户的基本面状况恶化，甚至由此引发人民币贬值、资本外流的预期。需要明确的是，经常账户的表现仅是统计核算上的结果，并不会对我国经济带来冲击，这是在当前全球贸易结构面临调整、我国货物贸易顺差增长乏力、服务贸易逆差持续扩大的必然结果，并不意味着我国经济状况恶化。需要警惕由经常账户顺差规模缩小甚至由正转负可能引发的人民币贬值预期，应积极引导舆论，改善公众对经常账户的正确认知。

（二）积极推进东南亚经济一体化进程

在历史上，其他国家在经济发展中也出现过货物贸易顺差增长乏力、服务贸易和收入账户逆差扩大而导致的经常账户逆差，例如，德国就是一个典型的案例。但是，德国一方面，通过优化自身产业结构，进一步推进货物贸易发展；另一方面，借助欧元区的成立成功转型，推进其服务贸易发展。当前我国应继续大力推进改革开放，特别是加强东南亚经济一体化进程，通过进一步的开放和发展解决经常账户逆差的问题。

(三）在美元加息周期中顺势而为，抓住时机引导汇率双向波动抵消人民币贬值预期

2019 年将是国际形势更为复杂的一年，"黑天鹅"与"灰犀牛"都可能出现，美国加息进程虽然预期放缓但其基调并未改变，美元的加息周期会通过美元的全球货币地位将影响传导至其他国家。2019 年，中美贸易摩擦前景未定，我国经济面临着较大的不确定性。在这样的情况下，应该将保持人民币币值基本稳定作为维护经济信心、稳定经济预期的重要内容，人民币对美元汇率宜保持基本稳定，忌大起大落以影响市场信心。为此，应顺势而为，抓住时机，合理引导汇率双向波动来抵消人民币贬值预期。

行业经济景气分析与预测

2019 年中国农业生产形势分析与展望

杨翠红　高　翔　陈锡康　姜青言

报告摘要：2018 年，农业种植结构持续调整优化，粮食播种面积减少；气候条件适宜，救灾抗灾得力，粮食单产水平略增；全国粮食产量持平略减。2018 年全国粮食总产量 13 158 亿斤[①]，比 2017 年减少 74 亿斤，下降 0.6%。谷物产量 12 204 亿斤，比 2017 年减少 100 亿斤，下降 0.8%。分季来看，全国夏粮产量 2776 亿斤，比 2017 年减产 59 亿斤，减幅 2.1%；早稻产量 572 亿斤，比上年减少 26 亿斤，减幅 4.3%；秋粮产量 9810 亿斤，增产 11 亿斤，增幅 0.1%。棉花方面，2018 年全国棉花产量 609.6 万吨，比 2017 年增加 44.4 万吨，增长 7.8%。其中，新疆棉花产量 511.1 万吨，比上年增加 54.5 万吨，增长 11.9%。新疆棉花产量占全国的 83.8%，比上年提高 3 个百分点。油料方面，2018 年全国油料产量为 3439 万吨，减产 1.0%。

展望 2019 年，我们对粮食、棉花和油料的主要分析与预测如下。

第一，预计 2019 年我国粮食播种面积可能将持平略增。如果天气正常，不出现大的自然灾害，且在中国粮食进口配额不出现大幅提高的情况下，预计 2019 年全年粮食产量将持平略增。其中，夏粮、秋粮产量将持平略增，早稻产量进一步下降。2019 年我国粮食生产既有有利因素的支持，又面临着一些不利因素的严峻考验。有利条件主要为：中央和各省区市继续重视与加强对农业及粮食生产的支持力度；我国粮食生产基本面良好，为长期稳定粮食产量打下坚实基础；粮食价格稳定运行，玉米价格企稳回升；中美贸易战缓解国内粮食价格与进口到岸完税价格倒挂现象；小麦、稻谷（预期）将继续实行最低收购价政策等，这些因素将对粮农的种粮积极性有所刺激。不利因素为：稻谷（预期）和小麦持续调减最低收购价，影响农民种粮积极性；粮价上升乏力，农民种粮收益难以得到有效改善；农业供给侧改革或进一步调减高产作物面积；当前中美贸易战暂时休整或改变农产品进口局面，但仍存在较大不确定性。

第二，预计 2019 年我国棉花播种面积将持平略增，棉花产量将持平略增。主要依据为：2018 年棉花价格保持稳定并在年中出现跃升，将维持棉农种植积极性；棉花种植区域结构调整，新疆高产棉区带动棉花增产；国际贸易形势呈现复苏，棉花及下游产品出口呈增长趋势；中美贸易战影响纺织服装进出口格局，将影响棉花产业；政策调整稳定棉农收益预期，促进棉花种植结构优化；棉花种植机械化水平较低，人工成本较高，影响棉农棉花种植收益等。

第三，预计 2019 年我国油料播种面积将持平略减，其中，油菜籽播种面积减少，花

[①] 1 斤=0.5 千克。

生播种面积持平。如果后期天气正常，预计油料产量将持平略增。主要依据有：油菜籽价格有所回升，但是油菜籽的种植收益仍不乐观，难以刺激农民的种植积极性；花生价格有所降低，但农民种植花生的收益依然可观，预计2019年花生播种面积将持平。

为保证2019年及今后农业生产形势的稳定发展，我们提出如下建议。

（1）建议适度降低我国粮食的自给水平，实行粮食分类自给率。建议保证口粮（稻谷+小麦）的高度自给，可将自给率定在98%；对于谷物可适当降低自给水平，建议定在90%；而广义的粮食（谷物+豆类+薯类）自给率可定在80%。

（2）建议以中美贸易摩擦为契机，加速推行粮豆轮作模式，鼓励或补贴国内大豆加工企业，从上游和下游同时刺激我国国内大豆生产的恢复，建立并推广我国大豆及大豆加工产品优质品牌。

（3）积极推动乡村振兴战略落地，引导农业与服务业结合，赋予农业以服务业属性，帮助农民有效增收，促进农业有效发展。

一、2018年中国农业生产形势回顾

（一）2018年，我国粮食产量持平略有减少，其中，夏粮产量持平略减，早稻产量下降，秋粮产量持平略增

2018年，农业种植结构持续调整优化，粮食播种面积减少；气候条件较为适宜，抗灾救灾得力，粮食单产水平略有增加；全国粮食产量持平略减。

根据国家统计局发布的数据[①]，2018年全国粮食播种面积117 037千公顷(175 555万亩[②])，比2017年减少952千公顷（1428万亩），减少0.8%。其中，谷物播种面积99 685千公顷（149 528万亩），比2017年减少1079千公顷（1619万亩），下降1.1%。2018年全国粮食总产量65 789万吨（13 158亿斤），比2017年减少371万吨（74亿斤），下降0.6%。其中，谷物产量61 019万吨（12 204亿斤），比2017年减少502万吨（100亿斤），下降0.8%。2018年全国粮食单位面积产量5621公斤[③]/公顷（375公斤/亩），比2017年增加14公斤/公顷（0.9公斤/亩），增长0.2%。其中，谷物单位面积产量6121公斤/公顷（408公斤/亩），比2017年增加16公斤/公顷（1.1公斤/亩），增长0.3%。

分季看，2018年夏粮产量略减，早稻产量下降，秋粮产量略增。

2018年全国夏粮播种面积、单位面积产量、总产量如下[④]：全国夏粮播种面积26 703千公顷（40 054万亩），比2017年减少164千公顷（246万亩），下降0.6%。其中，谷

[①] 国家统计局关于2018年粮食产量数据的公告. http://www.stats.gov.cn/tjsj/zxfb/201812/t20181214_1639544.html[2018-12-14].

[②] 1亩≈0.067公顷。

[③] 1公斤=1千克。

[④] 国家统计局关于 2018 年夏粮产量数据的公告. http://www.stats.gov.cn/tjsj/zxfb/201807/t20180718_1610541.html [2018-07-18]. 后根据甘肃、宁夏、新疆等部分地区小麦实际产量对全国夏粮数据进行了修正，详见《国家统计局关于2018年粮食产量数据的公告》。

物播种面积23 863千公顷（35 794万亩），比2017年减少170千公顷（254万亩），下降0.7%。2018年全国夏粮单位面积产量5194.9公斤/公顷（346.3公斤/亩），比2017年减少82.0公斤/公顷（5.5公斤/亩），下降1.6%。其中，谷物单位面积产量5441.3公斤/公顷（362.8公斤/亩），比2017年减少90.8公斤/公顷（6.1公斤/亩），下降1.6%。2018年全国夏粮总产量13 878万吨（2776亿斤），比2017年减少300万吨（59亿斤），下降2.1%。其中，谷物产量12 984万吨（2597亿斤），比2017年减少310万吨（62亿斤），下降2.3%。

国家统计局发布的全国早稻生产数据显示[①]，2018年全国早稻播种面积4791千公顷（7187万亩），比2017年减少350千公顷（525万亩），下降6.8%。2018年全国早稻单位面积产量5967公斤/公顷（398公斤/亩），比2017年增加157公斤/公顷（10公斤/亩），增长2.7%。2018年全国早稻总产量2859万吨（572亿斤），比2017年减产128万吨（26亿斤），下降4.3%。

2018年，全国秋粮产量为49 052万吨（9810亿斤），比2017年增产11亿斤，增长0.1%。此外，从播种面积看，各地积极推进农业供给侧结构性改革，在保障粮食生产能力不降低的同时，全国粮食作物、经济作物、饲料作物结构调整明显，种植结构进一步优化。稻谷生产结构进一步优化，品质较好与单产较高的中稻和一季晚稻种植面积继续增加。例如，湖南、江西两省主动调减单产较低、品质较差的早稻和双季晚稻种植面积796万亩，同时增加单产较高、品质较优的中稻和一季晚稻种植面积348万亩。库存较多的玉米播种面积继续调减。例如，贵州、河北两省大力发展经济作物，主动调减玉米种植面积765万亩。大豆种植面积继续增加。例如，内蒙古、吉林、河南、山东、安徽五省区共增加大豆面积402万亩。种植结构的优化调整反映了我国农业供给侧改革的有效推进。

（二）2018年我国棉花播种面积和产量均增加，其中新疆增幅较大

根据《全国农产品成本收益资料汇编2018》资料，2017年棉花种植的亩均现金收益全国平均为895.74元，较2016年下降4.43%，仍远超2017年三种粮食的亩均现金收益558.54元和两种油料的亩均现金收益706.51元。棉花种植的高收益有效巩固了棉农的生产积极性，促进棉花单产水平的进一步提高。

根据国家统计局发布的数据[②]，2018年全国棉花种植面积为3352.3千公顷（5028.5万亩），比2017年增加157.6千公顷（236.4万亩），增长4.9%；全国棉花产量609.6万吨，比2017年增加44.4万吨，增长7.8%。主要产棉区棉花播种面积出现严重分化。全国棉花面积的增加主要源于新疆，最大产棉区新疆的棉花种植面积比2017年增加273.9千公顷（410.8万亩），增长12.4%。新疆棉花产量511.1万吨，比上年增加54.5万吨，增长11.9%。新疆棉花产量占全国的83.8%，比上年提高3个百分点。全国（除新疆外）30个省区市受种植效益和种植结构调整等因素的影响，仍延续了多年来生产萎缩的态势，棉花种植面积比2017年减少116.2千公顷（174.3万亩），下降11.9%。其中，长江流域棉区种植面积比2017年减少107.0千公顷（160.5万亩），下降22.4%。

---

① 国家统计局关于2018年早稻产量数据的公告. http://www.stats.gov.cn/tjsj/zxfb/201808/t20180824_1618794.html[2018-08-24].
② 国家统计局农村司首席统计师侯锐解读棉花生产情况. http://www.stats.gov.cn/tjsj/sjjd/201812/t20181229_1642168.html[2018-12-29].

（三）2018 年油料价格上升乏力，油料总产量同比略减

2016 年 6 月以来，花生价格震荡运行，并从 2017 年 3 月开始出现震荡下跌的态势，直至 2018 年 5 月，花生价格开始企稳震荡（图 1）。在价格不断下滑的同时，考虑到受 2015~2016 年花生价格大幅上涨的持续利好因素影响和种植结构调整导致的花生种植面积与产量的不断增加，2018 年我国花生种植面积和产量提升乏力。根据农业农村部发布的《2018 年 8 月农产品供需形势分析月报（大宗农产品）》[①]，"新季花生播种面积和产量预期较上年减少，品质较上年略有回升，价格有望走高"。

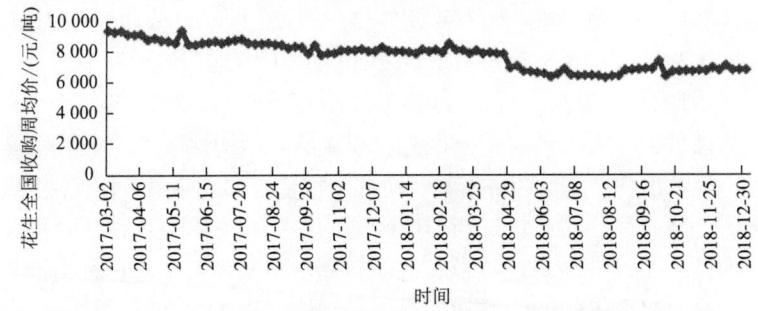

图 1　2017 年 3 月到 2018 年 12 月花生全国收购周均价走势图

由于 2017 年最后一周与 2018 年第一周数据间隔不是 7 天，此图无法保证时间间隔一致

近年来一直呈现疲弱状态的国内油菜籽价格在 2017 年 3 月后也开始震荡企稳（图 2），2018 年价格整体震荡运行。2015 年我国取消了油菜籽托市收购政策之后，油菜籽市场表现疲软且走货缓慢，农民种植油菜籽的积极性减弱。近年来，我国油菜籽种植面积和产量逐年下降，但国内油菜籽价格与油菜籽进口到完税岸价依然倒挂，农民种植积极性难以提振。根据农业农村部发布的《2018 年 9 月农产品供需形势分析月报（大宗农产品）》[②]，"9 月份，9%关税下的加拿大油菜籽到我国口岸的税后价格每斤 1.91 元，比国内油菜籽进厂价每斤低 0.71 元，价差比上月扩大 0.02 元"。2018 年全国油料产量为 3439 万吨，减产 1.0%。

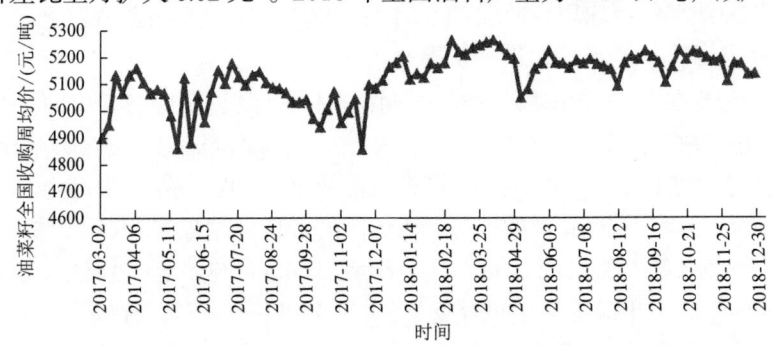

图 2　2017 年 3 月到 2018 年 12 月油菜籽全国收购周均价走势图

资料来源：根据中华粮网（http://price.cngrain.net/sinoprice/LPIndex.aspx?id=8）数据整理

由于 2017 年最后一周与 2018 年第一周数据间隔不是 7 天，此图无法保证时间间隔一致

---

① 《2018 年 8 月农产品供需形势分析月报（大宗农产品）》. http://www.moa.gov.cn/ztzl/nybrl/rlxx/201809/t20180918_6157539.htm[2018-10-18].

② 2018 年 9 月农产品供需形势分析月报（大宗农产品）. http://www.moa.gov.cn/ztzl/nybrl/rlxx/201810/t20181019_6161105.htm[2018-10-18].

二、2019年中国农业生产形势分析与预测

（一）2019年粮食生产形势分析与预测

初步预计2019年我国粮食播种面积可能将持平略增。如果天气正常，不出现大的自然灾害，且在中国粮食进口配额不出现大幅提高的情况下，预计2019年夏粮、秋粮产量将持平略增，早稻产量进一步下降，全国粮食产量将持平略增。

2019年我国粮食生产的有利因素有以下几个方面。

（1）中央继续重视和加强对农业改革与粮食生产的支持力度。

习近平总书记在党的十九大报告中首次提出实施乡村振兴战略[①]。2017年10月18日，习近平总书记在党的十九大报告中就"三农"工作提出很多新概念、新表述，并首次提出实施乡村振兴战略[①]。十九大报告中指出："农业农村农民问题是关系国计民生的根本性问题，必须始终把解决好'三农'问题作为全党工作重中之重。要坚持农业农村优先发展，按照产业兴旺、生态宜居、乡风文明、治理有效、生活富裕的总要求，建立健全城乡融合发展体制机制和政策体系，加快推进农业农村现代化。巩固和完善农村基本经营制度，深化农村土地制度改革，完善承包地'三权'分置制度。保持土地承包关系稳定并长久不变，第二轮土地承包到期后再延长三十年。深化农村集体产权制度改革，保障农民财产权益，壮大集体经济。确保国家粮食安全，把中国人的饭碗牢牢端在自己手中。构建现代农业产业体系、生产体系、经营体系，完善农业支持保护制度，发展多种形式适度规模经营，培育新型农业经营主体，健全农业社会化服务体系，实现小农户和现代农业发展有机衔接。促进农村一二三产业融合发展，支持和鼓励农民就业创业，拓宽增收渠道。"[①]

每年的中央一号文件体现了中央对农业的重视。2004~2018年，中央连续十五年发布以"三农"为主题的中央一号文件，强调"三农"问题在我国社会主义现代化时期重中之重的地位。如2015年中央一号文件提出了"推进农业结构调整"的政策思路，2016年中央一号文件提出了"推进农业供给侧结构性改革"的战略构想，2017年中央一号文件则进一步指出要"深入推进农业供给侧结构性改革"，2018年中央一号文件题为《中共中央国务院关于实施乡村振兴战略的意见》[②]，对实施乡村振兴战略进行了全面部署。文件从提升农业发展质量、推进乡村绿色发展、繁荣兴盛农村文化、构建乡村治理新体系、提高农村民生保障水平、打好精准脱贫攻坚战、强化乡村振兴制度性供给、强化乡村振兴人才支撑、强化乡村振兴投入保障、坚持和完善党对"三农"工作的领导等方面进行安排部署。

粮食安全责任制的推广和落实将在一定程度上提升农民种植积极性。2015年11月3日，国务院办公厅发布《国务院办公厅关于印发粮食安全省长责任制考核办法的通知》

[①] 习近平：决胜全面建成小康社会 夺取新时代中国特色社会主义伟大胜利——在中国共产党第十九次全国代表大会上的报告. http://www.gov.cn/zhuanti/2017-10/27/content_5234876.htm[2017-10-27].

[②] 高云才，朱隽，王浩. 新时代乡村振兴的政策蓝图. 人民日报，2018-02-05，004.

（以下简称《办法》）（国办发〔2015〕80号），明确粮食安全省长责任制考核主体、原则、内容、程序和结果运用等事项，对建立粮食安全省长责任制考核机制做出全面部署。《办法》明确国务院作为考核主体，考核内容涵盖了各省区市人民政府应承担的粮食生产、流通、消费等各环节的粮食安全责任，包括增强粮食可持续生产能力、保护种粮积极性、增强地方粮食储备能力、保障粮食市场供应、确保粮食质量安全和落实保障措施等6个方面。在国家的推动下，各省区市也相继出台了粮食安全省长责任制意见和考核办法，明确了各级政府粮食安全主体责任，加大了各级政府对粮食工作的重视力度。

在我国粮食生产和供需出现新形势的情况下，中央对农业和农村建设的重视，以及上述政策与措施的出台及预期落实将在一定程度上保证农民对粮食生产工作的预期效益，提升农民的种粮积极性。

（2）我国粮食生产基本面良好，为长期稳定粮食产量打下坚实基础。

国家统计局农村司高级统计师黄秉信2018年8月24日发布报告对我国粮食生产基本面进行分析。报告称："在新的历史时期，党中央依据农业生产情况的新变化，提出了'以我为主、立足国内、确保产能、适度进口、科技支撑'的粮食安全新战略，确立了'谷物基本自给，口粮绝对安全'的国家粮食安全新目标，持续加大对农业生产的投入支持力度，不断改革完善强农惠农富农政策体系，粮食综合生产能力再上新台阶，取得新突破，国家粮食安全的能力显著提高、物质基础更加雄厚。"[1]

根据该报告的相关分析，目前我国粮食生产基本面良好，主要体现在以下几个方面：①目前我国实行最严格的耕地保护制度，有底气实现"藏粮于地"；②我国农田水利条件明显改善，奠定稳产高产基础；③农业机械普遍使用，农业生产机械化率较高；④我国农业科技进步加快，科技驱动作用增强，据农业农村部统计，2017年我国农业科技进步贡献率达到57.5%，主要农作物良种基本实现全覆盖，自主选育品种占比达95%；⑤我国新型农业经营主体蓬勃发展，规模经营发展迅速；⑥我国农业供给侧结构性改革深入推进，农业生产向提质增效转变，2016年以来主动调减非优势产区籽粒玉米播种面积3800多万亩，增加大豆种植面积2100多万亩，粮食作物、经济作物、饲料作物协调发展的三元结构正在加快形成。

在这些良好基本面的支撑之下，加上党中央和国务院对农业生产的重视，以及全国人民的共同努力，我国粮食生产仍将继续保持平稳健康发展。

（3）截至2018年9月，粮食价格基本稳定，玉米价格稳中有升，有助于恢复粮民的种粮积极性。

2018年1月至2018年9月30日，粮食主产区的三种粮食价格均基本稳定运行（图3）。2018年9月30日，小麦、粳稻全国收购周均价分别为2368.05元/吨和2910.37元/吨，比2018年1月4日分别下降5.7%和3.8%，但2018年9月30日玉米全国收购周均价为1823.91元/吨，比2018年1月4日上涨4.0%。2018年10月7日，三种粮食价格发生骤变，小麦、玉米全国收购周均价均环比下降5.05%，粳稻环比上涨2.59%，随后价格迅速回调并稳定，至2018年12月30日，小麦和玉米全国收购周均价

---

[1] 黄秉信. 我国粮食生产基本面良好. http://www.stats.gov.cn/tjsj/sjjd/201808/t20180824_1618790.html[2018-08-24].

为 2429.14 元/吨和 1902.19 元/吨，但粳稻价格出现下降，跌至 2773.34 元/吨。全年来看，三种粮食的价格走势总体较为稳定，玉米甚至稳中有升。对小麦和稻谷来说，这种稳定有利于维持农民的种粮积极性，从而保证小麦和稻谷的种植面积不会出现较大波动。而对玉米来说，这将有效恢复农民的生产积极性。

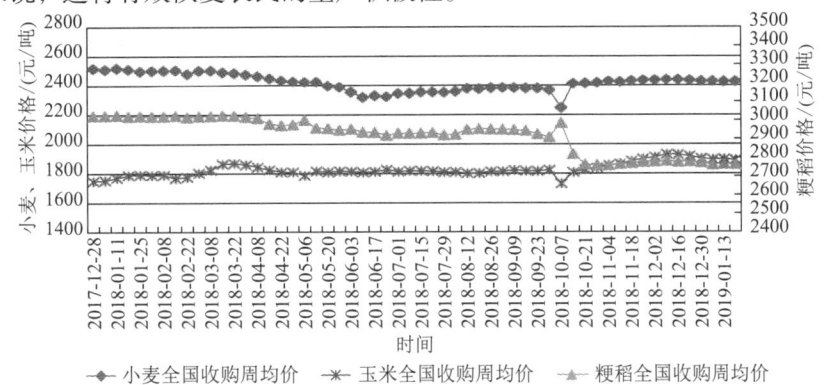

图 3　2017 年 12 月至 2019 年 1 月三种主要粮食全国收购周均价走势图

资料来源：根据中华粮网（http://price.cngrain.net/sinoprice/AvgPrice.htm）数据整理

由于 2018 年 3 月最后一周与 2018 年 4 月第一周数据间隔不是 7 天，此图无法保证时间间隔一致

2016 年，我国进行玉米收储制度改革，取消了东北玉米临时收储等托市收购政策，调整为"市场化收购"加"补贴"，玉米价格回归市场，出现大幅下跌。2017 年以来玉米价格开始企稳并有所回升。在 2017 年价格上涨的基础上，2018 年玉米价格的稳定运行将进一步恢复并巩固农民的种粮积极性。近年来由于宏观调控，玉米种植面积持续调减，中美贸易战对玉米及相关替代品进口也有负面影响，预计 2019 年玉米播种面积会出现恢复性增加。作为高产作物，玉米种植面积的增加将会为粮食产量带来有效的正面影响。

（4）2018 年中美贸易摩擦不断，中国对自美进口农产品加征反制关税，缓解国内粮食价格与进口到岸完税价格倒挂现象。

美国是我国农产品的主要进口源之一。根据中国海关数据[①]，2017 年全年，中国从美国进口（种植类）农产品 169.6 亿美元，占中国农产品进口总额的 27.6%，美国为仅次于巴西的我国农产品进口第二大来源国。其中，大豆为自美国进口最主要的粮食类产品，约占全部自美国进口农产品的 80%，约占大豆进口总额的 34%，美国为仅次于巴西的第二大大豆进口来源国。美国也是小麦、玉米两类主要粮食的重要进口来源国，分别占中国全部进口的 40% 和 30% 左右。

由于中美粮食价格倒挂，进口的大宗农产品对我国农业生产，尤其是大豆生产带来了巨大冲击。2017 年我国大豆进口量达到 9553 万吨，为历史最高水平，是 2000 年的 9 倍，是 1980 年的 169 倍。2017 年，我国大豆的自给率已降低至 13.2%，国产大豆在国内大豆市场中的份额已降至非常低的水平。同时，玉米种植行业也面临冲击，2013 年后，美国对中国出口的以高粱为代表的玉米替代品大幅增加，同时价格持续下降。由于不受

---

① （16）2017 年 12 月自部分国家（地区）进口商品类章金额表（美元值）. http://www.customs.gov.cn/customs/302249/302274/302276/1423562/index.html[2018-01-23].

关税配额限制，大量玉米替代品自美国进口，用作饲料生产。这不仅直接打击了我国高粱产业，也间接对我国玉米产业带来严重冲击。

2018年，美国先后发布公告，正式对自我国进口的约500亿美元和2000亿美元商品加征进口关税；我国也先后对自美国进口的价值约500亿美元和600亿美元商品加征进口关税。截至2019年1月1日，加征关税的商品已超过2017年中美贸易总量的一半。中美贸易摩擦的暴发提高了我国对粮食安全的重视程度，同时，由于中国对自美进口农产品加征反制关税，国内粮食价格与粮食进口到岸完税价格倒挂现象得到缓解。以小麦为例，2018年10月25日我国小麦的市场价（出库价）平均约为2410元/吨，而2018年10月24日美国2号软红冬小麦11月交货的离岸价格（free on board，FOB）为214.6美元/吨，合人民币1489元/吨，但受对美国进口商品加征关税的影响，美国小麦到岸税后价约为2635元/吨，略高于国内小麦市场价，比上年同期上涨857元/吨。但值得注意的是，尽管由于对美国进口商品加征关税，国内小麦价格与美国小麦到岸税后价倒挂的现象有所缓解，但国内小麦价格与国外小麦价格差距依然巨大，我国小麦价格比美国国内价格高61.9%。因此，在这种背景下，面临加征关税的进口企业将首选更换进口来源地进行进口替代，而非选择国内小麦进行替代，这将削弱我国农业生产因中美贸易战所获的利好。

（5）小麦、稻谷将继续实行最低收购价政策。

2018年11月15日，国家发展和改革委员会公布2019年国家继续在小麦主产区实行最低收购价政策。预计2019年稻谷最低收购价政策也将继续推行，但最低收购价将进一步下调。

国家发展和改革委员会、国家粮食局2016年10月13日印发的《粮食行业"十三五"发展规划纲要》（以下简称《纲要》）提出，"十三五"期间要继续执行并完善稻谷、小麦最低收购价政策，积极稳妥推进玉米收储制度改革，调整完善大豆目标价格政策，完善油菜籽收购政策。针对改革完善粮食收购制度，《纲要》提出，稳步推进粮食收购资金来源多元化，满足粮食收购资金需求；还要适应粮食生产组织方式变化，创新粮食收购方式，引导企业与种粮大户、家庭农场、农民合作社等新型粮食生产经营主体对接，开展订单收购、预约收购、代收代储、代加工等个性化服务，构建渠道稳定、运行规范、方便农民的新型粮食收购网络体系；依法开展粮食收购资格审核，规范收购秩序。

尽管最低收购价的调减会对稻谷和小麦的价格造成影响，但最低收购价的实行将保证农民种粮的基本收益，为粮农的种粮积极性打下一剂强心针。同时，最低收购价的调整也将更好地发挥市场机制作用，进一步激发市场活力，引导粮食供给结构优化，使我国粮食生产更具竞争力，保障我国粮食安全。

2019年我国粮食生产的不利因素有以下几个方面。

（1）稻谷和小麦最低收购价持续调减，后市粮价增长空间有限，影响农民的种植积极性。

2018年2月9日，国家发展和改革委员会公布2018年国家继续在稻谷主产区实行最低收购价政策。综合考虑粮食生产成本、市场供求、比较效益、国际市场价格和粮食产业发展等各方面因素，经国务院批准，2018年生产的早籼稻（三等）、中晚籼稻和粳稻最低收购价格分别为每 50 公斤 120 元、126 元和 130 元，2017 年分别为每 50 公斤 130 元、136 元和 150 元，早籼稻、中晚籼稻和粳稻比 2017 年分别下调 10 元、10 元和 20 元。2019 年 2 月 25 日，国家发展和改革委员会公布 2019 年稻谷最低收购价保持 2018 年水平不变。

2018 年 11 月 15 日，国家发展和改革委员会公布 2019 年国家继续在小麦主产区实行最低收购价政策。综合考虑粮食生产成本、市场供求、国内外市场价格和产业发展等因素，经国务院批准，2019 年生产的小麦（三等）最低收购价为每 50 公斤 112 元，比 2018 年下调 3 元。

2018 年稻谷最低收购价的下调是中国稻谷最低收购价的连续第二年全面下调，且下调幅度远高于第一年。从 2008 年开始，国家连续 7 次上调了稻谷的最低收购价，2015 年未做调整，2016 年仅是早籼稻下调，中晚籼稻和粳稻最低价保持不变，2017 年稻谷最低收购价首次全面下调，早籼稻、中晚籼稻和粳稻最低收购价每 50 公斤分别下调 3 元、2 元和 5 元。2019 年小麦最低收购价经历连续第二年下调。从 2006 年开始，我国小麦最低收购价持续上涨，2014~2017 年，我国小麦最低收购价保持在 1.18 元/斤的历史最高点不变。2018 年，我国小麦最低收购价每 50 公斤 115 元，比 2017 年下调 3 元。

稻谷和小麦最低收购价的全面下调可能会对粮食市场带来冲击，增强粮食市场的看空情绪从而影响农民的种植积极性，并对后市粮价走高带来一定限制。但由于下调幅度较小，对农民收入和粮食生产的总体影响不大。

（2）粮价上升乏力，尽管种植成本有所降低，农民种粮收益提升依然有限，低收益将持续挫伤粮农生产积极性。

根据《全国农产品成本收益资料汇编 2018》资料，2017 年我国三种粮食（稻谷、小麦和玉米）每 50 公斤主产品平均出售价格为 111.58 元，比 2016 年上升 2.94%，亩均产值为 1069.06 元，比 2016 年上升 5.5%，增幅明显。其中，玉米和小麦由于价格增幅相对较大，亩均产值分别增加 11.07% 和 8.96%，而稻谷价格变化不大，亩均产值持平略减，下降 0.08%。与此同时，2017 年三种粮食的亩均总成本为 1081.594 元，较上年下降 1.1%。亩均产值的提升与亩均成本的下降提升了粮农的种粮收益。2017 年三种粮食的全国亩均现金收益为 558.54 元，比 2016 年增加 46.43 元，增幅为 9.07%；亩均净利润虽然仍亏损 12.53 元，但相比 2016 年亩均净亏损 80.28 元有所回暖，增长了 84.39%。

受制于粮价上涨乏力，农民种粮收入提升有限。2017 年我国三种粮食亩均现金收益要远低于种植棉花和两种油料的亩均现金收益（分别为 895.74 元与 706.51 元）。2018 年，尽管玉米价格有所回暖，但小麦价格稳定运行，稻谷价格甚至有所下跌。同时由于 2019 年稻谷最低收购价维持不变和 2019 年小麦最低收购价的再次调减，预计 2019 年粮食价格上升空间不大，粮农的收益情况难以得到大规模改善，持续的低收益将进一步降低粮农的种粮积极性。

（3）农业供给侧改革或进一步调减高产作物面积；库存高企，缓解"卖粮难"问题仍需继续努力。

近年来，我国农业供给侧改革逐步推行，农产品种植结构不断优化，但高产作物种植面积有所调减。2016 年全国玉米种植面积 4417.8 万公顷，比 2015 年减少 79 万公顷，减少1.8%；2017年玉米种植面积再度调减177.9万公顷，减少4.0%；2018年玉米种植面积继续调减27万公顷，减少0.6%。2017年，全国小麦种植面积2399万公顷，比2016年减少20万公顷，减少0.8%；2018年，全国小麦种植面积再度调减1.0%[①]。在农业供给侧改革的推进下，我国粮食库存问题，尤其玉米的库存过高问题得到有效缓解。根据中华粮网公布的供需平衡表预测结果，2018~2019年，我国玉米库存将继续下降657亿斤，两年内共下降1117亿斤，约占玉米总库存的22.2%。同时，稻谷也将超越玉米成为我国库存量最大的粮食品种。

农业供给侧改革有效地推进了我国粮食去库存的进程，并对我国农业弱势产业（如大豆）的保护提供了支持。但是，高产作物种植面积的调减也将对我国粮食总产量带来一定程度的负面影响，这种影响也将随着农业供给侧改革的继续推进而持续。2018年1月18日，农业部印发了《2018年种植业工作要点》（以下简称《要点》）。《要点》指出，"继续调减无效供给。根据市场需求变化，适当调减水稻面积。东北地区重点压减寒地低产区粳稻面积，长江流域重点压减双季稻产区籼稻面积，力争水稻面积调减1000万亩以上"。

高粮食库存也将继续影响我国粮食市场的供需两端。根据中华粮网的三种粮食（稻谷、小麦、玉米）供需平衡表预测结果，2018~2019年，玉米期末库存为3917亿斤，小麦为3294亿斤，稻谷为3932亿斤。三种粮食合计期末库存仍超过我国粮食年需求量，约等于全年粮食产量。高粮食库存不但在需求端阻碍国家粮食收购的顺利进行，而且在供给端给粮农的直接卖粮造成了一定阻碍。

（4）中美贸易摩擦暂时缓解，中方表示愿意扩大进口，逐步缓解中美贸易不平衡问题，中国或将自美国进口大量农产品。

根据人民网报道[②]，当地时间2018年12月1日晚，国家主席习近平与美国总统特朗普在阿根廷布宜诺斯艾利斯举行会晤，讨论了中美经贸问题并达成了共识，双方决定，停止升级关税等贸易限制措施，包括不再提高现有针对对方的关税税率，以及不对其他商品出台新的加征关税措施。双方同意，本着互相尊重、平等互利的精神，立即着手解决彼此关切问题。中方将按照中国共产党十九大的要求，进一步采取措施深化改革、扩大开放。

根据美国白宫新闻秘书办公室的会后发布声明[③]，中国将同意从美国购买尚未商定但非常大量的农业、能源、工业和其他产品，以减少中美两国之间的贸易不平衡。中国已同意立刻开始从美国农民手中购买农产品。

美国是我国农产品的主要进口源之一。如果中国从美国购入大量农产品以平衡中美贸易顺差，将会加重我国国产农产品与进口农产品之间的竞争。尤其农产品国内外价格倒挂严重，因此国内粮食生产将会面临更加剧烈的冲击。但具体的影响评估还要视后期的进口产品结构而定。

[①] 数据根据第三次全国农业普查结果进行了修正，修正数据已通过《中国统计年鉴2018》等资料对外公布和使用。
[②] 《中美就经贸问题达成共识 决定停止升级关税等贸易限制措施》. http://world.people.cn/n1/2018/1203/c1002-30437231.html[2018-12-01].
[③] 新闻秘书关于总统与中方共进工作晚宴的声明. https://china.usembassy-china.org.cn/zh/news-zh-12-2-18/[2018-12-01].

（二）2019年棉花生产形势分析与预测

棉花的产量经过多年下降，当前供需形势已发生变化。2017年棉价、棉农收益、产量纷纷回升；2018年棉价在前期回升的基础上保持稳定，棉花产量增幅较大。初步预计，如果天气情况正常，2019年我国棉花播种面积持平略增，产量持平略增。主要可供判断的依据如下。

（1）棉花价格从2016年年中开始有较大幅度的反弹，2017年始终在高位稳定窄幅震荡运行，2018年依然保持稳定，并在年中出现跃升态势。棉价稳定将有效刺激和维持棉农的种植积极性。

以我国3128B级皮棉的价格为例（图4），2016年3月31日，棉花价格降至历史最低，每吨仅11 678元。2016年年中之后，受国内棉花产量下降、新棉上市推迟和棉花库存减少的预期影响，棉花价格开始反弹，截至2016年12月1日，反弹至15 966元/吨，增长36.7%。此后，棉花价格一直在高位窄幅震荡运行，截至2017年12月8日，棉花价格为15 842元/吨，2017年全年棉花价格半月环比增（减）幅不超过1%。2018年，棉花价格依然保持稳定震荡，2018年5月15日，棉花价格为15 543元/吨，相比年初仅下降1%。此后棉花价格出现跃升，2018年6月4日，棉花价格跃升至近期最高点16 900元/吨，在近一个月内增长了8.7%。随后棉花价格再次回调，截至2018年12月30日，棉花价格为15 475元/吨。尽管价格相比2013年、2014年均价仍处于低位，但棉花价格的企稳和跃升势头将有效回升棉农的收益并增强棉农的种植积极性。

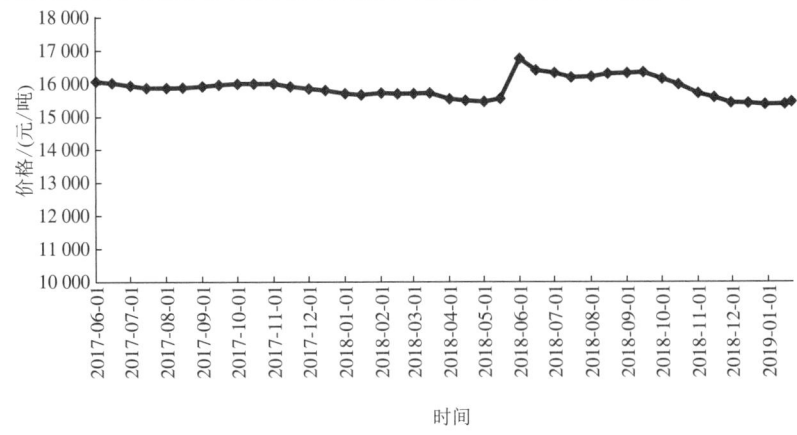

图4　2017年6月以来我国3128B级皮棉价格趋势图（月初和月中价格）

资料来源：根据中国棉花协会（http://www.china-cotton.org/search）数据整理

（2）棉花种植面积总体仍呈现西北内陆棉区增加，长江、黄河流域棉区减少的趋势，新疆高产棉区将有效带动全国棉花增产。

近年来，我国棉花的种植面积和产量均向新疆棉区集中，其他主要棉花种植区域的种植面积和产量逐年减少。2016年国家统计局公布的全国棉花种植面积和产量分别为3376.1千公顷和534.3万吨，其中新疆棉区为1805.2千公顷和359.4万吨，分别占53.5%和67.3%。2017年，新疆棉区的棉花种植面积和产量分别为1963.1千公顷和408.2万吨，占全国的比例双双提升至60.8%和74.4%。2018年,新疆棉区的棉花种植面积和产量分别为2491.3千公顷和511.1万吨,占全国的比例分别为74.3%和83.8%。新疆棉区面积的增加将抵消长江、黄河流域棉区面积的减少,有效带动2019年我国棉花面积、产量的双升。

由于新疆棉区的棉花单产和棉花质量普遍远高于全国平均,我国棉花的种植面积和产量向新疆棉区集中是农业种植结构优化的大势所趋。

(3) 棉花及下游产品出口呈增长趋势,但棉花的进口替代形势依然严峻。

海关总署2018年12月出口主要商品量值表显示[1],2018我国棉花、棉纱线出口量同比增加,其中,棉花出口4.7万吨,同比增长177.2%;棉纱线出口40.2万吨,同比增加2.1%。需求端的增长将有效带动棉花市场乐观情绪,支撑棉花价格并提升棉农的棉花种植积极性。

但同时,海关总署2018年12月进口主要商品量值表显示[2],2018年我国棉纱线进口206万吨,同比增加4.1%,是我国棉纱线出口的5倍多;棉花进口也有大幅的增长,2018年我国棉花进口157万吨,远高于我国的棉花出口量,同比增长36.2%。在棉花需求端增长的前提下,国外棉花的进口替代形势依然严峻,对棉农的棉花种植积极性会造成一定影响。

(4) 中美贸易摩擦加速国际贸易格局重构,我国纺织服装出口同比下降而进口同比上升。纺织服装业的供给侧改革和产业转移引导有待推进,国内服装自主品牌有待进一步发展。

根据海关总署2018年12月出口和进口主要商品量值表,2018年我国服装及衣着附件出口总额10 412.9亿元,同比下降2.3%;我国服装及衣着附件进口546.8亿元,同比增长11.4%。同时,根据中国棉花协会的相关报道,由于截至2018年底部分纺织服装品已经被中美贸易摩擦波及,孟加拉国、越南、缅甸等东南亚发展中经济体正在从中获得巨大收益,订单激增。

我国服装出口目前大多仍是贴牌出口,我国服装自主品牌的国际影响力发展依然任重道远。考虑到我国生产投入要素价格不断推高及生产环保安全压力不断增大,纺织服装企业的供给侧改革及有效的产业转移引导有待推进。这将对我国棉花产业带来潜移默化的影响。

(5) 政策调整稳定棉农收益预期,促进棉花种植结构优化。

2017年3月16日,国家发展和改革委员会宣布在新疆深化棉花目标价格改革。棉花目标价格由试点期间的一年一定改为三年一定,2017~2019年新疆棉花目标价格为每吨18 600元,与2016年持平。棉花目标价格持续时间的延长将保障棉农的基本收益,稳定棉农的收益预期,促进棉农的棉花种植积极性。此外,新疆开展了棉花目标价格改革与质量挂钩的试点,推动建立优质、优价机制。

(6) 棉花种植机械化水平较低,人工成本较高,影响棉农棉花种植收益。

棉花只有耕地、整地、播种和铺膜采用机械化作业,在采收环节,机械化程度低,劳动强度大。2016年棉花机收率仅为23%,不到全国农作物平均机收率的一半。由于人工成本较高,我国棉花种植效益一直偏低。2017年考虑用工成本的棉花亩均成本为2330.80元,其中,用工成本为1353.72元,达到总成本的58.08%。考虑用工成本后,净利润每亩

---

[1] (13) 2018年12月出口主要商品量值表(人民币值). http://www.customs.gov.cn/customs/302249/302274/302276/2278839/index.html[2019-01-23].

[2] (14) 2018年12月进口主要商品量值表(人民币值). http://www.customs.gov.cn/customs/302249/302274/302276/2278855/index.html[2019-01-23].

亏损470.28元。棉花种植效益偏低将对棉农的棉花种植积极性造成一定的负面影响。

（三）2019年油料生产形势分析与预测

预计2019年我国油料播种面积持平略减，其中，油菜籽播种面积减少，花生播种面积持平。如果后期天气正常，预计油料产量将持平略增。

2015年国家取消油菜籽托市收购，实行"省级政府+中央补贴"相结合的政策，油菜籽收购数量降低幅度较大，价格震荡下跌，种植户收益下降，2016~2018年油菜籽种植面积和产量双双下滑。由于产量预期下降，2016年6月以来，油菜籽价格呈震荡上升的态势，并在2017年3月后震荡企稳。截至2018年12月16日，油菜籽收购周均价为5176.56元/吨，较2016年6月2日上涨18.1%，较2018年1月7日持平略降0.5%。

尽管价格有所回升，但油菜籽种植收益却仍不容乐观，根据各主产省区市对油菜籽成本收益情况的统计，在大多省区市，2017年油菜籽的收益情况仍未摆脱亏损。例如，江西省发展和改革委员会2018年8月27日发布的《江西省2018年油菜籽生产成本和收益调查情况分析》显示[1]，2018年江西省油菜籽单产小幅增长，价格略有下跌，成本增幅较大，收益状况仍为亏损。其中，调查户亩均总成本869.17元，同比上升6.30%。亩均净利润为–248.38元，同比减少42.55元，减幅20.67%。成本利润率–28.58%，同比下降3.40个百分点。收益计算中如加入家庭用工折价和自营地折租等机会成本，调查户亩均现金收益401.33元，同比减少2.49元，减幅0.62%。安徽省发布的通知显示[2]，2018年安徽省油菜籽成本收益总体情况为单产略减，价格上涨，成本增加，净利润持续亏损。2018年安徽省油菜籽平均单产为151.87公斤，较上一年减少3.52公斤，减幅2.27%。2018年安徽省油菜籽平均出售价格为247.34元/50公斤，较上一年上涨3.05元/50公斤，涨幅1.25%。2018年安徽省油菜籽每亩总成本为885.7元，较上一年增加37.55元，增幅4.43%。

由图1可见，2017年3月以来花生价格开始震荡下跌，2018年12月16日，花生平均收购周均价为6792.92元/吨，较年初再度减少15.2%。花生价格持续走低，但农民种植花生的收益依然可观，预计2019年花生播种面积将持平。

三、政 策 建 议

1. 建议适度降低我国粮食的自给水平，实行粮食分类自给率

1996年《中国的粮食问题》白皮书中首次提及了"95%的粮食自给率"红线；《国家粮食安全中长期规划纲要（2008—2020年）》再次明确提出了"粮食自给率稳定在95%

---

[1] 江西省 2018 年油菜籽生产成本和收益调查情况分析. http://www.jxdpc.gov.cn/departmentsite/jgjsj/dcyj/201808/t20180827_222029.htm[2018-08-27].

[2] 2018 年我省油菜籽成本增加 净利润持续亏损. http://www.ahnw.gov.cn/other/ncpjg/content.asp?id={C0EEC60A-B776-42F9-A287-56873419AF6A} &classid=566[2018-08-01].

以上"的目标。虽然 2004~2015 年以来我国粮食生产已连续 12 年增产,但是粮食需求增速快于产量增速,且长期以来国内外粮食价格倒挂,粮食的净进口量大幅度增加,我国粮食的自给率已经悄然下降。2003 年我国粮食净进口量为 10.6 亿斤,粮食自给率为 99.9%,为高度自给;2010 年粮食自给率降为 90.9% 左右;2014 年我国粮食净进口量为 1798 亿斤,粮食自给率已经降低到 87.1% 左右;2015 年我国粮食净进口量为 2275.6 亿斤,粮食自给率进一步降低到 84.5% 左右。

我国粮食生产成本已经高于不少发达和发展中经济体,盲目地追求很高的粮食自给率不但成本高昂,而且不是非常必要。但我国需要保证口粮(稻谷+小麦)的高度自给,建议将口粮自给率定为 98%;对于谷物可适当降低自给水平,建议定为 90%(谷物中除三种主要粮食外尚包括很多别的作物);而广义的粮食(谷物+豆类+薯类)自给率可定为 80%。

2. 以中美贸易摩擦为契机,加速推行粮豆轮作模式,逐步复苏国产大豆种植,建立并推广我国大豆及大豆加工产品优质品牌

目前,我国大豆严重依赖进口,国内大豆产业经年积弱,大豆自给率已降至 15% 以下。当前,由于中美贸易摩擦不断加剧,自美国进口农产品加征关税成为我国进行贸易反制的重要手段,而这也成了我国大豆产业复苏的重要契机。

我国对复苏国产大豆种植的重视其实有迹可循。2015 年 11 月,农业部下发的《农业部关于"镰刀弯"地区玉米结构调整的指导意见》指出,发挥东北地区种植大豆的传统优势,恢复粮豆轮作种植模式。2016 年 4 月,农业部印发的《全国种植业结构调整规划(2016—2020 年)》指出,"因地制宜开展粮豆轮作,在东北地区推广玉米大豆轮作模式,在黄淮海地区推广玉米大豆轮作、麦豆一年两熟或玉米大豆间套作,适当恢复大豆种植面积。到 2020 年,大豆面积达到 1.4 亿亩,增加 4000 万亩左右"。中国农业科学院党组书记陈萌山曾对《经济日报》的记者提到,"大豆具有根瘤共生固氮作用,根茬、落叶多且较易腐解,是良好的养地作物。粮豆轮作有利于改良土壤结构,减少化肥农药投入,降低生产成本,提高种植效益,是改善农田生态环境、实现用养结合的有效途径"。另外,粮豆轮作模式在改善土壤质量的同时,也有利于我国国产大豆产量的恢复和提升。

建议我国从上而下进一步加速推行粮豆轮作的种植模式,并在大豆的优势生产区域布局规划,有效复苏国产大豆的生产;建议鼓励国内大豆加工企业消耗我国国产大豆并对它们的投入给予补贴,从下游刺激我国国内大豆生产的恢复;与此同时,建立并推广以我国国产大豆为原料的大豆加工产品优质品牌,带领我国大豆产业进入良性循环发展。

3. 积极推动乡村振兴战略落地,引导农业与服务业结合,赋予农业以服务业属性,帮助农民有效增收,促进农业有效发展

乡村振兴战略是党的十九大报告中首次提出的新概念、新表述[①]。党的十九大报告指出:"培育新型农业经营主体,健全农业社会化服务体系,实现小农户和现代农业发展有机衔接。促进农村一二三产业融合发展,支持和鼓励农民就业创业,拓宽增收渠道。"[①] 2018

---

① 引自 2017 年 10 月 28 日《人民日报》中的文章:《决胜全面建成小康社会 夺取新时代中国特色社会主义伟大胜利》。

年 1 月 2 日,国务院发布题为《中共中央国务院关于实施乡村振兴战略的意见》的中央一号文件,对实施乡村振兴战略进行了全面部署。

2018 年 10 月 28 日,《央视财经评论》邀请农业农村部农村经济研究中心副研究员彭超和财经评论员张春蔚[①],深入解析我国水稻面积调减后的相关影响。彭超指出,在农业供给侧改革调整种植结构的基础上,应该实现农产品优质、优价并提高全产业链附加值,"一在于改变品种品质的结构,从过去说吃得饱,到现在要吃得好吃得安全;再一个要提高稻谷全产业链附加值,不光是种大米和卖大米,甚至还要跟旅游、教育结合起来","种水稻也要有服务业思维"。

在农业供给侧改革的大环境下,应积极推行乡村振兴战略,赋予农业生产及农产品以服务业属性,贴合新时期国民对美好生活的新需求,有效帮助农民增收,有效促进农业发展。

---

① 央视财经评论 | 调减水稻 1000 万亩 种植结构调了,哪些补上来?. https://baijiahao.baidu.com/s?id=1615589250753281291& wfr=spider&for=pc[2018-10-29].

2019 年中国工业行业景气分析与展望

李 享　白 云　王 震　陶 睿　倪浩天　周 浩　姜福鑫
陆凤彬　王 珏

报告摘要：2018 年我国经济运行总体平稳，工业行业运行稳中趋缓。2018 年 12 月，规模以上工业增加值同比增长 5.7%，增速较 11 月加快 0.3 个百分点。2018 年全年规模以上工业增加值同比增长 6.2%，增速较 1~11 月回落 0.1 个百分点。受国际形势复杂多变和国内供给侧结构性改革的共同影响，2018 年 1~11 月工业企业景气状况在"偏冷"状态的浅蓝灯区域运行，表明当前工业企业的整体运行处于稳中趋缓的阶段。2018 年 1~11 月位于绿灯区"正常"状态的有 3 个指标：工业企业利润总额、工业生产者出厂价格指数和工业销售产值出口交货值。受经济结构调整影响，固定资产投资完成额累计增速出现持续下滑趋势，在 2017 年发出"过冷"信号，2018 年第 3 季度企稳并有小幅回升，但在 2018 年 1~11 月整体仍维持在"过冷"状态。规模以上工业增加值从 2018 年 3 月进入"偏冷"状态，但总体平稳。工业企业资产负债率（逆转）在 2018 年持续下降，从绿灯"正常"状态转为蓝灯"过冷"状态。工业企业亏损面（逆转）在 2018 年第 3 季度小幅下降进入浅蓝灯"偏冷"区域。除此之外，工业企业主营业务收入和工业企业应收账款净额在 2018 年都从"偏冷"状态转向并稳定在"正常"状态；工业企业产成品存货（逆转）在 2018 年第 1 季度小幅上升进入"偏热"状态，随后又稳定到绿灯"正常"区域。

展望 2019 年，全球经济增速将继续下滑，国际市场有效需求依然不足。从国内来看，2019 年是我国经济新常态新阶段的关键年，我国经济有望在 2019 年摆脱新常态低迷期，进入高质量发展模式，新业态、新模式快速发展，但仍存在新旧动能转换、结构性改革的诸多问题和困难，因此我国经济增速将会继续放缓。此外，中美贸易摩擦等不确定性因素也给我国工业经济增长带来较大的下行压力。计量模型预测显示，2019 年全年规模以上工业增加值累计同比约为 6.0%，同比增速较 2018 年下降 0.2 个百分点，呈现稳中趋缓的态势。

对于未来工业企业的发展，笔者建议：继续坚持供给侧结构性改革不动摇，依法、依规组织生产，继续去杠杆，加快产业调整转型升级，继续淘汰落后产能，建立防范产能过剩的长效机制，加快企业兼并重组，提高产业集中度和竞争力，保住供给侧改革带来的成果；培育壮大战略性新兴产业，引领经济增长与技术创新，加大对重点技术突破的支持力度，加快先导科技布局，掌握核心关键技术，也要构建产学研用协同创新的新型创新平台，加快技术创新与推广；持续提升传统消费，大力培育新兴消费，同时要挖掘新的消费增长点，不断激发潜在消费，全面优化消费市场，促进消费升级。

一、2018年工业行业经济运行状况分析

2018年我国经济运行总体平稳，工业行业运行稳中趋缓。2018年12月，规模以上工业增加值同比增长5.7%，增速较2018年11月加快0.3个百分点。2018年全年规模以上工业增加值同比增长6.2%，增速较2018年1~11月回落0.1个百分点。

从工业行业大类来看，2018年全年采矿业增加值累计同比增长2.3%，增幅继续扩大，扭转了2016年、2017年连续两年的持续负增长局面；电力、热力、燃气及水生产和供应业累计同比增长9.9%，增速较2017年加快1.8个百分点；而制造业增长6.5%，较2017年同期下降0.7个百分点，面临一定下行压力。特别地，汽车制造业呈现持续大幅下滑态势，2018年全年增速同比增长4.9%，低于2017年7.3个百分点。

具体来看，2018年12月，制造业景气扩张放缓明显，PMI为49.4%，环比回落0.6个百分点，生产指数为50.8%，环比回落1.1个百分点，见图1（a）；新订单指数为49.7%，环比回落0.7个百分点见图1（b），其中，反映外部需求变化的新出口订单指数为46.6%，较上月回落0.4个百分点见图1（b），处于2016年以来的相对低位。这说明在中美贸易摩擦影响下，外需增长需求在逐步放缓。此外，主要原材料购进价格指数和出厂价格指数也分别比上月回落5.5个百分点和3.1个百分点。未来一段时期，外贸环境对进出口的影响将逐渐显现，同时国内冬季限产，制造业增长压力较大。

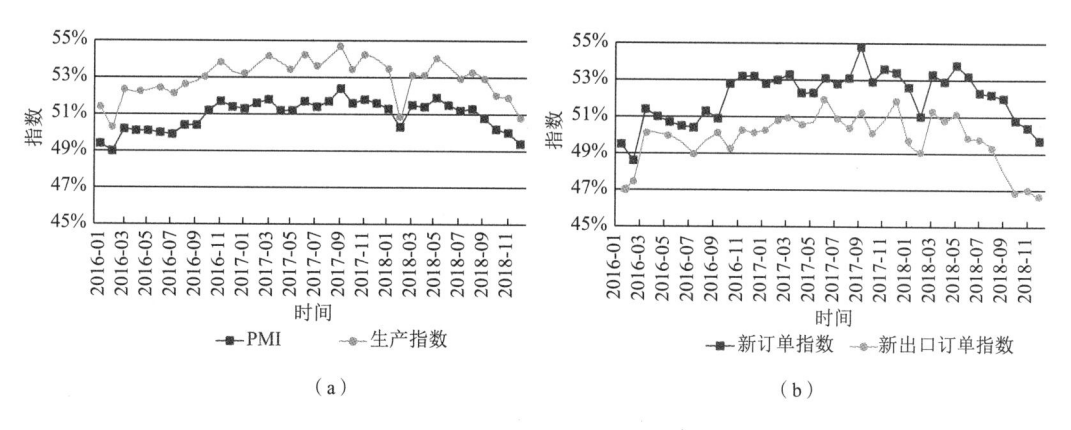

图1 制造业PMI、生产指数、新订单指数及新出口订单指数

资料来源：国家统计局，http://data.stats.gov.cn/easyquery.htm?cn=A01&zb=A0B01&sj=201901

（一）主营业务收入与利润

从工业企业主营业务收入来看，2018年1~11月规模以上工业企业主营业务收入为94.4万亿元，累计同比增长9.1%，较2017年同期增速回落，下降2.3个百分点，工业企业收入增速回落（图2）。受工业产销增速放缓、价格涨幅回落、上年利润基数偏高等因素影响，2018年1~11月规模以上工业企业利润总额累计同比增长11.8%（图3），较

2017年11月累计同比增速21.9%大幅放缓10.1个百分点。但2018年1~11月规模以上工业企业主营业务收入利润率累计值为6.48%，较2017年同期提高0.12个百分点。新增利润主要来源于黑色金属冶炼及压延加工业（以下简称钢铁行业）、非金属矿物制品业（以下简称建材行业）、石油和天然气采选业（以下简称石油行业）、化学原料及化学制品制造业（以下简称化工行业）等上游行业。其中，2018年1~11月，钢铁行业利润增长50.2%，石油行业增长3.3倍，建材行业增长44.2%，化工行业增长19.1%。而汽车制造业、有色金属冶炼及压延加工业（以下简称有色金属行业）等行业出现了同比下降的态势。2018年1~11月汽车制造业利润总额累计同比下降6.0%，汽车制造业下滑态势明显；受2018年有色金属价格走弱的影响，2018年1~11月有色金属行业利润总额累计为11 773亿元，累计同比下降16.9%。

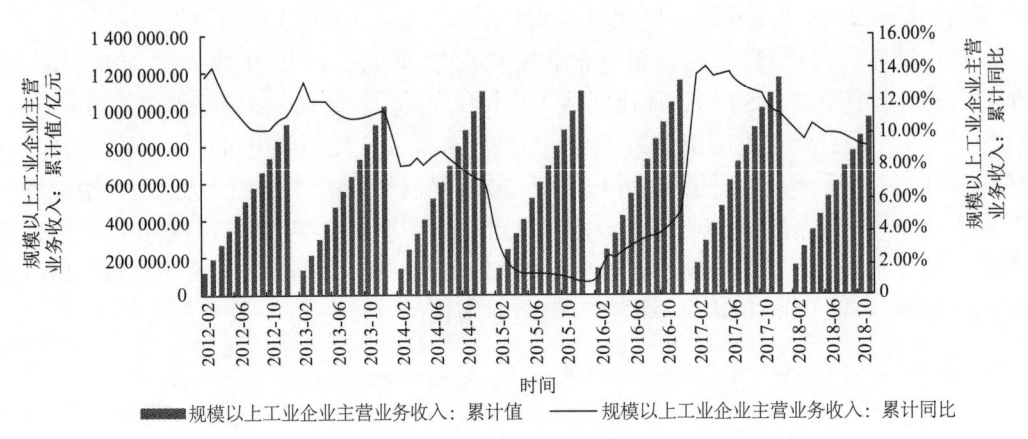

图2 规模以上工业企业主营业务收入及累计同比增幅

资料来源：Wind数据库，http://www.wind.com.cn/

图3 规模以上工业企业利润总额及累计同比增幅

资料来源：Wind数据库，http://www.wind.com.cn/

（二）固定资产投资

受国家促进有效投资、深化供给侧结构性改革等政策因素影响，第二产业固定资产投资完成额同比增速呈现回升态势，但整体仍处于低位。2018年全年第二产业固定资产投资完成额同比增速为6.2%，较2017年同期上涨3个百分点（图4）。

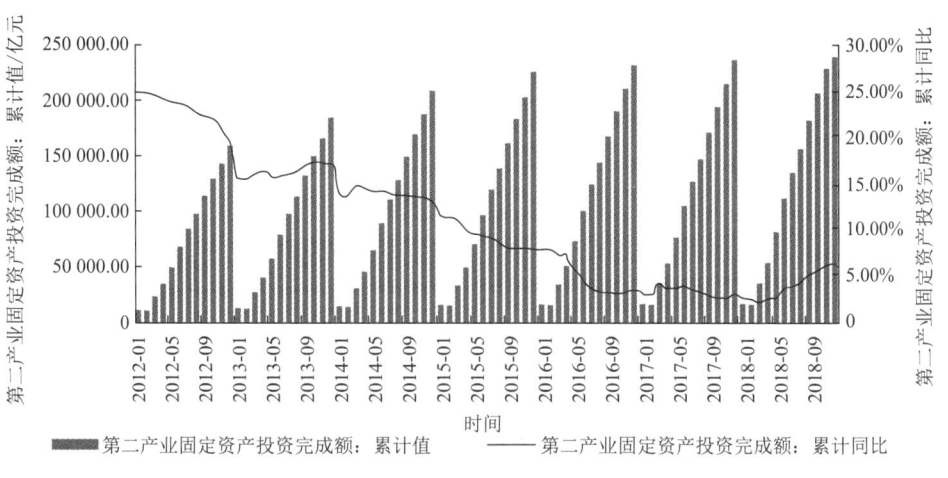

图 4 第二产业固定资产投资完成额及累计同比增幅

资料来源：Wind数据库，http://www.wind.com.cn/

在行业利润大幅增加及技术改造需求加大的带动下，截止到2018年11月，钢铁行业、建材行业、煤炭开采和洗选业（以下简称煤炭行业）固定资产投资完成额累计同比增幅逐步加大，较2017年同期分别增加22.0个百分点、18.7个百分点、18.1个百分点。由于国家降税减费、鼓励技改升级等支持政策推动及投资结构不断优化，投资动力得到增强，化工行业、医药制造业、有色金属行业固定资产投资完成额累计同比与2017年同期相比也出现加快的趋势，分别加快10.4个百分点、6.1个百分点和6.8个百分点。

由于受环保限产政策及煤电行业去产能因素影响，截止到2018年11月，电力、热力的生产和供应业（以下简称电热生产供应业）的固定资产投资完成额与2017年同期比大幅下降13.2个百分点，石油行业的固定资产投资完成额与2017年同期比下降9.9个百分点。受原材料成本提升、环保成本增加及中美贸易摩擦对出口预期的影响，汽车制造业固定资产投资完成额同比增速较2017年同期回落7.1个百分点。计算机、通信和其他电子设备制造业（以下简称电子设备制造业）与纺织服装服饰业固定资产投资完成额较2017年同期分别回落4.2个百分点、7.7个百分点。

（三）工业销售产值出口交货值

2018年全年，我国工业销售产值出口交货值累计同比增速相比于2017年同期处于下跌趋势，2017年11月累计同比增速为11.1%，2018年11月累计同比增速为8.50%。从图5可以看出，受到中美贸易摩擦、去产能和供给侧改革等影响，工业销售产值出口交货值增速变缓。

截止到2018年11月，工业销售产值出口交货值受中美贸易摩擦等影响较大的行业有煤炭行业、石油行业、钢铁行业、建材行业、有色金属行业、纺织服装服饰业、汽车

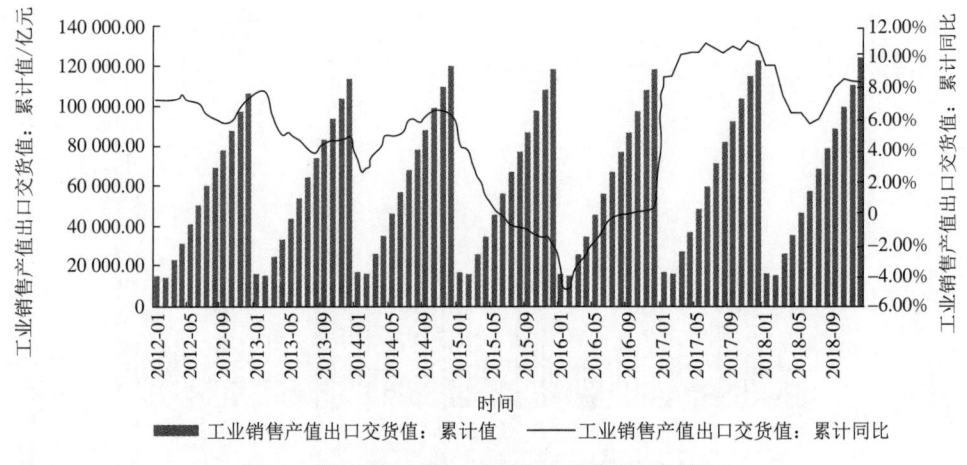

图 5 工业销售产值出口交货值及累计同比增幅

资料来源：Wind 数据库，http://www.wind.com.cn/

制造业和电子设备制造业。煤炭行业 2018 年 11 月工业销售产值出口交货值累计同比为 −37.9%，相比于 2017 年同期 176.3%下降了 214.2 个百分点。2018 年 11 月石油行业的工业销售产值出口交货值累计同比由 2017 年 40.6%下降了 45.5 个百分点到 2018 年的 −4.9%。钢铁行业、建材行业和有色金属行业也都不同程度地受到影响。钢铁行业 2018 年 11 月工业销售产值出口交货值累计同比从 2017 年 11 月的 10.0%下降了 5.6 个百分点到 4.4%。2018 年 11 月建材行业工业销售产值出口交货值累计同比从 2017 年 11 月的 13.7% 下降了 4.1 个百分点到 9.6%。有色金属行业 2018 年 11 月工业销售产值出口交货值累计同比也从 2017 年 11 月的 17.3%下降 10.9 个百分点到 6.4%。2018 年 11 月纺织服装服饰业的工业销售产值出口交货值累计同比由 2017 年 0.7%缓慢下降了 1.9 个百分点到 2018 年的 −1.2%。2018 年 11 月汽车制造业的工业销售产值出口交货值累计同比由 2017 年 19.5%缓慢下降了 14.2 个百分点到 2018 年的 5.3%。2018 年 11 月电子设备制造业的工业销售产值出口交货值累计同比由 2017 年 14.6%缓慢下降了 4.2 个百分点到 2018 年的 10.4%。

截止到 2018 年 11 月，工业销售产值出口交货值受到"一带一路"、国内产品结构升级和新兴市场回暖等影响，医药制造业截止到 2018 年 11 月工业销售产值出口交货值累计同比为 11.6%，相比于 2017 年 11 月的 10.4%，稳中有升上涨了 1.2 个百分点。电热生产供应业整体工业销售产值出口交货值累计同比呈现稳步上升趋势，截止到 2018 年 11 月累计同比为 16.1%，相比于 2017 年同期的−3.8%增加了 19.9 个百分点。

化工行业工业销售产值出口交货值 2017 年到 2018 年 11 月累计同比较为稳定，在 15%左右波动，截止到 2018 年 11 月工业销售产值出口交货值累计同比为 15.2%，和 2017 年同期的 14.5%基本一致。

（四）工业企业产成品存货

截止到 2018 年 11 月，我国工业企业产成品存货金额累计同比为 8.6%，低于 2017

年同期 0.4 个百分点（图 6）。电子设备制造业、化工行业、纺织服装服饰业、电热生产供应业等行业工业企业产成品存货同比维持增长态势，且增速有所加快。截止到 2018 年 11 月，电子设备制造业同比增长 13.1%，高于 2017 年同期 0.6 个百分点；化工行业同比增长 15.1%，相比 2017 年同期加快 7.3 个百分点；纺织服装服饰业同比增长 6.3%，相比 2017 年同期上涨 3.3 个百分点；电热生产供应业同比增长 3.3%，相比 2017 年同期上涨 26.5 个百分点。

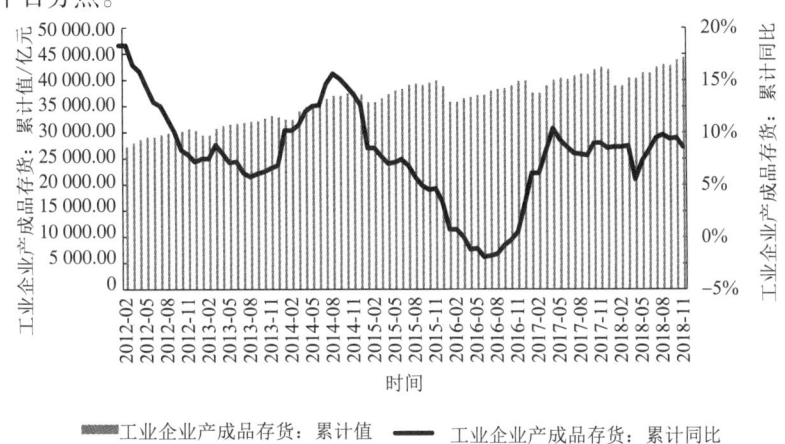

图 6　工业企业产成品存货

资料来源：Wind 数据库，http://www.wind.com.cn/

钢铁行业、有色金属行业、建材行业、汽车制造业、医药制造业等工业企业产成品存货虽然仍然呈现上升趋势，但增速有所放缓。截止到 2018 年 11 月，钢铁行业同比增长 0.4%，相比 2017 年同期下降 8.6 个百分点；有色金属行业同比增长 3.2%，相比 2017 年同期放缓 7.4 个百分点；建材行业同比增长 5.2%，相比 2017 年同期下降 1.4 个百分点；医药制造业和汽车制造业同比增速分别低于 2017 年同期 0.6 个百分点和 11.3 个百分点。

在国家供给侧改革的大背景下，响应国家"去产能"的号召，煤炭行业、石油行业去库存成效初显，工业企业产成品存货呈下降趋势，2018 年 1~11 月累计同比分别下降 5.6%、1.3%。

（五）资产负债率

从工业企业资产和负债的整体增长情况来看，2017 年 1 月~2018 年 11 月，工业企业的负债合计同比要比资产合计同比低 1 个百分点左右（图 7）；从工业企业资产负债率来看，2018 年 11 月，工业企业资产负债率水平为 56.8%（图 8），环比增长 0.1 个百分点，比 2017 年同期增加 1 个百分点；分行业数据来看，大部分行业的资产负债率都在合理区间内稳定波动。因此，我们可以认为 2017 年以来我国实施的去杠杆政策成效明显。得益于国内供给侧结构性改革的推进，2018 年我国工业企业资产负债率总体情况较好。从 2017 年 1 月~2018 年 11 月，资产负债率高于 60%的行业有：煤炭行业、电热生产供应业。其中，煤炭行业资产负债率去杠杆成效明显，从 2016 年 4 月出现 70.23%的历史最高值以来逐渐下降，到 2018 年 10 月降到 65.16%，是 2014 年 5 月以来的最低值。电热生产供应业自 2017 年 1 月以来，资产负债率稳中有降，到 2018 年 11 月，资产负债率为 61.08%，处于历史较低水平。2018 年资产负债率在 50% 以下有：纺织服装服饰业、医药制造业、石油行业。其中，石油行业的资产负债率自 2017 年 11 月的 46.44% 降至 2018 年 11 月的 41.98%，一方面是受去杠杆政策的推动，另一方面得益于国际石油和天然气价格上涨，石油行业盈利能力有所增加；医药制造业和纺织服装服饰业的资产负债率从 2017 年 2 月起就呈稳步上升趋势。而大部分行业，如电子设备制造业、钢铁行业、有色金属行业、建材行业、化工行业、汽车制造业资产负债率都在 50%~60% 的合理区间，企业经营状况较为稳定。

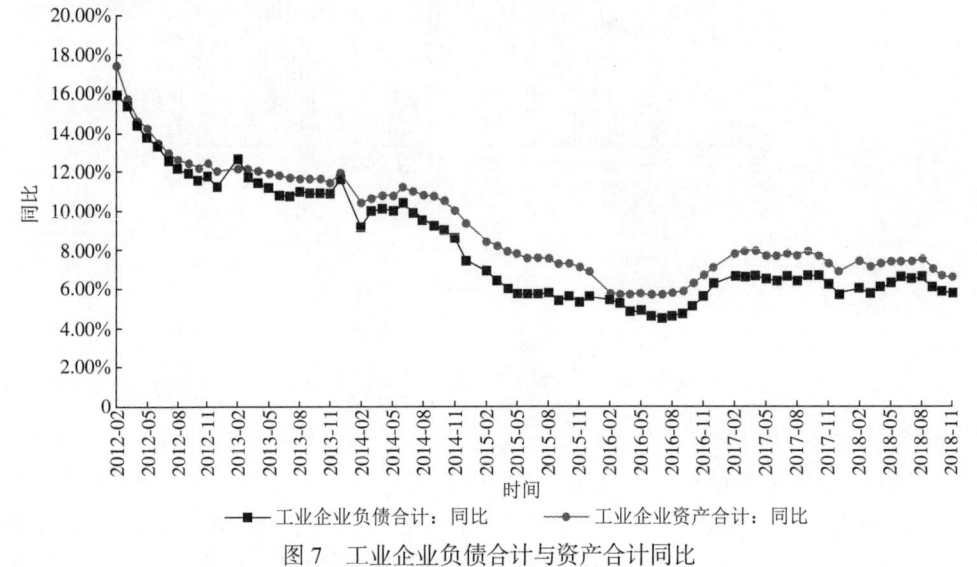

图 7 工业企业负债合计与资产合计同比

资料来源：Wind 数据库，http://www.wind.com.cn/

图 8 工业企业资产负债率

资料来源：Wind 数据库，http://www.wind.com.cn/

二、工业行业综合警情指数与景气信号灯

中国科学院预测科学研究中心构建了反映我国工业行业经济运行状况的综合警情指数和景气信号灯,由规模以上工业增加值、工业企业利润总额、工业企业主营业务收入、工业生产者出厂价格指数、工业销售产值出口交货值、工业企业应收账款净额、工业企业亏损面(逆转)、工业企业资产负债率(逆转)、工业企业产成品存货(逆转)、固定资产投资完成额10个预警指标构成。

工业企业综合警情指数在2016年第3季度从浅蓝灯"偏冷"区域运行至绿灯"正常"区域,并持续至2017年第4季度(图9)。2018年1~11月,受国际形势复杂多变和国内供给侧结构性改革的共同影响,工业企业景气状况在2018年第1季度小幅下降再次进入浅蓝灯"偏冷"区域,并持续至2018年第4季度。表明当前工业企业的整体运行处于稳中趋缓的阶段,但整体运行较为平稳。

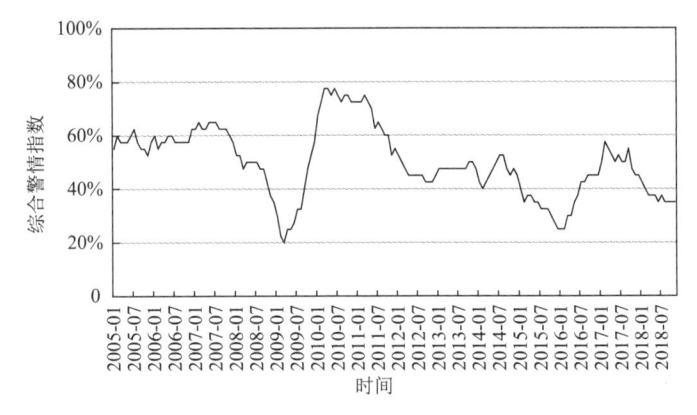

图9 工业企业综合警情指数
[0,20%),过冷;[20%,40%),偏冷;[40%,60%),正常;[60%,80%),偏热;[80%,100%),过热

在构成景气信号灯[●红灯(过热),⊙黄灯(偏热),○绿灯(正常),◎浅蓝灯(偏冷),⊗蓝灯(过冷)]的10个指标中(表1),2018年1~11月位于绿灯区"正常"状态的有3个指标:工业企业利润总额、工业生产者出厂价格指数和工业销售产值出口交货值。受经济结构调整影响,固定资产投资完成额累计增速出现持续下滑趋势,在2017年发出"过冷"信号,2018年第3季度企稳并有小幅回升,但在2018年1~11月维持在"过冷"状态。规模以上工业增加值从2018年3月进入"偏冷"状态,但总体平稳。工业企业资产负债率(逆转)在2018年持续下降,从绿灯"正常"状态转为蓝灯"过冷"状态。工业企业亏损面(逆转)2018年第3季度小幅下降进入浅蓝灯"偏冷"区域。除此之外,工业企业主营业务收入和工业企业应收账款净额在2018年都从"偏冷"状态转向并稳定在"正常"状态;工业企业产成品存货(逆转)在2018年第1季度小幅上升进入"偏热"状态,随后又稳定到绿灯"正常"区域。

表 1 　工业企业景气信号灯

指标名称	2017年12月	2018年1月	2月	3月	4月	5月	6月	7月	8月	9月	10月	11月
1. 规模以上工业增加值	○	○	○	◎	◎	◎	◎	◎	◎	◎	◎	○
2. 工业企业利润总额	○	○	○	○	○	○	○	○	○	○	○	○
3. 工业企业主营业务收入	○	○	○	◎	◎	◎	◎	◎	◎	◎	○	○
4. 工业生产者出厂价格指数	○	○	○	○	○	○	○	○	○	○	○	○
5. 工业销售产值出口交货值	○	○	○	○	○	○	○	○	○	○	○	○
6. 工业企业应收账款净额	◎	○	○	○	○	○	○	○	○	○	○	○
7. 工业企业亏损面（逆转）	⊙	○	○	○	○	○	○	○	○	○	○	○
8. 工业企业资产负债率（逆转）	○	○	○	⊗	⊗	⊗	⊗	○	⊗	⊗	⊗	⊗
9. 工业企业产成品存货（逆转）	○	○	⊙	⊙	⊙	⊙	○	○	○	○	○	○
10. 固定资产投资完成额	⊗	⊗	⊗	⊗	⊗	⊗	⊗	⊗	⊗	⊗	⊗	⊗
综合警情指数	○	○	○	◎	◎	◎	◎	◎	◎	◎	◎	◎
	45	43	40	38	38	38	35	38	35	35	35	35

三、2019年工业行业发展展望与政策建议

（一）2019年规模以上工业增加值增速预测

展望未来，全球经济增速将继续下滑，世界银行在其全球经济展望报告中预计未来全球经济增速将放缓。非金融风险逆向传导、全球贸易争端重心转移、宏观政策被动断档等将减弱全球经济复苏动能。在全球经济放缓的背景下，国际市场有效需求不足。从国内来看，2019年是我国经济新常态新阶段的关键年，我国经济有望在2019年摆脱新常态低迷期，进入高质量发展模式。在经济结构转变和工业技术进步的过程中，新业态、新模式快速发展，存在新旧动能转换、结构性改革的诸多问题和困难，因此伴随结构调整的增速放缓是正常现象并仍会继续。此外，美国加征关税和中美贸易摩擦相关的不确定性也给经济增长带来非常大的下行压力。当前来看，在贸易摩擦影响下，外需的影响程度正逐步加大，对工业品的出口影响将逐渐显现，外部环境受到前所未有的挑战，这对工业生产增速将有所抑制。计量模型预测显示，2019年全年规模以上工业增加值累计同比为6.0%，同比增速较2018年下降0.2个百分点，呈现稳中趋缓的态势。

（二）未来工业企业发展政策建议

1. 坚持供给侧结构性改革不动摇，提高产业集中度和竞争力

在国家大力推进供给侧结构性改革的大背景下，煤炭、钢铁、水泥、化工、造纸等

传统行业景气度持续提升，供给侧改革实施的成效已经显现。未来应继续坚持供给侧结构性改革不动摇，依法、依规组织生产，继续去杠杆，加快产业调整转型升级，继续淘汰落后产能，建立防范产能过剩的长效机制，加快企业兼并重组，提高产业集中度和竞争力，保住供给侧改革带来的成果。

2. 培育壮大战略性新兴产业，引领经济增长与技术创新

大力发展新兴产业已成为各个国家寻找新的增长点、培育竞争新优势的战略选择。2008~2017年，我国战略性新兴产业增长平均每年带动GDP增速超过1个百分点，增长贡献度接近20%，有力支撑了我国经济高质量发展。根据《"十三五"国家战略性新兴产业发展规划》，到2020年，我国战略性新兴产业增加值占GDP比重将达到15%，产业规模将快速壮大，大批新增长热点蓬勃涌现，为稳增长、调结构、促转型发挥了重要作用，成为拉动经济增长的新动能。未来应加快自主创新体系建设，形成可持续的创新合力，既要加大对重点技术突破的支持力度，加快先导科技布局，掌握核心关键技术，也要构建产学研用协同创新的新型创新平台，加快技术创新与推广。

3. 全面优化消费市场，促进消费升级

近年来居民收入增长和社会就业情况维持在较好水平，居民收入增长较快，居民消费得以持续加快增长。同时供给侧结构性改革和促进消费一系列利好政策的积极效应进一步显现，居民消费潜力进一步释放，消费保持平稳较快增长，这对我国经济社会发展产生积极影响和贡献。未来应切实满足基本消费，持续提升传统消费，大力培育新兴消费，同时要挖掘新的消费增长点，不断激发潜在消费。此外，应不断深化收入分配制度改革，完善有利于提高居民消费能力的收入分配制度，增加低收入群体的收入，扩大中等收入群体，这样才能为扩大消费提供根本动力。

2019 年中国房地产市场预测与政策展望[①]

董纪昌　李秀婷　董　志　尹利君　梁　睿　李盛国

报告摘要： 2018 年以来房地产调控政策更加强调"因城施策、分类调控"，以期在"稳增长"和"控风险"中寻求动态平衡，实现对需求的合理引导和地区间的结构性平衡。2018 年全国房地产市场呈现出"两平稳、三回落、四加快"的特征。商品房销售额和商品房待售面积增速基本平稳，商品房销售面积、房地产企业资金来源、土地购置均价增速出现回落，房地产开发投资、商品房新开工面积、土地购置面积和商品房平均销售价格增速有所提升。2018 年 1~12 月房地产市场之所以呈现上述特征，原因如下：部分二线城市放宽落户门槛限制，变相放松了限购，推升了购房需求；热点城市和一线城市继续保持严格的限购、限贷、限售等政策，坚持降杠杆和去泡沫；三线、四线城市受 PSL（pledged supplementary lending，抵押补充贷款）投放量大幅上升、棚改货币化安置大力快速推进的影响，房地产市场发展趋于高位平稳。

2019 年我国房地产市场走势主要受以下几个方面的影响：宏观经济运行面临内外压力，稳增长、防风险将会是 2019 年经济工作的重点；房地产市场信贷政策以稳为主，个人购房贷款余额增速将维持在当前的水平；地方政府土地供给仍将保持稳定，土地市场会更加趋于理性；房地产企业仍将面临融资难等多重压力，开发资金增速仍将处于低速增长态势，房地产开发投资与新开工面积将保持中低速增长；三线、四线城市市场需求将趋于稳定，房地产市场价格预期将保持稳定；房地产市场调控政策将保持稳定。

2018 年我国房地产政策调控继续保持从紧态势，一方面，坚决抑制房价过快上涨；另一方面，着重调整市场供给结构，房地产市场调控取得了显著成效。预计 2019 年我国房地产调控政策将呈现如下特征：坚持从紧的房地产市场调控政策，强化"因城施策"，优化供给结构；加强对金融机构与地方政府的监测，注重防范与化解金融风险；大力发展住房租赁市场，加快建立市场长效机制。

预计 2019 年房地产开发投资完成额约 127 720 亿元，同比增长约 6.2%，增幅较 2018 年下降约 3.3 个百分点；全国商品房销售面积约为 173 199 万平方米，同比增长约 0.9%，增速较 2018 年略有下降；全国商品房销售额约 161 521 亿元，同比增长约 7.7%，较 2018 年下降约 4.5 个百分点；房屋新开工面积约 230 067 万平方米，较 2018 年同比增长约 9.9%，增幅较 2018 年下降约 7.3 个百分点；全国商品房平均销售价格约为 9326 元/米^2，同比增长 6.7%，增幅较 2018 年下降约 4 个百分点。

[①] 本报告得到国家自然科学基金（项目编号：71573244，71532013，71202115）、中国科学院青年创新促进会优秀会员项目的资助。

一、2018 年房地产市场回顾

2018 年 1~12 月，全国房地产市场呈现出"两平稳、三回落、四加快"的特征。具体而言，商品房销售额和商品房待售面积增速基本平稳。2018 年初开始，部分二线城市放宽落户门槛限制，实际上变相放松了限购，推升了购房需求，三线、四线城市受 PSL 投放量大幅上升、棚改货币化安置大力快速推进的影响，商品房销售情况良好，但随之而来的是调控政策的继续收紧与市场乱象专项整治行动的开始，商品房销售额和待售面积增速开始回落。受部分城市限购、限贷、限售等政策，以及融资收紧、整体降杠杆的影响，商品房销售面积、房地产企业资金来源、土地购置均价增速均出现回落。自 2017 年底以来大量房地产企业补库存意愿强烈，部分房地产企业在三线、四线城市与中西部地区购置土地，但房地产开发企业普遍资金来源紧张，另外，棚户区改造在 2018 年的前 10 个月就已完成全年 580 万套目标的 99%。受上述因素影响，房地产开发投资、商品房新开工面积、土地购置面积和商品房平均销售价格增速均有所提升。

（一）房地产开发投资

1. 房地产开发投资保持稳定增长，增速小幅提高

2018 年房地产开发投资小幅波动，房地产累计开发投资完成额同比增速在 1~3 月有所提高，4~6 月一直处于下降趋势，7 月小幅提高，7 月之后一直在下降。2018 年 1~12 月全国房地产累计开发投资完成额达到 120 264.00 亿元，比 2017 年同期增长 9.50%，增速上涨 2.50 个百分点，其中用于住宅的累计投资为 85 192.00 亿元，比 2017 年同期增长 13.40%，增速上涨 4.00 个百分点。

如图 1 所示，2018 年房地产累计开发投资完成额和住宅累计开发投资完成额保持小

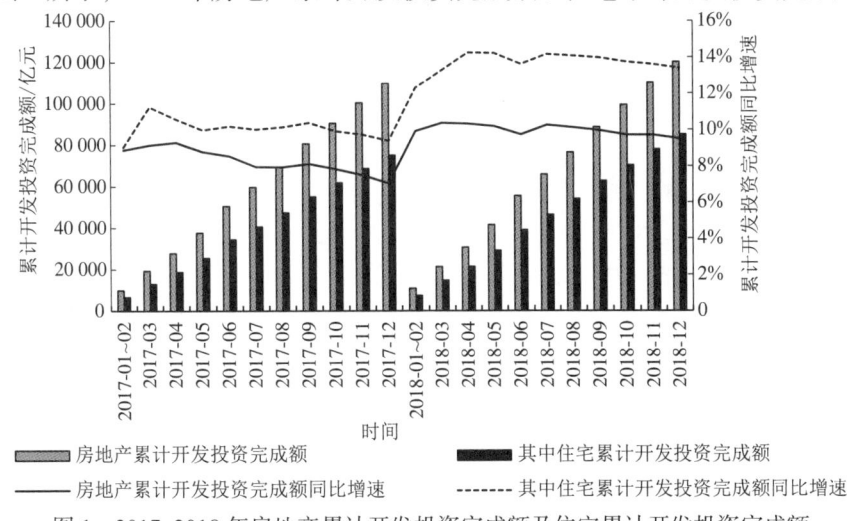

图 1　2017~2018 年房地产累计开发投资完成额及住宅累计开发投资完成额

资料来源：Wind 数据库

幅增长态势，房地产累计开发投资完成额同比增速总体呈下滑趋势，其中住宅累计开发投资完成额同比增速总体呈下降趋势，但波动幅度较小，主要源于一线、二线城市房地产市场发展受到抑制，一线城市调控政策保持高压态势，房地产企业对市场预期及政策走势保持悲观态度，开发投资下降，但三线、四线城市房价上升较大，棚改有序进行，去库存进展顺利，房地产开发企业购置土地和开工意愿强烈。

2018年1~12月，东部地区房地产开发投资完成额为64 355.00亿元，中部地区房地产开发投资完成额为25 180.00亿元，西部地区房地产开发投资完成额为26 009.00亿元，表1反映了2010~2018年的累计房地产开发投资完成额变化情况，2018年中部地区的房地产开发投资完成额占比较前一年有所增加，东部地区的房地产开发投资完成额占比基本保持平稳，西部地区的房地产开发投资完成额占比较2017年有所下降。这主要是由于重点城市多集中于东部和中部地区，并且西部地区市场的投资，以及三线、四线城市房地产市场自2018年以来依旧保持高位平稳发展。

表1 2010~2018年各地区房地产开发投资情况

年份	房地产开发投资完成额/亿元			房地产开发投资完成额占比		
	东部	中部	西部	东部	中部	西部
2010	28 009.07	10 516.65	9 741.35	58.03%	21.79%	20.18%
2011	35 606.66	13 197.33	12 935.79	57.67%	21.38%	20.95%
2012	40 541.36	15 762.82	15 499.61	56.46%	21.95%	21.59%
2013	47 971.53	19 044.80	18 997.05	55.77%	22.14%	22.09%
2014	52 940.55	20 662.29	21 432.78	55.71%	21.74%	22.55%
2015	53 231.29	21 038.12	21 709.43	55.46%	21.92%	22.62%
2016	56 233.43	23 286.01	23 061.17	55.27%	22.30%	22.43%
2017	58 022.55	23 884.01	23 876.57	55.79%	21.39%	22.82%
2018	64 355.00	25 180.00	26 009.00	55.70%	21.79%	22.51%

资料来源：Wind 数据库

注：西部地区包括四川、重庆、贵州、云南、西藏、陕西、甘肃、青海、宁夏、新疆、广西、内蒙古12个省区市；中部地区包括山西、安徽、江西、河南、湖北、湖南8个省；东部地区包括北京、天津、河北、上海、江苏、浙江、福建、山东、广东和海南11个省市

如表2所示，2018年1~12月住宅类型的房地产开发投资小幅波动，1~8月累计同比增速保持在14.00%左右，9月开始有所下降，10月累计同比增速全年最低，为12.30%，11月和12月的累计同比增速保持在13.50%左右；办公楼的投资累计同比增速波动幅度较大，其中1~5月、6~9月持续上升，从年初的-12.00%上升至9月的-0.10%，但11月迅速降至-12.00%，12月也仅为-11.30%；商业营业用房的投资累计同比增速前7个月在-9.00%的上下小幅波动，8~10月有所上升，10月达到全年最高的-4.80%，11月和12月的累计同比增速仅为-9.40%。2018年住宅市场出现分化情况，一线、二线城市住宅市场处于调控高压态势之下，三线、四线城市住宅市场需求较为旺盛，住宅投资增速持续提高。相较于住宅市场，办公楼和商业营业用房的开发投资情况较为惨淡。

表2 2018年1~12月各类型商品房开发投资情况

时间	开发投资总额/亿元			开发投资累计同比增速		
	住宅	办公楼	商业营业用房	住宅	办公楼	商业营业用房
2018-01~02	7379.38	652.52	1444.60	13.70%	-12.00%	-9.20%
2018-03	7325.21	539.99	1298.36	14.00%	-11.40%	-9.10%

续表

时间	开发投资总额/亿元			开发投资累计同比增速		
	住宅	办公楼	商业营业用房	住宅	办公楼	商业营业用房
2018-04	6626.78	453.81	1150.46	14.10%	−10.40%	−8.50%
2018-05	7705.91	538.75	1256.21	14.20%	−9.90%	−8.90%
2018-06	9952.66	648.83	1704.67	13.60%	−10.30%	−9.70%
2018-07	7453.10	505.75	1191.12	14.20%	−7.80%	−9.30%
2018-08	7671.40	498.13	1284.15	14.20%	−5.10%	−7.80%
2018-09	8691.90	571.62	1320.28	13.30%	−0.10%	−6.50%
2018-10	7563.58	502.09	1236.43	12.30%	−0.20%	−4.80%
2018-11	7656.80	511.06	1179.79	13.60%	−12.00%	−9.40%
2018-12	7165.28	573.45	1110.93	13.40%	−11.30%	−9.40%

资料来源：Wind 数据库

2. 房地产开发自筹资金和其他资金增速提高，国内贷款增速下滑

2018 年房地产企业开发资金共 165 963.00 亿元，其中，国内贷款 24 005.00 亿元，占总资金的 14.46%，累计同比增速−4.90%；利用外资 108.00 亿元，占总资金的 0.07%，累计同比增速−35.80%；自筹资金 55 831.00 亿元，占总资金的 33.64%，累计同比增速 9.70%；包括单位自有资金、定金及预收款等在内的其他资金 86 019.00 亿元，占总资金的 51.83%，累计同比增速 7.83%。房地产企业开发资金不同来源占比具体情况如图 2 所示，同 2017 年同期相比较，在占比方面，自筹资金和其他资金有所上升，国内贷款下降近 2 个百分点，利用外资下降 0.04 个百分点；在累计同比增速方面，国内贷款和利用外资均出现明显下降，但利用外资的下降幅度巨大，自筹资金和其他资金明显提高。

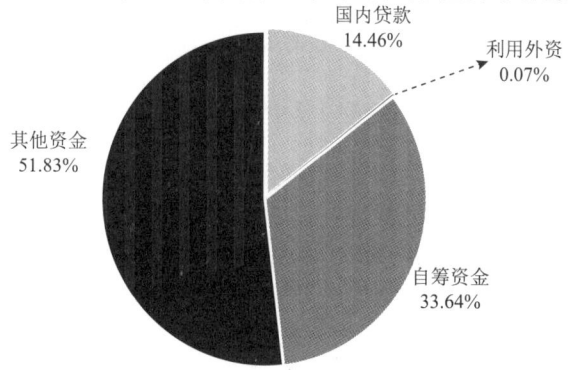

图 2 2018 年房地产企业开发资金来源

资料来源：Wind 数据库

如表 3 和表 4 所示，从房地产企业开发投资的各项资金来源看，总投资增速加快主要是因为自筹资金和其他资金来源的上涨。房地产信贷端口监管持续偏紧，政府重点防范房地产领域金融风险，导致国内贷款累计同比增速下降明显。2018 年商品房新开工面积增速上升，房地产企业收到的预付款增长，使得房地产企业开发资金来源结构中其他资金的占比提高。总体来看，房地产企业开发投资的资金来源保持稳定，但资金来源结构有所改变。

表 3 2018 年 1~12 月房地产企业累计开发资金主要来源情况（单位：亿元）

时间	总投资	国内贷款	利用外资	自筹资金	其他资金
2018-01~02	23 988.02	5 001.43	12.19	7 389.98	11 584.42
2018-03	36 770.01	6 957.32	15.98	11 448.78	18 347.93

续表

时间	总投资	国内贷款	利用外资	自筹资金	其他资金
2018-04	48 191.87	8 637.47	16.61	14 894.12	24 643.67
2018-05	62 003.24	10 200.85	21.39	19 472.93	32 308.07
2018-06	79 287.35	12 291.85	28.11	25 541.12	41 426.27
2018-07	93 307.55	14 044.98	33.41	30 187.42	49 041.74
2018-08	106 682.37	15 782.63	35.39	34 959.45	55 904.91
2018-09	121 882.17	18 041.19	43.49	40 595.81	63 201.68
2018-10	135 636.25	19 726.67	80.47	45 512.36	70 316.75
2018-11	150 076.84	21 807.49	102.33	50 618.71	77 548.31
2018-12	165 963.00	24 005.00	108.00	55 831.00	86 019.00

资料来源：Wind 数据库

表 4　2018 年 1~12 月房地产企业开发资金主要来源累计同比增速

时间	总投资	国内贷款	利用外资	自筹资金	其他资金
2018-01~02	4.80%	0.30%	−74.80%	7.20%	5.79%
2018-03	3.10%	0.90%	−78.40%	5.10%	3.04%
2018-04	2.10%	−1.60%	−77.60%	4.80%	2.02%
2018-05	5.10%	−2.80%	−76.20%	8.10%	6.30%
2018-06	4.60%	−7.90%	−73.10%	9.70%	6.13%
2018-07	6.40%	−6.90%	−70.10%	10.40%	8.70%
2018-08	6.90%	−6.60%	−68.30%	11.20%	8.87%
2018-09	7.80%	−5.10%	−61.70%	11.40%	9.86%
2018-10	7.70%	−5.20%	−35.60%	10.80%	9.99%
2018-11	7.60%	−3.70%	−30.40%	10.00%	9.68%
2018-12	6.40%	−4.90%	−35.80%	9.70%	7.83%

资料来源：Wind 数据库

（二）房地产供需情况

1. 土地购置快速增长，同比增速呈上升趋势

如图 3 所示，2018 年 1~12 月，全国房地产企业累计土地购置面积达 29 142.00 万平方米，同比增速为 14.20%，较 2017 年同期下降 1.61 个百分点。2018 年累计土地购置面积同比增速整体呈现上升趋势，4 月同比增速为−2.10%，9 月同比增速达到 15.74%，涨幅达 17.84

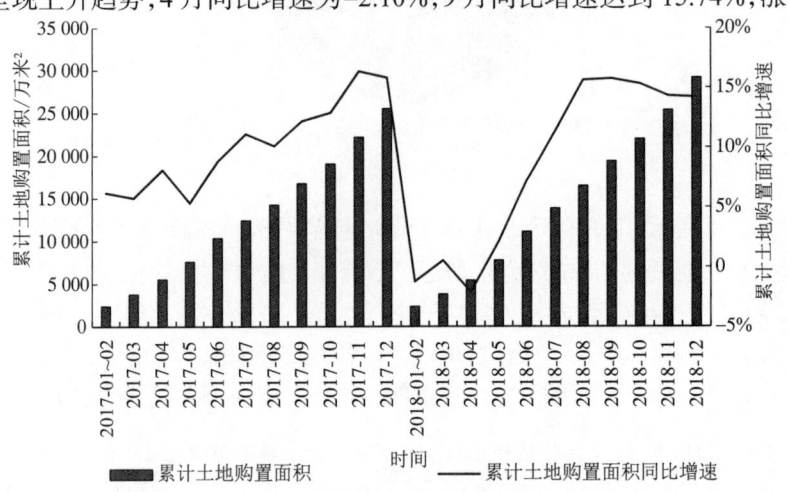

图 3　2017~2018 年累计土地购置面积及同比增速

资料来源：Wind 数据库

个百分点，主要是因为 2018 年各地政府继续因城因地制宜、精准施策，一线、二线城市土地供应继续加强调控，三线、四线城市土地供应力度不断加大，与此同时，不论是一线、二线城市还是三线、四线城市土地市场均逐渐趋向于理性。

表 5 反映了 2018 年 1~11 月我国东部、中部、西部和东北部地区的累计土地购置面积及同比增速情况。截至 2018 年 11 月，东部地区累计土地购置面积达 11 479.78 万平方米，并且同比增速在 2018 年前 9 个月一直处于提高的态势，从 2018 年 1~2 月的-11.80%增加至 2018 年 9 月的 22.70%，10 月与 11 月同比增速均有所下降，分别为 20.40%和 19.20%。中部地区 2018 年 11 月累计土地购置面积为 6198.97 万平方米，前 5 个月中部地区累计土地购置面积同比增速一直处于下降趋势，累计土地购置面积同比增速在 2018 年 5 月降至-14.50%，自 6 月开始，累计土地购置面积同比增速有所提高，2018 年 11 月达到-2.50%。西部地区 2018 年前 11 个月累计土地购置面积达到 5953.46 万平方米，2018 年 4~10 月，累计土地购置面积同比增速整体处于增长态势，10 月累计土地购置面积同比增速达 25.40%，11 月累计土地购置面积同比增速有所下降，为 21.40%。2018 年 11 月，东北部地区累计土地购置面积为 1693.41 万平方米，累计土地购置面积同比增速达到 33.60%，前 5 个月累计土地购置面积同比增速一直处于大幅波动状态，从 6 月开始，累计土地购置面积同比增速一直在 30%上下波动。总体来看，东部地区累计土地购置面积同比增速整体呈上升趋势，中部地区、西部地区和东北部地区累计土地购置面积同比增速前 5 个月一直处于大幅波动中，自 2018 年 6 月开始整体处于上升趋势。

表 5　2018 年 1~11 月房地产累计土地购置情况表

时间	累计土地购置面积/万米²				累计土地购置面积同比增速			
	东部	中部	西部	东北部	东部	中部	西部	东北部
2018-01~02	914.10	849.94	495.45	85.07	−11.80%	24.00%	−10.50%	−12.90%
2018-03	1 716.75	1 108.91	791.42	184.99	1.20%	−3.90%	4.70%	4.50%
2018-04	2 516.47	1 556.46	1 099.30	239.33	9.10%	−10.00%	−4.40%	−29.70%
2018-05	3 581.87	2 031.16	1 614.89	513.84	10.90%	−14.50%	7.50%	9.30%
2018-06	4 969.00	2 881.11	2 470.11	764.90	11.00%	−9.50%	17.90%	30.70%
2018-07	6 089.62	3 710.77	2 989.95	1 027.28	15.00%	−2.80%	15.80%	44.20%
2018-08	7 264.10	4 285.56	3 690.03	1 211.60	22.10%	−1.80%	21.70%	36.90%
2018-09	8 588.22	5 022.26	4 412.88	1 342.83	22.70%	−1.00%	22.40%	27.50%
2018-10	9 609.92	5 580.51	5 247.37	1 524.77	20.40%	−2.50%	25.40%	31.60%
2018-11	11 479.78	6 198.97	5 953.46	1 693.41	19.20%	−2.50%	21.40%	33.60%

资料来源：Wind 数据库

注：东部地区包括北京、天津、河北、上海、江苏、浙江、福建、山东、广东、海南 10 个省市；中部地区包括山西、安徽、江西、河南、湖北、湖南 6 个省；西部地区包括内蒙古、广西、重庆、四川、贵州、云南、西藏、陕西、甘肃、青海、宁夏、新疆 12 个省区市；东北部地区包括辽宁、吉林、黑龙江 3 个省

2. 房屋累计新开工面积增速提高，竣工面积增速下降明显

2018 年 1~12 月，我国房屋累计新开工面积同比增速有所加快，尤其是住宅累计新开工面积增速处于上升趋势。但我国房地产开发投资建设有所放缓，与 2017 年同期相比，房屋累计竣工面积同比增速呈现明显下降态势。伴随着我国去库存政策的实施，商品房累计待售面积不断减少，我国房地产降温工作取得一定成效。同时各地政府"因城施策"，出台一系列收紧房地产市场政策，持续完善调控政策，市场预期有所转变，房价上涨预期发生变化，受市场观望情绪继续发酵及房地产企业加大力度倾销等因素共同影响，房

地产开发商施工建设的速度明显放缓。

如图 4 所示，2018 年 1~12 月，我国房屋累计新开工面积为 209 342.00 万平方米，房屋累计新开工面积同比增速为 17.20%，同比增速提高 10.2 个百分点，其中住宅累计新开工面积为 153 353.00 万平方米，住宅累计新开工面积同比增速为 19.70%，同比增速提高 9.2 个百分点。2017 年底开始，大量房地产企业补库存意愿强烈，土地市场趋于理性，国有房地产企业在三线、四线城市与中西部地区购置大量土地，使得 2018 年以来房屋累计新开工面积增速大幅提高。

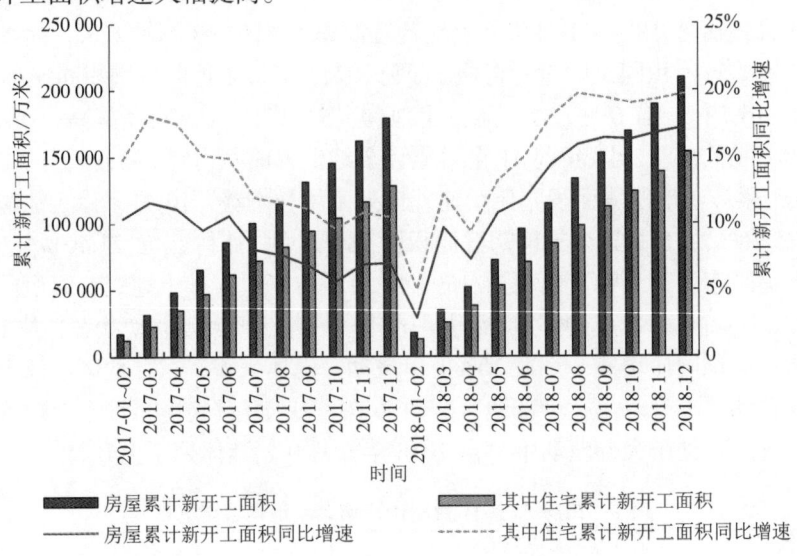

图 4　2017~2018 年房屋累计新开工面积及同比增速

资料来源：Wind 数据库

如图 5 所示，2018 年 1~12 月，我国房屋累计竣工面积为 93 550.00 万平方米，房屋累计竣工面积同比增速为-7.80%，同比增速下降 3.4 个百分点。2018 年 1~12 月，房屋

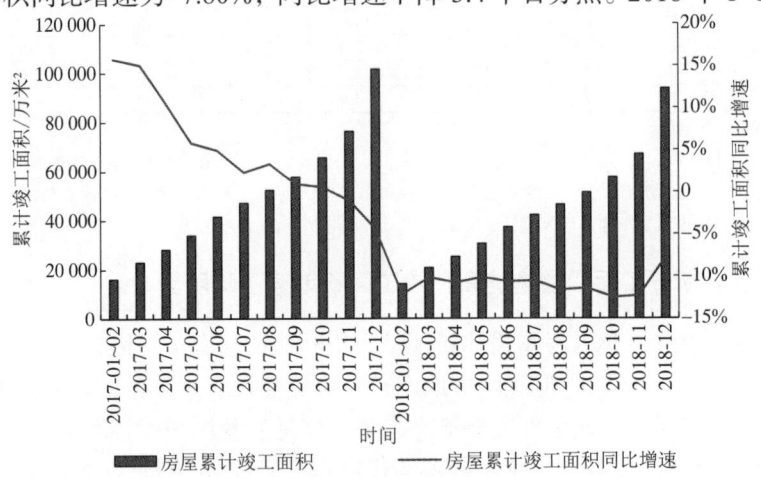

图 5　2017~2018 年房屋累计竣工面积及同比增速

资料来源：Wind 数据库

累计竣工面积同比增速一直为负值,1~11月房屋累计竣工面积同比增速在-11%上下小幅波动,12月提高至-7.80%。随着一系列收紧房地产市场政策的出台,房地产企业资金紧张,人们对房地产市场的预期也在不断下降,大部分房地产开发商施工建设的速度明显放缓,房屋累计竣工面积同比增速整体呈下降趋势。

如图6所示,2018年1~12月商品房累计待售面积及住宅累计待售面积一直呈下降趋势,同比增速均为负值但呈现不断上升趋势。截至2018年12月,商品房累计待售面积和住宅累计待售面积分别为52 414.00万平方米和25 091.00万平方米,同比增速分别为-11.00%和-16.80%,与2017年同期增速相比有小幅提高。2018年以来,三线、四线城市房地产市场去库存情况较好,全国商品房库存水平降幅明显,住宅库存已经处于相对较低的水平。

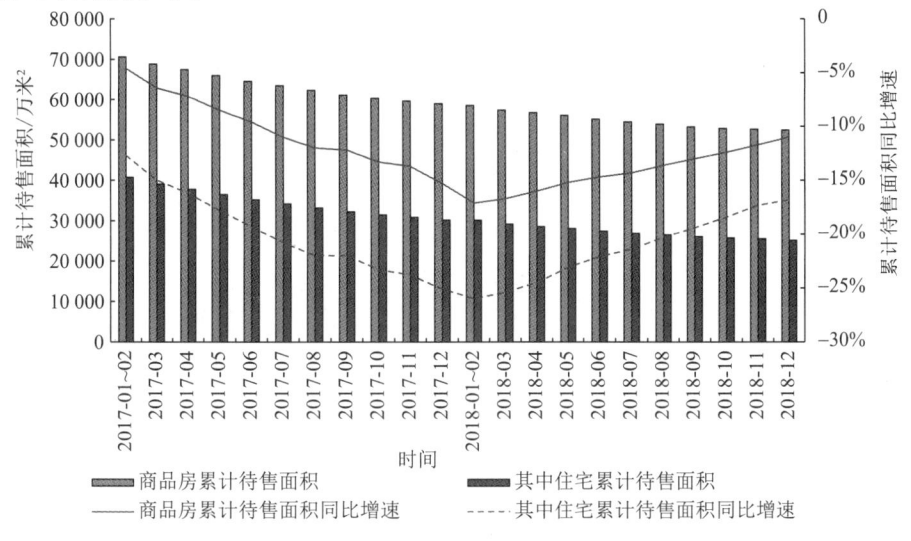

图6 2017~2018年商品房累计待售面积及同比增速

资料来源:Wind数据库

3. 商品房销售额平稳增长,销售面积同比增速有所回落

如图7所示,2018年1~12月,商品房累计销售面积为171 654.00万平方米,同比增速为1.30%,下降6.4个百分点,其中住宅累计销售面积为147 929.00万平方米,同比增速为2.20%,下降3.1个百分点。整体来看,2018年以来商品房及住宅累计销售面积增速不断放缓,这主要源于政府不断加大调控力度,坚持以"四限"(限购、限贷、限价、限售)为核心的紧缩调控政策。但在"因城施策"大背景下,销售结构性分化严重,近期一部分热点二线城市得益于"抢人大战",加速落户及小范围预售放开,销售面积同比增速有所回升。

如表6所示,分区域来看,截至2018年12月,我国东部、中部、西部和东北部地区商品房累计销售面积分别为67 641.00万平方米、50 695.00万平方米、45 396.00万平方米、7922.00万平方米,同比增速分别为-5.00%、6.80%、6.90%和-4.40%,分别下降7.9个百分点、6个百分点、3.8个百分点、11.4个百分点。2018年1~12月,我国东部、

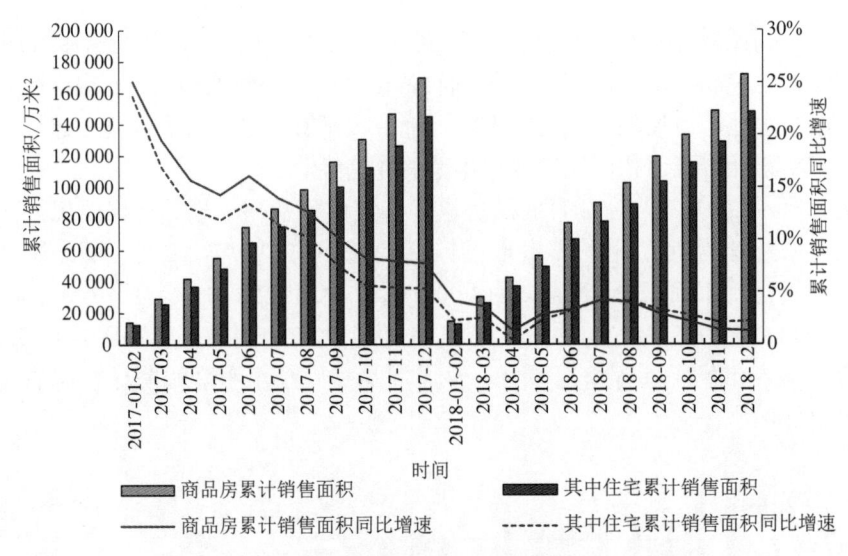

图 7 2017~2018 年商品房累计销售面积及同比增速

资料来源：Wind 数据库

中部、西部和东北部地区商品房累计销售面积增长放缓，东部地区商品房累计销售面积同比增速一直为负值，小幅波动，整体保持平稳，中部地区和西部地区商品房累计销售面积同比增速整体来看有所下滑，东北部地区商品房累计销售面积同比增速整体处于下降趋势且下降幅度较大，从 1~2 月的 15.20%下降至 12 月的–4.40%，这也表明了"因城施策"效果明显，各地区商品房限售政策均取得一定成效。

表 6 2018 年 1~12 月商品房累计销售面积情况表

时间	商品房累计销售面积/万米²				商品房累计销售面积同比增速			
	东部	中部	西部	东北部	东部	中部	西部	东北部
2018-01~02	6 021.68	3 922.65	4 272.49	415.81	−5.50%	10.70%	13.00%	15.20%
2018-03	12 491.37	8 263.81	8 376.00	957.22	−7.30%	14.60%	12.00%	8.50%
2018-04	17 441.55	11 556.16	11 595.96	1 598.38	−9.40%	13.10%	9.30%	2.10%
2018-05	23 375.20	15 402.47	15 214.80	2 416.63	−6.70%	13.30%	9.90%	3.30%
2018-06	31 595.96	21 588.21	20 620.97	3 338.15	−5.40%	12.80%	10.00%	−1.10%
2018-07	36 858.69	25 130.95	23 937.63	4 062.27	−3.80%	12.70%	10.50%	−2.48%
2018-08	41 799.27	28 646.05	27 240.01	4 788.20	−3.60%	12.10%	10.40%	−3.20%
2018-09	48 462.37	33 634.42	31 557.23	5 658.76	−4.30%	10.20%	8.90%	−3.50%
2018-10	53 545.00	37 733.00	35 429.95	6 409.14	−4.70%	8.70%	8.60%	−4.70%
2018-11	59 142.41	42 577.27	39 731.79	7 152.46	−5.10%	7.90%	6.60%	−4.40%
2018-12	67 641.00	50 695.00	45 396.00	7 922.00	−5.00%	6.80%	6.90%	−4.40%

资料来源：Wind 数据库

2018 年 1~12 月，我国商品房和住宅累计销售额呈平稳上升趋势。相比 2017 年 12 月，2018 年 12 月商品房累计销售额同比增速小幅下降，住宅累计销售额同比增速有所上升。截至 2018 年 12 月，我国商品房累计销售额为 149 973.00 亿元，商品房累计销售额同比增速为 12.20%，下降 1.5 个百分点，其中住宅累计销售额为 126 393.00 亿元，住宅累计销售额同比增速为 14.70%，提高 3.4 个百分点，具体如图 8 所示。商品房累计销售额与累计销售面积的变动趋势大体相同，但相比之下，累计销售额下降幅度较小，在一定程度上反映出商品房价格依然处于上行态势。

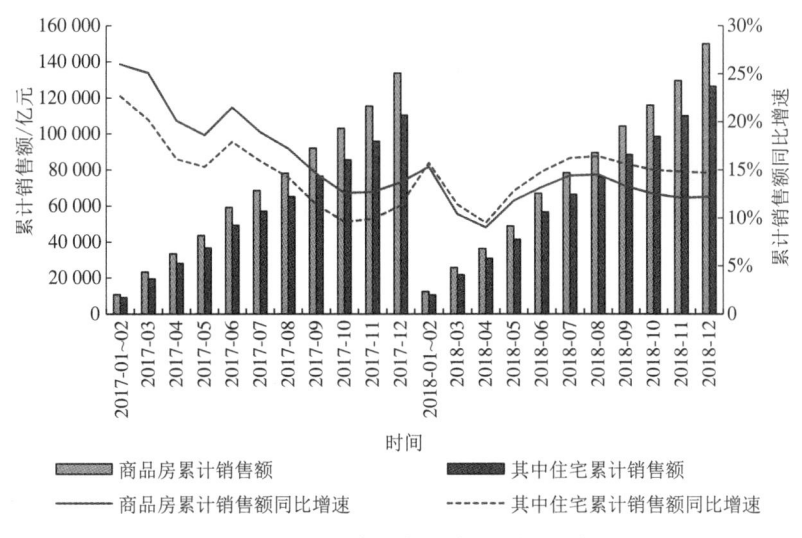

图 8　2017~2018 年商品房累计销售额及同比增速

资料来源：Wind 数据库

2018 年 1~12 月，我国东部、中部、西部和东北部地区商品房累计销售额平稳上升，中部和西部地区累计销售额同比增速小幅波动且有所下降，东部地区累计销售额同比增速波动幅度较小且基本保持平稳，东北部地区累计销售额同比增速下降明显。如表 7 所示，截至 2018 年 12 月，东部、中部、西部和东北部地区商品房累计销售额分别为 79 258.00 亿元、33 848.00 亿元、31 127.00 亿元和 5740.00 亿元，商品房累计销售额同比增速分别为 6.50%、18.10%、23.40% 和 7.00%，东部地区商品房累计销售额同比增速较 2017 年同期下降 0.2 个百分点，中部地区商品房累计销售额同比增速较 2017 年同期下降 6 个百分点，西部地区商品房累计销售额同比增速较 2017 年同期下降 2.5 个百分点，东北部地区商品房累计销售额同比增速较 2017 年同期下降 14.8 个百分点。出现上述情况主要因为东部地区经济较发达，一线、二线城市在东部地区较为集中，东部地区的房地产调控政策也相对较为严格，中部、西部地区三线、四线城市较为集中，三线、四线城市在 2018 年以来一直处于去库存阶段，东北部城市也是受到房地产调控政策影响，同比增速出现大幅下降。

表 7　2018 年 1~12 月商品房累计销售额情况表

时间	商品房累计销售额/亿元				商品房累计销售额同比增速			
	东部	中部	西部	东北部	东部	中部	西部	东北部
2018-01~02	6 927.81	2 494.43	2 717.11	314.30	6.70%	25.10%	30.20%	35.20%
2018-03	14 125.71	5 319.14	5 429.66	722.67	−0.90%	28.20%	29.00%	26.60%
2018-04	19 829.91	7 549.72	7 652.16	1 190.69	−1.50%	26.00%	25.00%	20.50%
2018-05	26 569.81	10 239.07	10 213.95	1 754.74	2.10%	26.90%	26.80%	18.90%
2018-06	36 033.66	14 476.16	14 007.72	2 427.65	3.90%	27.00%	28.20%	14.10%
2018-07	42 217.33	16 843.84	16 247.22	2 991.76	5.80%	26.50%	28.30%	15.80%
2018-08	48 089.87	19 262.64	18 536.24	3 507.27	6.50%	25.80%	28.20%	10.40%
2018-09	55 820.45	22 642.73	21 511.09	4 157.96	6.00%	22.70%	26.60%	9.70%
2018-10	61 679.53	25 380.21	24 165.47	4 688.46	5.40%	21.10%	26.00%	7.20%
2018-11	68 503.11	28 695.45	27 081.65	5 227.89	5.60%	20.60%	23.50%	7.30%
2018-12	79 258.00	33 848.00	31 127.00	5 740.00	6.50%	18.10%	23.40%	7.00%

资料来源：Wind 数据库

（三）房地产价格波动

2018年12月全国土地购置均价为5525.36元/米^2，同比增速3.30%，较2017年同期下降了25.74个百分点。整体来看，2018年1~12月土地购置均价持续增长；分月度来看，2018年每个月的土地购置均价均高于2017年同期水平，但就均价同比增速而言，呈现回落趋势，如图9所示。

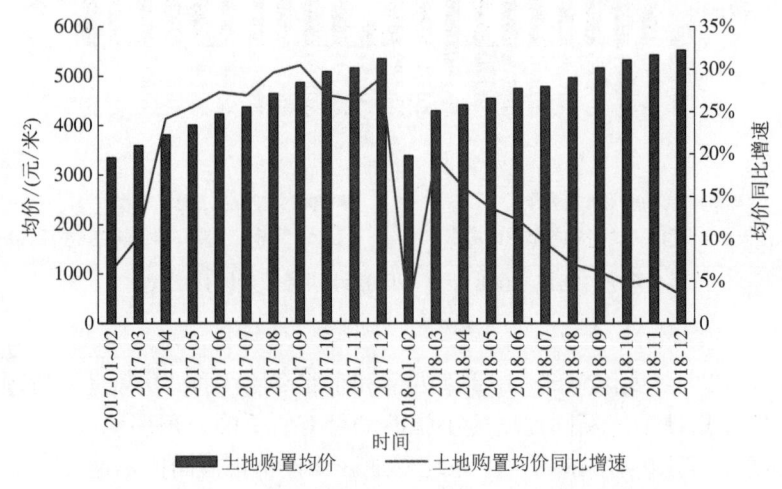

图9 2017~2018年全国土地购置均价及增速

资料来源：Wind数据库

如图10所示，2018年12月全国商品房销售均价8736.94元/米^2，较2017年同期增长10.70%，同比增速提高5.13个百分点。2018年1~12月，全国商品房销售均价总体上保持平稳上升趋势，3月商品房销售均价最低，为8507.33元/米^2，12月商品房销售均

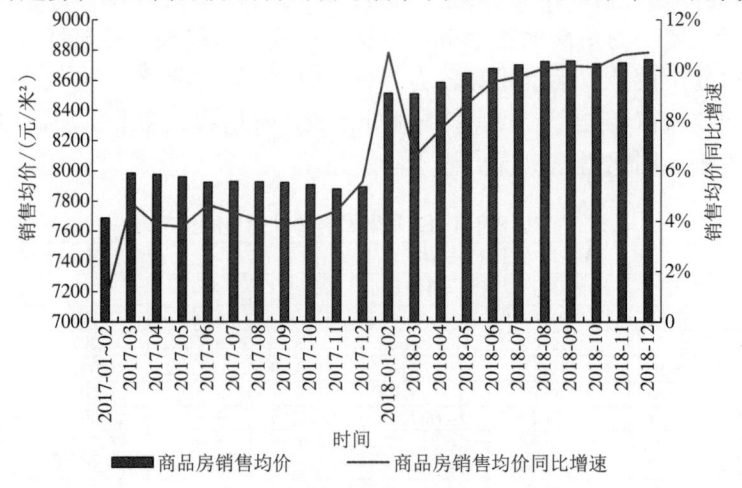

图10 2017~2018年全国商品房销售均价及同比增速

资料来源：Wind数据库

价最高，为8736.94元/米²。整体来看，2018年每个月商品房销售均价均比2017年同期水平高，同比增速也均高于2017年同期水平。

如表8所示，分区域看，2017~2018年40个大中城市（一线、二线及三线）房地产市场商品房销售均价整体上呈现上升趋势，一线城市2018年第三季度商品房销售价格上升至30 042.42元/米²，二线城市2018年第三季度商品房销售价格上升至11 600.38元/米²，三线城市2018年第一季度商品房销售价格达到10 222.50元/米²，2018年第三季度小幅回落至10 146.71元/米²。从商品房价格同比增速来看，2018年一线城市商品房价格同比增速逐渐增长，第三季度同比增速高达11.36%；2018年二线城市商品房价格同比增速保持稳定，一直在11%~13%小幅波动；三线城市商品房价格同比增速从2017年第二季度开始逐季下降，但在2018年第三季度有所上涨，达到13.09%。总体来看，由于"因城施策"和"分城轮动"，在一线和热点城市控制资产泡沫，以及部分二线、三线和四线城市去库存的大背景下，不同层级城市的商品房价格出现"分城轮动"情况。具体来看，一线城市2018年商品房价格和商品房价格同比增速整体持续提高，主要由于当前针对一线城市房地产政策在"限价"的基础上要保持"稳价"，一线城市一部分高价地项目进入市场交易；二线城市由于变相放松了限购，放宽落户门槛限制，开始"抢人大战"，二线城市商品房价格较上年稳步增长；三线城市受棚改货币化的影响，商品房价格稳定在一万元每平方米的水平上。

表8 2017~2018年40个大中城市（前三季度）商品房平均价格情况表

时间	商品房价格/（元/米²）			商品房价格同比增速		
	一线城市	二线城市	三线城市	一线城市	二线城市	三线城市
2017Q1	27 120.32	9 958.73	9 029.24	8.24%	9.61%	17.36%
2017Q2	27 635.97	10 131.09	8 863.94	9.29%	10.24%	17.84%
2017Q3	26 628.68	10 313.39	8 818.45	4.05%	10.46%	17.60%
2017Q4	25 624.16	10 582.10	8 656.27	1.63%	13.60%	14.58%
2018Q1	27 795.11	11 228.09	10 222.50	2.43%	11.31%	11.67%
2018Q2	29 173.80	11 587.64	9 989.86	5.27%	12.57%	11.27%
2018Q3	30 042.42	11 600.38	10 146.71	11.36%	11.09%	13.09%

资料来源：Wind数据库

注：Q表示季度。40个大中城市包括北京、上海、广州、深圳4个一线城市；天津、重庆、杭州、南京、武汉、沈阳、成都、西安、大连、青岛、宁波、苏州、长沙、济南、厦门、长春、哈尔滨、太原、郑州、合肥、南昌、福州、石家庄23个二线城市；无锡、贵阳、昆明、南宁、北海、海口、三亚、呼和浩特、兰州、温州、西宁、银川、乌鲁木齐13个三线城市

（四）2018年房地产市场运行特征分析

近年来密集的调控政策干预在一定程度上抑制了我国房价快速上涨，房地产市场发展逐步放缓，且房地产市场调控长期化、常态化已成共识。2018年我国房地产市场在"坚决遏制房价上涨"的调控主基调下呈现出新的市场特征。

1. 政策调控下市场呈现"成交回落，价格趋稳"趋势

在密集调控政策下，我国房地产市场经历调整下行之后，整体上呈现"趋稳"态势，房价涨幅得到遏制，在一定程度上表明调控政策的长效机制已发挥作用。从商品房销售来看，2018年1~4月，受到调控政策、货币环境的影响，商品房累计销售面积同比增速下降至2016~2018年的最低点，之后逐步回升。2018年7月出台了"下决心解决好房地

产市场问题""坚决遏制房价上涨"等一系列政策，打压了房地产市场的发展。2018年8月商品房累计销售面积同比增速开始回落，调控成效初步显现，价格逐渐趋稳。

2. 土地市场趋于理性，房地产企业土地购置意愿强烈

从市场供给角度来看，2018年1~12月房地产开发投资和企业资金来源增长平稳。房地产开发投资同比增速持续保持较高水平，土地购置面积快速增长。分析其原因，一是虽然调控期间市场行情瞬息万变，但三线、四线城市房地产开发商依旧持乐观态度，拿地意愿强烈；二是在去库存政策干预下，房地产企业补库存意愿强烈；三是土地成交价款增速仍有韧性。目前自筹资金增速的扩大在一定程度上反映了房地产企业购置土地的力度不断加大。但长期来看，在调控政策高压下，未来房地产企业购置土地的速度将放缓。

3. 调控政策不断完善，合理引导预期，持续推进长效机制

2018年，在"房住不炒，租购并举"的基调下我国房地产调控政策已初有成效。总的来看，中央将继续实施租购并举的住房制度，结合长期和短期调控机制，同时加强"因城施策、分类调控"措施，不断完善我国房地产调控政策体系，加快建立、健全长效机制，以合理引导预期，实现稳房价、稳地价、稳预期，促进房地产市场健康平稳地发展，进而带动上下游产业的健康运作。

二、2018年房地产调控政策回顾与2019年房地产调控政策展望

2018年全国房地产市场延续了2017年的总体发展态势。在政策的引导下销售面积增速保持回落，但投资增速意外回升，土地购置和新开工意愿相对较强，区域分化特征较强，房价再现上涨趋势，这主要是由于宽松的政策环境及稳健中性的货币政策的支持。就区域而言，不同等级城市分化明显，一线城市房地产投资稳中有升，销售面积降幅逐渐收窄，二线城市投资稳中有落，三线、四线城市成为拉动投资增长和销售增长的主力。另外，由于国家对重点城市的严格调控，重点城市投资和销售均保持低幅增长，非重点城市增长较快。2018年，房地产调控政策在"房住不炒，租购并举"的基调下继续构建长短结合的制度体系，住房租赁市场建设继续提速，调控政策更加强调"因城施策、分类调控"。同时地方政策频出，尤其是与房地产市场秩序和稳定房价有关的政策是焦点，各线城市调控政策持续保持高压，地方政府政策调控的主动性明显增强。2018年我国房地产政策调控进入了一个新的阶段。一方面，继续积极抑制非理性需求；另一方面，重点调整中长期供给结构。总体来看，2018年房地产市场调控取得一定成效，但房地产市场健康发展之路仍任重道远。

本部分将对2018年房地产调控相关政策进行回顾，并对2019年房地产调控政策进行展望。

（一）2018年房地产调控政策回顾

表9对2018年与房地产市场发展相关的重要事件及主要相关内容按照时间顺序进行了梳理。

表9 2018年房地产政策重要事件

日期	重要事件	主要内容
1月3日	国土资源部、财政部、中国人民银行、中国银行业监督管理委员会关于印发《土地储备管理办法》1)的通知	①各地应根据规划编制土地储备三年滚动计划，合理确定未来三年土地储备规模，做出统筹安排，优先储备空闲、低效利用等存量建设用地；②同时各地应根据城市建设发展等需要，结合当地发展规划，合理制定年度土地储备计划
1月16日	国土资源部办公厅、住房和城乡建设部办公厅发布关于沈阳等11个城市利用集体建设用地建设租赁住房试点实施方案意见的函2)	①原则同意沈阳等11个城市利用集体建设用地建设租赁住房试点实施方案；②按照区域协调发展和乡村振兴的要求，丰富住房用地供应渠道，建立租购并举的住房制度，实现城乡融合发展
2月5~6日	中国人民银行工作会议3)	会议提出完善住房金融体系，建立健全住房租赁金融支持体系，继续实施"分城施策"差别化住房信贷政策，强化房地产金融宏观审慎管理，积极支持棚户区改造等保障性安居工程建设，支持培育和发展住房租赁市场
3月9日	《国家发展改革委关于实施2018年推进新型城镇化建设重点任务的通知》4)	①加快农业转移人口市民化；②提高城市群建设质量；③提高城市发展质量；④加快推动城乡融合发展；⑤深化城镇化制度改革
4月3日	财政部、住建部发布《试点发行地方政府棚户区改造专项债券管理办法》5)	为完善地方政府专项证券管理，规范棚户区改造融资行为，坚决遏制地方政府隐性债务增量，于2018年在棚户区改造领域开展试点，有序推进试点发行地方政府棚户区改造专项债券工作
4月17日	央行下调部分金融机构存款准备金率6)	从2018年4月25日起，下调大型商业银行、股份制银行、城市商业银行、非县域农村商业银行、外资银行人民币存款准备金率1个百分点。同日，上述银行将各自按照"先借先还"的顺序，使用降准释放的资金偿还其所借央行的MLF
5月16日	财政部、国家税务总局发布《关于继续实施企业改制重组有关土地增值税政策的通知》7)	非公司制企业整体改制为有限责任公司或者股份有限公司，有限责任公司（股份有限公司）整体改制为股份有限公司（有限责任公司），对改制前的企业将国有土地使用权、房地产转移、变更到改制后的企业，暂不征土地增值税
5月19日	《住房城乡建设部关于进一步做好房地产市场调控工作有关问题的通知》8)	①坚持调控目标不动摇、力度不放松：各地要牢固树立"四个意识"，提高政治站位，毫不动摇地坚持"房子是用来住的、不是用来炒的"定位。②加快制定实施住房发展规划。③抓紧调整住房和用地供应结构。④切实加强资金管控。⑤大力整顿规范房地产市场秩序。⑥加强舆论引导和预期管理。⑦进一步落实地方调控主体责任
6月25日	自然资源部《关于健全建设用地"增存挂钩"机制的通知》9)	主要提出以下五点要求：①大力推进土地利用计划"增存挂钩"；②规范认定无效用地批准文件；③有效处置闲置土地；④做好批而未供和闲置土地调查确认；⑤加强"增存挂钩"机制运行的监测监管
8月20日	"大棚房"问题专项整治行动10)	自然资源部、农业农村部部署2018年8~12月开展全国"大棚房"问题专项整治行动
8月27日	第十三届全国人民代表大会常务委员会第五次会议审议《中华人民共和国耕地占用税法（草案）》11)	规定了纳税人、税额、计税依据、税收优惠、征收管理等相关政策规定

续表

日期	重要事件	主要内容
8月30日	《国家发展改革委办公厅关于建立特色小镇和特色小城镇高质量发展机制的通知》[12]	①各地区要逐年淘汰住宅用地占比过高等问题小镇;②立足不同产业门类,挖掘先进制造类、农业田园类及信息、科创、金融、教育、商贸、文旅、体育等现代服务类案例;③立足不同地理区位和不同运行模式,挖掘"市郊镇"等特色小镇案例
9月26日	《乡村振兴战略规划（2018—2022年）》[13]	①坚持乡村振兴和新型城镇化双轮驱动,统筹城乡国土空间开发格局;②允许在符合土地管理法律法规等前提下,利用1%~3%治理面积从事旅游等产业开发;③完善农民闲置宅基地和闲置农房政策,适度放活宅基地和农民房屋使用权
9月30日	财政部、国家税务总局发布《关于去产能和调结构房产税、城镇土地使用税政策的通知》[14]	按照去产能和调结构政策要求停产停业、关闭的企业,自停产停业次月起,免征房产税、城镇土地使用税,企业享受免税政策的期限累计不得超过两年
11月14日	全国棚户区改造[15]	住房和城乡建设部披露1~9月全国棚户区改造开工超过530万套。《政府工作报告》明确,2018年全国棚户区新开工580万套,1~10月已开工577万套,占年度目标任务的99%,完成投资15 000多亿元

1）国土资源部、财政部、中国人民银行、中国银行业监督管理委员会关于印发《土地储备管理办法》的通知. http://f.mlr.gov.cn/201801/t20180110_1736479.html[2018-01-03]
2）国土资源部办公厅、住房城乡建设部办公厅关于沈阳等11个城市利用集体建设用地建设租赁住房试点实施方案意见的函. http://g.mlr.gov.cn/201801/t20180125_1747220.html[2018-01-16]
3）2018年中国人民银行工作会议在京召开. http://www.pbc.gov.cn/goutongjiaoliu/113456/113469/3477738/index.html[2018-02-06]
4）国家发展改革委关于实施2018年推进新型城镇化建设重点任务的通知. http://ghs.ndrc.gov.cn/zcfg/201803/t20180313_879339.html[2018-03-09]
5）住建部、财政部联合印发棚改专项债券管理办法. http://www.jingbian.gov.cn/msbw/zfbw/gjjbw/zcjd/66570.htm[2018-04-13]
6）中国人民银行决定下调部分金融机构存款准备金率以置换中期借贷便利. http://www.pbc.gov.cn/goutongjiaoliu/113456/113469/3522107/index.html[2018-04-17]
7）关于转发《财政部 税务总局关于继续实施企业改制重组有关土地增值税政策的通知》的通知. http://czj.zunyi.gov.cn/zcfg/201806/t20180615_755837.html[2018-05-18]
8）住房城乡建设部关于进一步做好房地产市场调控工作有关问题的通知. http://www.mohurd.gov.cn/wjfb/201805/t20180520_236128.html[2018-05-19]
9）自然资源部关于健全建设用地"增存挂钩"机制的通知. http://f.mlr.gov.cn/201807/t20180730_2156492.html[2018-07-30]
10）全国"大棚房"问题专项整治行动启动. http://www.gov.cn/xinwen/2018-08/23/content_5315851.htm[2018-08-23]
11）关于《中华人民共和国耕地占用税法（草案）》的说明. http://www.npc.gov.cn/npc/xinwen/2018-12/29/content_2068329.htm[2018-12-29]
12）国家发展改革委办公厅关于建立特色小镇和特色小城镇高质量发展机制的通知. http://www.ndrc.gov.cn/zcfb/zcfbtz/201809/t20180928_899359.html[2018-08-30]
13）中共中央 国务院印发《乡村振兴战略规划（2018—2022年）》. http://www.zjdlr.gov.cn/art/2018/9/28/art_1293699_21586413.html[2018-09-26]
14）关于去产能和调结构房产税 城镇土地使用税政策的通知. http://szs.mof.gov.cn/zhengwuxinxi/zhengcefabu/201810/t20181012_3044533.html[2018-09-30]
15）1~10月全国棚户区改造开工超过570万套. http://www.mohurd.gov.cn/zxydt/201811/t20181114_238353.html[2018-11-14]

根据《住房城乡建设部 财政部 中国人民银行关于发展住房公积金个人住房贷款业务的通知》,2018年各地区继续通过提高贷款首付比例、降低贷款额度上限、收紧公积金贷款申请条件等方式调整住房公积金信贷政策,确保房地产市场平稳发展,相关的城市如表10所示。

表10　2018年各地区公积金政策调整

时间	地区或城市
1月	南京
2月	济南
3月	昆明、石家庄、东莞、上海、大连、广州
4月	惠州、海南、温州、武汉
5月	丹东、太原、银川、厦门
6月	珠海
7月	内蒙古、杭州
9月	北京、咸阳、台州、嘉兴、济宁

（二）2019年房地产调控政策展望

2018年，中国房地产政策在"房住不炒，租购并举"基调下继续构建长短结合的制度体系。中央层面：注重深化基础性关键制度改革，强化金融监管和风险防控，加快住房租赁体系建设，保障居民合理自住需求。地方层面：深入推进住房制度改革，优化住房和土地供应结构，完善基本住房制度体系，加快建立、健全长效机制。中国房地产市场延续上一年向好趋势，但城市仍存在分化现象，地方"因城施策"调控呈现差异化。一线、二线城市房地产市场仍存在供给不足情况，库存处于低位；三线、四线楼市虽量价齐升，但仍总体面临需求动力不足问题；在供地上工业用地供给过剩，而住宅用地供给相对较少；房地产市场存在轮动与外溢，调控压制一线城市及部分二线城市改善需求。预计2019年，房地产市场调控政策将呈现以下特征。

1. 坚持从紧的房地产市场调控政策，强化"因城施策"，优化供给结构

2018年我国房地产市场运行整体保持平稳，房地产市场调控政策保持稳定，各地区更加强调"因城施策"，强化政策组合调控，通过差别化信贷、行政性政策调控房地产需求，同时通过调整土地供给规模与结构、构建住房租赁市场等方式调节房地产市场供给，逐步由短期政策调控向中长期制度建设转变，确保政策的连续性、稳定性与长效性。预计未来房地产市场调控将继续保持从紧，尚不会发生重大转变，可能对部分行政性政策进行结构优化，使调控更具理性与针对性。

2. 加强对金融机构与地方政府的监测，注重防范与化解金融风险

经过多轮房地产市场调控，我国房地产市场已经步入中低速运行的调整期，区域供需矛盾、市场资本集聚、市场结构失衡等问题较为突出，房地产市场是我国防范系统性金融风险的重要领域。政府在完善房地产调控政策的同时，需加强对房地产市场及其相关部门、机构的监管，将监管扩展到地方政府政策实施，将调控重点进一步聚焦于金融机构，巩固去杠杆所取得的成效，由去杠杆向稳杠杆过渡，增强风险防范工作的预见性，及时化解风险。

3. 大力发展住房租赁市场，加快建立市场长效机制

2018年以来我国各地区住房租赁市场建设稳步推进，北京、广州、深圳、武汉等城市均建立与完善了租赁住房管理制度，各地区通过制定金融、土地、财税、市场管理等一系列政策，继续加快完善住房租赁市场建设，住房租赁市场建设是增加房地产市场有效供给的重要措施，预计未来住房租赁市场建设将是各地区房地产市场供给端工作的重点，尤其是发展住房租赁金融，将有效解决住房租赁市场的融资问题。

三、2019年房地产市场预测

2018年我国房地产市场运行平稳，房地产开发投资保持稳定增长，在坚持"房住不炒，租购并举"和去杠杆的背景下，地方政府继续坚持"因城施策"的调控方向，更加注重市场监管，强化住房租赁市场建设，房地产市场价格保持平稳增长，尤其是一线城市与部分二线城市呈现低速平稳增长的趋势；受棚改货币化安置等政策的影响，三线、四线城市房地产市场交易较为活跃，市场去库存取得显著成效；房地产市场调控政策取得了较为显著的效果，市场预期较为稳定。2019年房地产市场存在较多不确定性，信贷政策与行政政策是否会有所调整，将对房地产市场走势产生重要影响。

（一）房地产市场影响因素分析

1. 房地产市场长期影响因素分析

1）人口因素

人口规模、人口老龄化、人口迁移等人口因素是影响房地产市场需求的关键要素。其中，人口老龄化与人口迁移是未来一段时间影响房地产市场波动的主要因素。从全国层面看，随着房地产刚性需求的释放、适龄购房人口的下降，以及人口抚养比上升引起的人口红利逐年减弱，未来房地产市场发展将逐步由刚性需求向改善型需求调整，房地产市场需求正步入调整期。

从人口结构看，人口老龄化与房价之间存在显著的负相关关系，未来我国的人口年龄结构将逐步呈现出老年人口比例持续升高、中青年人口比例持续下降的局面，将延缓住房需求的快速上升，但同时也应考虑区域差异，如欠发达地区人口老龄化与房价呈现正相关，因为地区经济发展水平是人口结构影响房价的重要情境；从劳动人口结构看，劳动人口增速放缓，占比呈下降趋势，劳动人口增速的下滑将减缓未来刚性需求增速的上升。同时，人口迁移也是影响区域房地产市场需求的重要因素，近期诸多二线、三线城市出台了人才新政，主要集中在东北、华北、长三角、中部地区，政策更多围绕人才本土化，在落户、购房等方面给予政策激励，这些人才政策的实施将加快人才的流动，将影响区域人口布局,同时我国城市人才资源正进一步向省会城市与新兴型城市聚集,人才政策的实施与人才资源流动变化将对地区房地产市场需求产生重要影响,有利于推动区域房地产市场需求的稳步上升。

2) 新型城镇化建设

新型城镇化建设及其相关联的人口城镇化对我国房地产市场发展具有重要的推动作用,相互之间存在长期稳定的正向关系。新型城镇化建设带动经济快速增长、产业规模增速提升与资本集聚、居民收入水平提升,同时将有利于改善城市基础设施与软件环境,提升房地产市场内在价值;人口城镇化将推动刚性需求入市,并通过需求拉动效应与成本推动效应影响房地产市场价格。

受区域经济发展水平与产业结构调整的影响,我国新型城镇化建设存在区域差异特征,中西部新型城镇化建设仍有较大的发展空间,是中西部城镇化建设房地产市场发展的重要动力。同时,随着户籍制度改革的实施,人口城镇化将进入新的发展阶段,有利于房地产市场需求的稳定。预计 2030 年我国常住人口城镇化率达到 70%左右,户籍人口城镇化率达到 60%左右。从长期看,新型城镇化建设与人口城镇化进展将推动房地产需求的稳步提升,促进房地产市场发展。

3) 住房租赁市场发展

住房租赁市场的规范与发展对房地产市场价格上涨存在显著的抑制作用,使住房回归居住属性,同时有利于房地产市场自我调节机制的建立,2018 年各地区住房租赁市场建设稳步推进,北京、广州、深圳、武汉等城市均建立与完善了租赁住房管理制度,同时增加租赁住房建设土地供给。房地产企业正积极创新住房租赁金融模式,增加长租公寓供给。培育与发展住房租赁市场是多层次住房供给体系的重要组成部分,也是我国房地产市场长效机制建设的重要组成部分,住房租赁市场的建设与发展可以增加房地产市场的有效供给,缓解区域房地产市场的供需矛盾。

随着住房租赁市场建设的逐步深入,与之相关的市场交易机制、土地供给制度、政策性金融体系建设将日趋完善,势必提高住房租赁市场的发展速度与规模,可有效解决中低收入家庭与特殊群体的住房问题,既可稳定区域房地产市场价格,又可实现"住有所居"的目标。

4) 房地产税

房地产税具有调节房地产市场、增加财政收入、调节收入分配的功能,可以降低地方政府财政收入对土地财政的依赖。虽然房地产税制度改革尚处于立法阶段,但其改革进程将稳步推进。房地产税的实施对我国房地产市场最直接的影响在于房地产税会导致居民房产持有成本上升,有效抑制投资与投机需求,同时会影响居民预期,利于房地产市场回归理性。同时,可以通过房地产税置换短期的限购政策,减少政策退出所带来的负面影响。由于土地财政是不可持续的,通过房地产税改革可以调整地方政府税收结构,减少对土地财政的依赖,实现土地供给规模与供给结构的调整。

2. 房地产市场短期影响因素分析

1）宏观经济运行

2018年我国宏观经济工作坚持稳中求进的总基调，全年GDP增速为6.6%，产业结构、就业结构、物价水平等持续优化，经济运行整体保持在合理区间，但经济运行下行压力仍存，宏观经济运行承受内外压力，下半年以来PMI持续回落，同时受全球经济复苏放缓与中美贸易摩擦等影响，进出口压力有所增加。展望2019年，我国宏观经济存在诸多不确定性，固定资产投资与出口面临压力，基础设施建设投资能否回升将对固定资产投资增速波动产生重要影响，中美贸易长期走向将决定对外贸易增速的变化，并进一步影响经济运行态势。因此，稳增长、防风险将会是2019年经济工作的重点。

在政策方面，2018年我国的货币政策保持"稳健中性"，为了支持小微企业发展，央行实施了4次降准，增加中长期的流动性供应，市场流动性的期限结构有所改善。2018年以来，M2同比增速保持相对稳定，同比增长8.1%，有利于维持稳定中性的流动性环境。受去杠杆与房地产宏观调控政策的影响，自2006年以来金融机构房地产贷款余额同比增速呈缓慢下降的趋势，在2018年增速较为稳定，维持在20%左右；个人购房贷款余额同比增速由2016年底的35%降至2018年的18%，其中在2018年降幅较2017年有所收窄；受房地产市场去库存的影响，房地产开发贷款余额增速在2018年出现小幅上升，市场开发意愿较为强烈。预计2019年央行将延续稳健中性的货币政策，坚持去杠杆方向，保持稳定的宏观经济杠杆率，保持合理充裕的流动性。受宏观经济下行压力的影响，在监管基调保持不变的基础上，货币政策仍存在微调的可能性。预计房地产市场信贷政策以稳为主，个人购房贷款余额增速将维持在当前的水平。

2）房地产市场供给

2018年地方政府土地供给保持稳定增长，其中住房用地的增速较为显著，在土地成交方面，土地成交增速保持稳定，尤其是三线、四线城市土地成交同比增速较其他城市上升明显。受去杠杆与信贷政策的影响，2018年以来房地产市场信贷资金呈收紧态势，加之土地出让限制政策与附加条件的推出，导致部分地块流拍，土地市场流拍率为2010年以来的最高值。2018年下半年以来土地市场的降温主要受市场资金收紧与预期改变双重因素的影响，多数房地产企业持观望态度。预计2019年地方政府土地供给仍将保持稳定，有利于市场供给的增加，受去库存影响，二线、三线城市土地成交同比增速会有一定的好转，土地市场会更加趋于理性。

2018年房地产企业开发资金呈现低速增长，国内贷款与利用外资呈现负增长，自筹资金状况较为稳定。2018年下半年以来房地产企业销售情况呈现下行趋势，步入调整期，销售回款增速放缓将影响房地产企业新一轮的开发投资。虽然房地产开发资金仍处于收紧状态，但自2016年以来土地市场交易规模的稳定增长有利于保障新开工规模的持续增长。预计2019年房地产企业仍将面临融资难等多重压力，开发资金增速仍将处于低速增长态势，受资金约束的限制，预计房地产开发投资与新开工面积将保持中低速增长，增速较 2018 年将有所回落。

3）房地产市场需求

2018 年受房地产调控政策与购房者预期的影响，商品房销售面积同比增速为 1.30%，其中一线、二线城市受调控政策影响显著，市场需求增速与 2017 年同期相比基本持平，三线、四线城市市场需求受 2016 年以来去库存与去杠杆的影响，市场需求增速显著放缓。当前，一线城市房地产市场刚性需求占主导，二线城市刚性需求与改善性需求持续增加，三线、四线城市刚性需求得到了有效释放。预计 2019 年二线、三线城市居民改善性需求仍有较大释放空间，在"增加有效供给"政策的推动下，部分一线、二线城市刚性需求也将有所增加，三线、四线城市市场需求将趋于稳定，市场整体需求状况将趋于平稳状态，预计 2019 年房地产市场需求与 2018 年相比基本持平。

受调控政策与当前房地产市场交易情况的影响，多数金融机构与房地产企业预期 2019 年房地产市场价格将保持稳定。由 2018 年房地产市场销售增速分析可知，购房者对房地产市场持谨慎与观望的态度，购房者看涨预期较前两年有所下降，但对市场调控政策走向的预期存在一定的不确定性，预计市场预期会随着 2018 年底货币政策的变化与 2019 年初调控政策的变化而变动。

4）房地产市场调控政策

2018 年房地产市场调控政策延续"从紧"的局面，区域差别化调控得到进一步强化，坚决遏制房价过快上涨成为全年房地产市场调控的政策目标。各地方"因城施策"在继续深化调控政策的同时，通过增加市场有效供给、发展住房租赁市场等方式，保障市场的合理住房需求，房地产市场调控取得了积极显著的效果。但市场回归理性的基础仍不牢固，短期调控政策的退出易引发市场的大幅反弹，因此未来一段时间内市场调控政策将在极大概率上保持稳定，各地区将更加注重"因城施策"，优化政策组合，使调控政策更具理性与针对性，同时扩大市场有效供给、保障各层次合理需求仍将是房地产市场供给侧改革的重点。

（二）2019 年房地产市场预测

基于对以上长期、短期房地产市场影响因素的分析，在房地产市场调控政策不存在较大程度的调整下，运用经济计量预测模型分别对房地产开发投资、需求、供给和价格四个方面进行预测，以下将对预测结果分四个部分做详细介绍。

1. 房地产开发投资预测

预计 2019 年房地产开发投资完成额约 127 720 亿元，同比增长约 6.2%，增幅较 2018 年下降约 3.3 个百分点（图 11）。

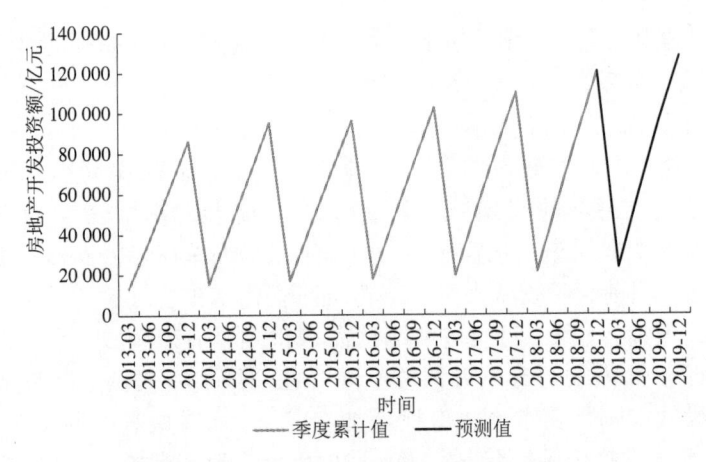

图 11 2019 年房地产开发投资完成额预测

资料来源：Wind 数据库

2. 房地产需求预测

预计 2019 年全国商品房销售面积约 173 199 万平方米，同比增长约 0.9%，增速较 2018 年略有下降（图 12）；全国商品房销售额约 161 521 亿元，同比增长约 7.7%，增幅较 2018 年下降约 4.5 个百分点（图 13）。

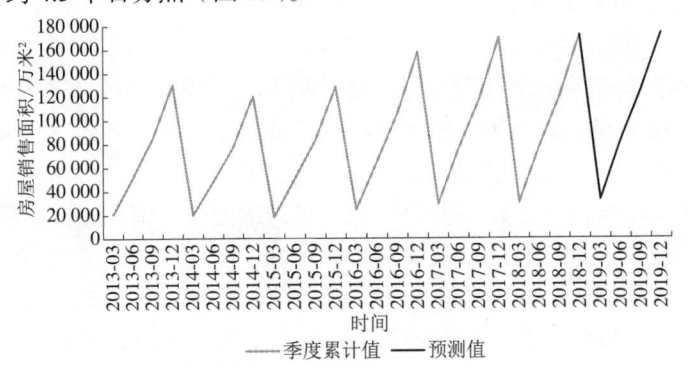

图 12 2019 年商品房销售面积预测

资料来源：Wind 数据库

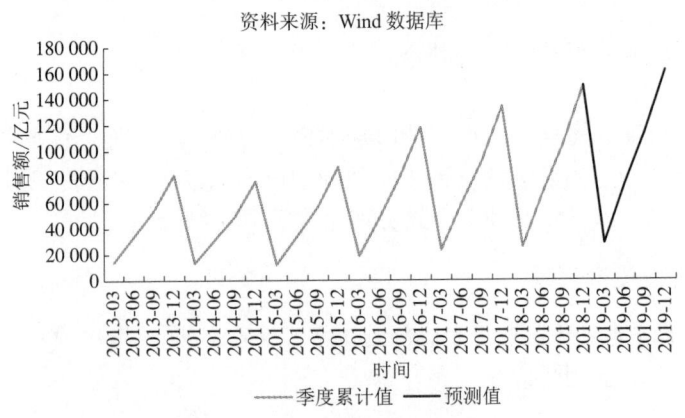

图 13 2019 年商品房销售额预测

资料来源：Wind 数据库

3. 房地产供给预测

预计 2019 年房屋新开工面积约 230 067 万平方米，较 2018 年同比增长约 9.9%，增幅较 2018 年下降约 7.3 个百分点（图 14）。

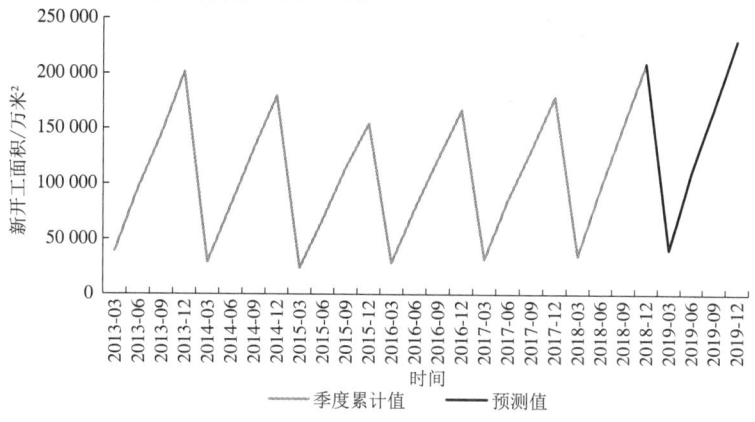

图 14 2019 年房地产新开工面积预测

资料来源：Wind 数据库

4. 房地产价格预测

预计 2019 年全国商品房平均销售价格约为 9326 元/米^2，同比增长 6.7%，增速较 2018 年下降约 4 个百分点（图 15）。

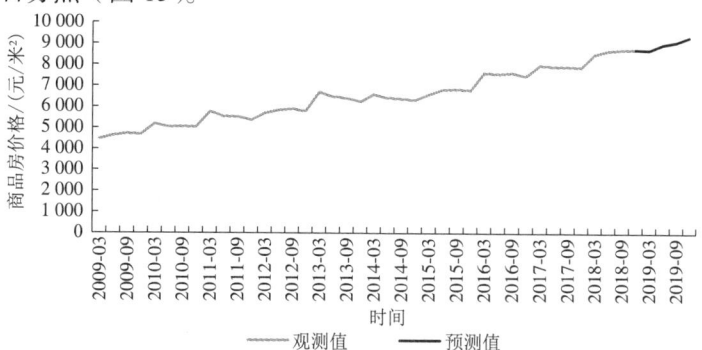

图 15 2019 年全国商品房平均销售价格预测

资料来源：Wind 数据库

商品房平均销售价格的观测值和预测值均为季度累计平均值

2019年中国物流业发展分析与展望[①]

刘伟华　冯耕中　王　迪　申欣冉　汪寿阳[②]

报告摘要： 2018年，是举国上下贯彻落实党的十九大精神的开局之年，是实施"十三五"规划承上启下的关键一年。2018年前三季度，国民经济稳的格局没有变，GDP增速为6.7%，为全年实现6.5%左右的增速打下了扎实的基础。物流业整体运行良好，2018年前三季度物流景气指数（logistics prosperity index，LPI）总体保持在荣枯分界线（50%）以上。从社会物流总需求来看，2018年社会物流总额企稳回升、增长适度；在国家各项降本增效政策的大力支持下，社会物流总费用增速回落，运行效率持续改善。伴随着新兴技术的出现，物流业与"互联网+"深度融合，供应链创新与应用持续推进，智慧物流与数字化战略转型开始成为行业共识，2018年中美贸易摩擦对物流业带来的负面影响有限。

2019年，物流业继续以提质增效作为首要目标。全年LPI仍将呈现上升趋势，预示着物流业经济将保持稳中有升的态势，预计2019年全年平均LPI为54.2%。与此同时市场规模将实现进一步扩大，2019年社会物流总额有望超过313.1万亿元。随着一系列政策出台，2018年全年社会物流总费用预计为12.8万亿元，物流成本显著下降，2019年社会物流运作效率将实现进一步提升，预计社会物流总费用占GDP比重可降至13.6%。2019年，中美贸易摩擦的影响开始凸显，对航运、港口、供应链等物流细分领域都将带来一定的负面影响，进出口贸易环境及投融资环境会有所降温。从市场运行环境来看，物流业将实现智慧重构并与其他行业实现深度融合，供应链创新与应用工作由试点进入全面实施阶段，物流业发展环境继续优化，提质增效成为发展主基调；从驱动因素来看，基础设施的不断改善及枢纽经济的深入发展将驱动物流业高效发展，细分领域资本市场向智慧领域的持续加码将推动智慧物流的普及，此外在各项环保高压政策下，绿色物流仍将是物流业重要的战略发展方向。

针对以上趋势，本报告为2019年中国物流业发展提出以下建议：加大物流内需体系建设，挖掘物流业与其他产业融合的深度价值；从建设现代经济体系出发，推进中长期发展规划的接续规划提前制订；重视在运输结构中的市场经济规律，发挥经济主体在推进结构转型中的重要作用；全面落实物流信用评价体系，促进物流业理性化发展；重视智慧物流深入推进带来的社会问题的长远影响，加快步伐进行政策研究与布局；深度推进面向制度性成本的降本增效，发挥制度创新在物流业发展中的关键价值。

[①] 本报告得到国家社会科学基金重大项目（项目编号：18ZDA060）的资助。
[②] 刘伟华博士，天津大学管理与经济学部教授；冯耕中博士，西安交通大学管理学院教授；王迪，天津大学管理与经济学部博士生；申欣冉，天津大学管理与经济学部博士生；汪寿阳博士，中国科学院预测科学研究中心研究员。

一、2018 年中国物流业发展回顾

（一）物流业总体形势分析

1. 国民经济稳中有缓，物流行业稳中有升

2018 年前三季度，我国国民经济继续保持平稳发展态势，GDP 增速是 6.7%，这为全年实现 6.5%左右的增长目标打下了扎实的基础。同时，国民经济进的态势持续发展，经济结构持续优化调整。前三季度，服务业增加值增长了 7.7%，保持比较快的增长，对经济增长的贡献率达到 60.8%，比上年同期提高了 1.8 个百分点。消费对经济增长的贡献率达到 78%，比上年同期提高了 14 个百分点。经济运行的质量、效益在持续改善。供给侧结构性改革扎实推进，新产业、新业态、新动能均快速增长，为经济结构优化调整、经济平稳运行增添了后劲。综合来看，当前经济运行保持在合理区间，总体平稳，稳中有进。

从制造业的 PMI 来看，受全球经济发展态势和中美贸易的影响，2018 中国制造业 PMI 总体低于 2017 年的制造业 PMI，且 2018 年制造业 PMI 同比增长率均低于 2017 年，部分月度出现负增长情况。总的来看，2018 年制造业增速放缓，显示出制造业经济增长动力有待加强，具体如图 1 所示。

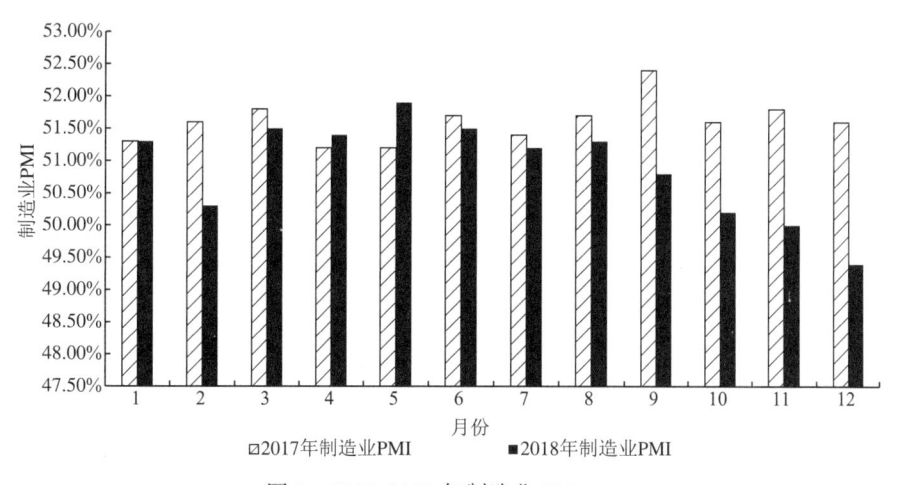

图 1 2017~2018 年制造业 PMI

资料来源：东方财富网数据中心. http://data.eastmoney.com/cjsj/pmi.html[2018-12-10]

图 2 显示了综合 PMI 及同比增长的情况，总体来看，2018 年综合 PMI 总体在荣枯线（50%）以上，但自 10 月以来，有下行趋势，尤其是 11 月下滑至 50%，较 10 月继续回落 0.2 个百分点，创下 2016 年 8 月以来的新低，也处于历年同期偏低水平，表明制造业景气再度转弱，显示经济增长动力有待加强。

物流业既是保障国民经济增长的基础性行业，又是国民经济发展的晴雨表。对于物流业整体发展形势，可以用 LPI 反映。从 LPI 可以看出，2018 年中国物流业仍呈较为景气的状态，如图 3 所示。

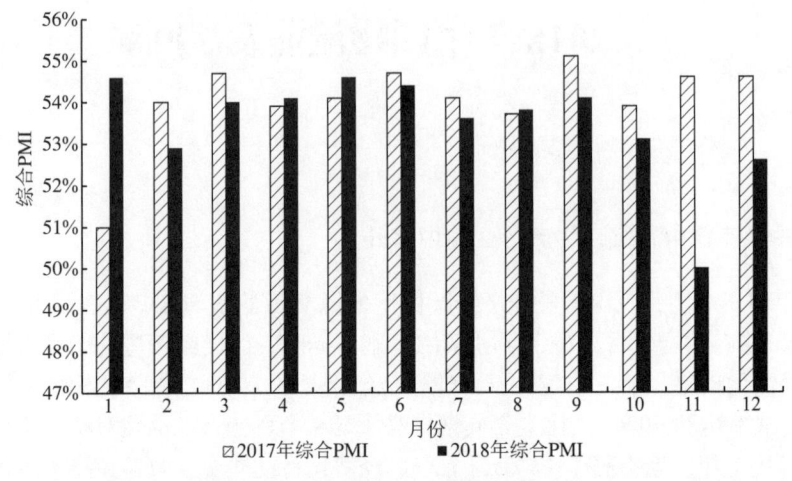

图 2　2017~2018 年综合 PMI

资料来源：东方财富网数据中心. http://data.eastmoney.com/cjsj/pmi.html[2018-12-10]

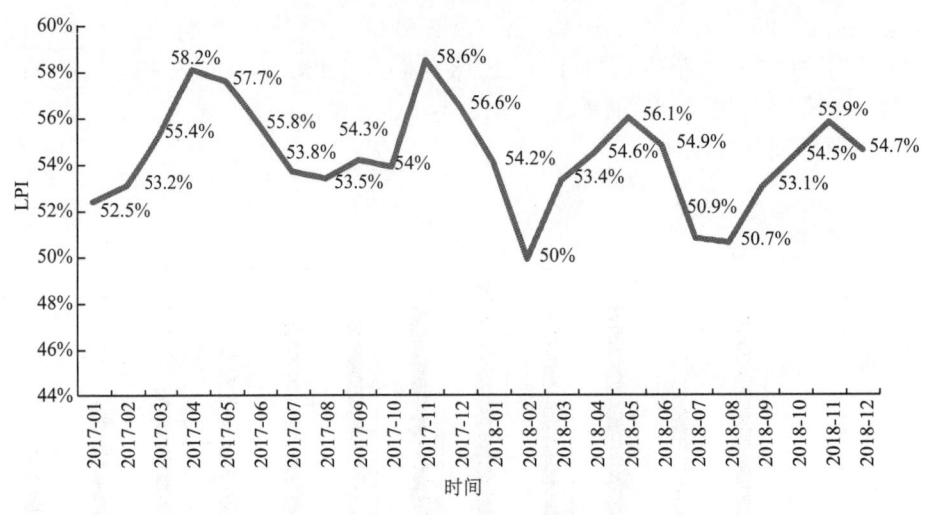

图 3　LPI 波动预测图

资料来源：中国物流信息中心（http://www.clic.org.cn/wljqzs/index.jhtml）；本报告对数据进行了汇总与整理

2018 年 LPI 一直保持在荣枯分界线（50%）以上，表明我国物流业整体运行良好。从 2018 年月度数据上来看，受到春节等假期和外部环境影响，1~2 月 LPI 整体数值较低。3~5 月，LPI 迅速回升，达到全年的一个高点。6 月后，LPI 出现一定的回落，但仍在保持在 51% 左右，9~10 月的黄金期后逐步回暖。受节日消费及电商促销活动持续升温带动，10 月以来，物流景气度保持升势，LPI 为 54.5%，较 9 月回升 1.4 个百分点，11 月 LPI 再次升高，显示市场需求回升态势进一步巩固，12 月稍微有所下降。总体而言，在智慧物流、新零售等物流新业态的迅速崛起，以及传统物流需求继续稳定的带动下，我国物流业运行虽有波动，但整体保持在平稳上升区间，在各项政策支持下物流条件正不断转好。

由表 1 可得，在具体季度上，2018 年第二季度最高，平均值为 55.20%，第三季度有所回落。与 2017 年同期相比，2018 年 LPI 均有所降低。总体来说，2018 年 LPI 较稳定。

表1　2017~2018年分季度LPI比较表

2018年	指数平均值	2017年	指数平均值	差值
第一季度	52.53%	第一季度	53.70%	-1.17%
第二季度	55.20%	第二季度	57.23%	-2.03%
第三季度	51.57%	第三季度	53.87%	-2.30%
第四季度	54.50%	第四季度	56.40%	-1.90%

资料来源：根据中国物流信息中心网站（http://www.clic.org.cn/）数据整理而得。

2. 物流企业规模增长平稳，行业效益有所提升

2018年，中国物流行业效益有所改善，全国重点物流企业业务收入和业务利润实现双增长。中国物流信息中心重点物流企业调查数据显示，2018年1~7月企业业务收入快速增长，盈利能力较上年同期有所提高，但企业反映仍然面临一定的成本增长过快带来的经营压力。1~7月重点物流企业累计实现物流业务收入同比增长14.2%，增速比1~6月提高了0.9个百分点。分企业类型看，综合型物流企业业务收入占63%，同比增长17.5%；运输型物流企业业务收入占13%，同比增长7.6%；仓储型物流企业业务收入占24%，同比增长9.2%。

2018年1~7月，重点物流企业实现业务利润同比增长15.3%；分企业类型看，综合型物流企业业务利润同比增长18.3%，运输型物流企业业务利润同比增长8.1%，仓储型物流企业业务利润同比增长8.7%；重点企业收入利润率为9%，比上年同期提高0.3个百分点，其中综合型物流企业收入利润率要高于运输型和仓储型。

（二）物流市场运行特征分析

1. 社会物流需求增势平稳，新兴物流发展迅猛

如图4所示，总体来看，社会物流总需求企稳回升、增长适度。2018年1~11月社会物流总额为257.9万亿元，按可比价格计算，同比增长6.7%，增速比1~10月回升0.1个百分点；前三季度社会物流总额为204.1万亿元，接近2017年前10个月的206.3万亿

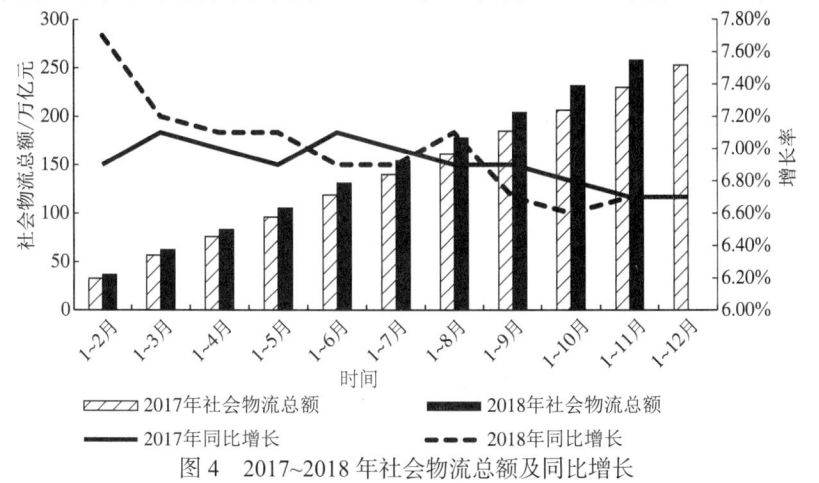

图4　2017~2018年社会物流总额及同比增长

资料来源：根据中国物流信息中心网站（http://www.clic.org.cn/）数据整理而得。

元，按可比价格计算，同比增长 6.7%。

从具体的产业来看，物流需求增长平稳趋势仍在延续。2018 年 1~11 月工业品物流总额为 233.8 万亿元，可比增长 6.5%，增速比 1~10 月回升 0.2 个百分点；原油、天然气、煤炭等大宗商品进口需求回升，带动进口货物物流需求较快增长，1~11 月进口货物物流总额为 12.9 万亿元，现价增长 14.6%，可比增长 4%；与民生、绿色经济相关的物流规模保持快速增长，1~11 月单位与居民物品物流总额为 6.3 万亿元，可比增长 22.7%；节能环保和低碳经济对再生资源物流需求日益增加，1~11 月再生资源物流总额可比增长 13.7%，增速较 1~10 月提高 1.6 个百分点。

2. 社会物流总费用增速回落，运行效率持续改善

由图 5 可以看出，相对于 2017 年而言，2018 年社会物流总费用呈现逐渐增长趋势。2018 年前三季度社会物流总费用为 9.5 万亿元，同比增长 8.6%，社会物流总费用与 GDP 的比率为 14.6%，比上年同期和 2018 年上半年提高 0.1 个百分点。1~11 月社会物流总费用为 11.9 万亿元，同比增长 8.6%，比上年同期回落 0.8 个百分点；每百元社会物流总额花费的社会物流总费用为 4.61 元，比 1~9 月下降 0.3%；分环节来看，随着第四季度经济活动趋于活跃，物流需求增速有所回升，在实物量增长较快的拉动下，运输费用为 6.3 万亿元，同比增长 8%，增速比 1~10 月提高 0.1 个百分点；保管费用为 4.1 万亿元，同比增长 9.3%；管理费用为 1.5 万亿元，同比增长 9.5%。

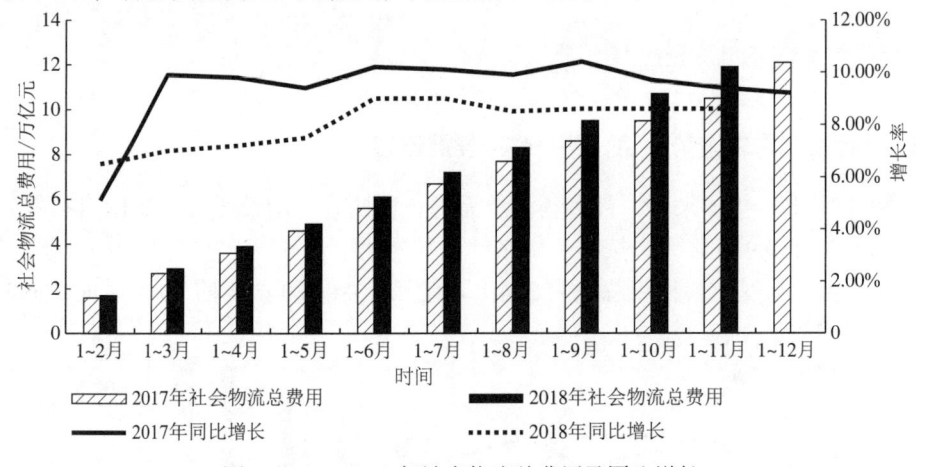

图 5 2017~2018 年社会物流总费用及同比增长

资料来源：根据中国物流信息中心网站（http://www.clic.org.cn/）数据整理而得

（三）物流业热点问题分析

1. 供应链创新与应用试点工作持续推进

国务院出台《国务院办公厅关于积极推进供应链创新与应用的指导意见》（以下简称《意见》）提出，到 2020 年要培育 100 家左右的全球供应链领先企业。此后，商务部等 8 个部门共同组织了全国供应链创新与应用试点工作，在 2018 年 10 月 17 日，商务部在上海召开全国供应链创新与应用试点工作会议，贯彻落实《意见》的要求，部署全国供应链创新与应用试点工作。在商务部的指导下，中国物流与采购联合会一方面牵头组建供应链创新与应用试点专家组，评审城市和企业申报方案，完善试点绩效评价体系，跟踪分析试点进展情况，总结试点经验模式；另一方面，商务部探索建立现代供应链城市联盟，为试点城市和试点企业提供业务指导、技术支持和相关培训。最终将供应链的试点分为试点城市和试点企业两大主体，覆盖贸、工、农等实体产业中的 50 多个细分行业，成为全产业、全链条、全环节的全新试点。

2. 中美贸易战对进出口物流发展产生潜在影响

2018 年 3 月 23 日凌晨，美国对进口中国的至少 500 亿美元商品征收 25%的额外关税，同时对涉及敏感技术的中国投资提出限制。中美贸易摩擦对中国进出口已经造成一定的影响，从图 6 可以看出，2018 年 3 月，进出口增长比例有所下降。此后，呈现波动趋势，分别在 2018 年 3 月、6 月和 9 月出现波谷，10 月呈现上升趋势。然而，中美贸易战在短期内对进出口物流并不会产生太大的影响。这是因为在 2008 年金融危机之后，中国调整战略，从出口导向型转向内需拉动型，截至 2017 年底，我们对出口的依赖度已经从 70%降到了 10%左右。而且，从重点行业来看，随着"一带一路"倡议、"走出去"国家战略等深入实施，我国与世界其他国家贸易广度和深度不断增强，贸易便利化程度加深、电子商务及投融资合作等日益频繁，中西部地区及国际物流需求将成为新的增长动力。因此，总体上，2018 年中美贸易摩擦对进出口的影响并不明显。

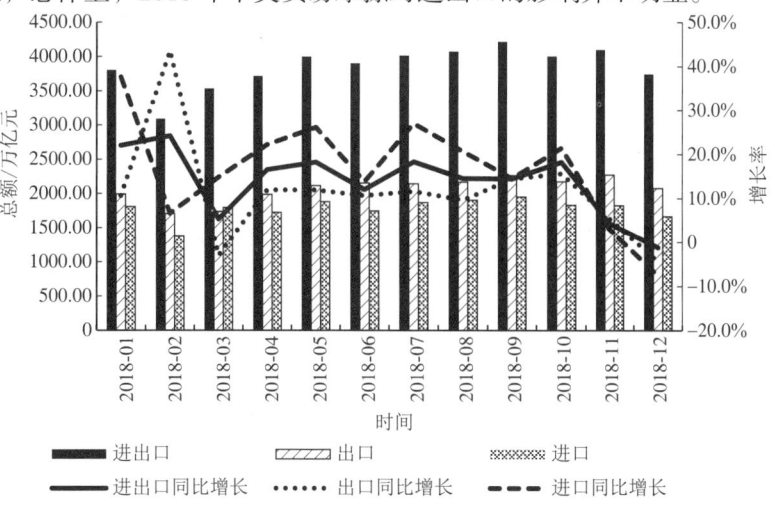

图 6　2018 年进出口额及同比增长情况

然而，2018 年 11 月 PMI 继续下降，表明经济运行仍处下行态势。新订单指数继续下降，反映国内市场需求不振；生产活动预期指数、采购量和进口指数下降，反映企业市场信心不足，生产经营活动偏谨慎。2018 年 11 月出口增速如期下降，分经济体看，11 月美国、欧盟、日本出口增速分别是 9.8%、6.0%、4.8%，较上月的 13.2%、14.6%、

7.9%均有较大下降;另外,进口增速出现了更大幅度的下降,一方面是受原油等大宗价格回落的影响,另一方面则可能是国内需求放缓的迹象,原油进口数量同比增速较上月降低 15.74 个百分点至 15.75%,进口金额下降 31.45 个百分点至 57.58%。

2018 年 12 月我国出口以美元计价同比降低 4.4%,以人民币计价同比增长 0.2%。出口增速超预期下行,按照美元计价增速出现负增长。12 月进口以美元计价同比降低 7.6%,以人民币计价同比降低 3.1%。进口数据相比出口数据降低的幅度更大。12 月中美贸易摩擦的负面冲击正式显现,中国对主要发达经济体出口均现负增长,其中对美国出口同比增长–3.5%。

3. 智慧物流与数字化战略转型开始成为行业共识

在第四次工业革命浪潮的推动下,智慧物流发展已经成为业内共识,国家密集出台的支持政策使智慧物流建设成为时代发展潮流。《2017—2022 年中国智能物流行业发展现状及投资前景研究报告》数据显示,2016 年中国智能物流市场规模为 2880 亿元,同比增长 22.55%,2017 年已经达到了 3380 亿元[①],随着物流信息化、自动化、智能化技术的广泛应用,智慧物流已经成为物流业转型升级的新动能。2018 年,智慧物流也呈现蓬勃发展态势,菜鸟网络科技有限公司(以下简称菜鸟网络)已经联合中国人寿保险(集团)公司设立了规模达 85 亿元的物流仓储基金,进一步布局智慧物流基础设施。同时推动人工智能技术在更多天猫仓库内落地使用,2018 年 6 月,天猫位于广东的一个仓储中心推出了中国规模最大的智能物流机器人仓库,可以让拣货效率提高三倍以上。京东同样在"无人化"的智慧物流方面进行了布局,位于东莞的京东智能机器人分拣中心,配合 8 条自动化的传送通道,300 多台智能分拣机器人,采用新一代智能算法自动分拣系统。除了京东、阿里等电商巨头布局智能机器人,一些专门研发机器人的公司也纷纷涌现。

同时,新技术,如互联网、人工智能、大数据、云计算、VR/AR(virtual reality/augmented reality,虚拟现实/增强现实),区块链等技术的成熟为物流业的数字化转型提供支撑。新一代信息技术是物流业数字化变革的重要前提。物流互联网为产业全面"在线化"奠定了重要基础,数据正在成为企业核心资产,数据分析和算法构建成为企业核心能力的重要组成部分,这将深刻改变传统企业的商业模式和运营模式。物流业加快从消费互联向产业互联迈进,全面数字化、在线化的物流互联网加快形成。物流业正在从传统的服务密集型行业转向技术密集型行业。2018 年,以中国对外贸易运输(集团)总公司为代表的物流企业,纷纷推进数字化战略转型,利用数字技术服务于企业供应链发展平台。

4. 物流业诚信问题受到关注,平台经济理性化发展

近年来,市场上出现了大量依托互联网、物联网及大数据技术而诞生的平台公司,包括 G7 智慧物联、货车帮、易货嘀、真好运等。它们通过技术手段迅速整合大量货源信息,有效消除信息不对称,完成车货匹配,降低空载率,通过智能调度,可实现对闲置资源的充分利用,实现效益和效率的双提升。2018 年,多种新兴技术在物流平台中的应用,使平台逐渐理性化、诚信化发展。例如,区块链结合物流领域的实际需求,解决物流业信任缺

---

① 2018 年中国智能物流行业发展趋势及市场需求现状分析. https://www.sohu.com/a/220548803_821386[2018-02-02].

失、操作低效和透明度低等实际问题。"分布式数据存储"、"身份认证"、"共享数据应用"及"供应链管理",应用比例都在 20%左右。中储智慧运输物流电子商务平台利用行业大数据,通过各类数学模型和预测方法对平台交易数据的分析,得出具有决策性的结论,从而进行线路优化、司机画像、智能配对、智能定价等,助力平台提高效率。

5. 新制造和新零售引领下,新兴物流业态爆发式增长

消费升级与互联网革命两个因素推动了新零售业态的进一步发展,新零售的发展又推动了物流业的急剧变革,物流业开始由标准化的大宗物流转向个性化、快速响应市场的碎片化物流。云计算、大数据、物联网、人工智能等新兴智能化技术的普遍运用成为新零售转型的重要驱动力,新技术驱动新零售,拉动新制造,对物流业带来了巨大改变,新物流未来发展呈现三大趋势:同城即时配物流兴起,仓储配送协同共享,C端场景物流创新与线上线下供应链融合。例如,京东、菜鸟网络等物流资本构建了生态圈,通过掌控供应链上下游的企业,使商流、物流、信息流得到整合,将"新零售、新物流"整合起来。另外,在产业界中,近年来,由盒马鲜生、超级物种等带动的"新零售"热潮,使得生鲜等配送大幅增加。2018 年以来,这股热潮仍然在继续,类似的新零售店铺如雨后春笋般出现,由此,极大地带动了新的冷库和冷链运输需求,这也成为仓储和物流行业增长的一大支撑点。

二、2019 年中国物流业发展预测

(一)物流业总体经济形势预测分析

1. 物流景气程度围绕 LPI 波动,市场规模进一步增长

2018 年 12 月,中国的 LPI 为 54.7%,较上月下降 1.2 个百分点,这主要受节假日临近的影响,以及需求略有回落、设备设施利用率下降和短期就业缺口等方面的影响,但从往年情况看属于正常的季节性波动,总体来看仍呈现出需求好、效益好、预期好的态势,新订单、库存周转、资金周转、投资和预期等重要指标数据继续保持高位。2018 年 12 月,设备利用率指数回落 0.9 个百分点,回落至 56%;春节前出现临时性物流人员供需缺口,从业人员指数比上月回落 2.9 个百分点,回落至 51%左右;固定资产投资完成额指数回升,物流企业基础建设完成度提高。2018 年 12 月,固定资产投资完成额指数为 53%,比上月回升 0.1 个百分点,显示出物流企业的固定资产投资完成速率加快,为后期物流行业继续保持增长奠定基础。从后期走势看,新订单指数和业务活动预期指数分别达到 55%和 60%以上,保持 2018 年以来较高水平,反映企业对后期市场预期总体较好。

相对于上年同期,2018 年的 LPI 相对下降,主要受国内外经济发展形势的影响。第一,我国经济增长整体放缓。根据国家统计局公布数据,2018 年全年 GDP 为 90.03 万亿元,按可比价格计算,比上年增长 6.6%,实现了 6.5%左右的预期发展目标,但增速较上年有所回落。第二,从世界范围看,经济增速放缓或将成为普遍现象,全球资本流动

性收缩、大宗商品价格上涨、贸易摩擦升级或导致全球投资和贸易下滑，全球经济增速有可能进一步放缓：2018年10月10日IMF下调了全球和主要经济体2018年、2019年经济增长预期，并认为贸易紧张局势升级和新兴市场压力是增速放缓的重要原因；世界银行在最新发布的2019年1月《世界经济展望》中指出，在经济前景面临下行风险上升的情况下，2019年全球经济增长预计将从2018年下调的3%进一步降至2.9%[①]；经济合作与发展组织（Organization for Economic Co-operation and Development，OECD）2019年1月14日公布的领先指标显示，尽管中国经济出现企稳迹象，但美国和许多其他大型经济体2019年的增速将进一步放缓[②]。第三，受中美贸易摩擦的影响，2018年外需转弱，根据OECD发布的数据，中国2018年12月的出口大幅下滑。2018年中美贸易摩擦加剧的负面冲击并未体现在出口读数上，反而对出口读数具有短暂性提振效应，许多企业在贸易摩擦影响到来前出口，导致9~11月出口增速增长。11月中旬进出口增速为9.7%，出现回落迹象，12月增速回落到8.4%，达到金融危机以来最低增幅。伴随"抢出口"效应减弱，中国对美国出口将出现"退潮"[③]，这将给我国物流业发展带来不利影响，也直接导致了LPI的下降。基于对2014~2018年5年LPI均值的分析，预计2019年全年平均LPI可以实现54.2%。

与此同时，物流业市场规模将实现进一步扩大。根据2008~2017年社会物流总额数据，2018年全年社会物流总额预计可以实现284.5万亿元，社会物流运行将继续保持稳中有进的趋势，预计2019年有望实现313.1万亿元；社会物流总费用与GDP的比率将延续稳步回落的走势，根据2017年1月至2018年11月社会物流总费用的统计数据，预计2018年全年社会物流总费用为12.8万亿元。2018年以来，在外部挑战变数明显增多，国内结构调整阵痛继续显现的冲击下，中国经济依然呈现出增速稳、就业稳、物价稳、收入稳的发展格局，根据国家统计局公布的数据，2018年GDP为90.03万亿元，2018年社会物流总费用占GDP的比率有望实现进一步降低为14.2%，尽管这一比率没有显著下降，但从预测数据来看，社会物流总费用的绝对数额得到了有效降低，这说明物流业降本增效取得了阶段性成效。预计2019年社会物流总费用占GDP的比率将进一步降至13.6%。

2. 环保政策约束力度加大，促进物流业运输结构深度调整

2018年，国家出台了多项与环保相关的政策，加大了对物流业的环保约束，严查环保政策的执行情况。包括国务院办公厅发布《国务院办公厅关于推进电子商务与快递物流协同发展的意见》，鼓励电子商务企业与快递物流企业开展供应链绿色流程再造，推动绿色运输与配送；以及国务院发布的《打赢蓝天保卫战三年行动计划》《推进运输结构调整三年行动计划（2018—2020年）》，明确提出要以深化交通运输供给侧结构性改革为主

---

① 高雅，冯迪凡. 世行：贸易投资疲软，2019年全球经济增速将放慢至2.9%. https://www.yicai.com/news/100095365.html [2019-01-09].

② 季丽亚. OECD：全球经济增速将进一步放缓 中国经济出现企稳迹象. http://forex.hexun.com/2019-01-15/195882890.html[2019-01-15].

③ 蒋冬英，李苗献，鲁政委. 评2018年12月进出口数据：出口负增长将为常态吗？. http://finance.sina.com.cn/china/gncj/2019-01-15/doc-ihqfskcn7190590.shtml[2019-01-15].

线,以京津冀及周边地区、长三角地区、汾渭平原等区域为主战场,以推进大宗货物运输"公转铁、公转水"为主攻方向,实现到2020年全国铁路货运量增加11亿吨、水路货运量增加5亿吨的目标。自2018年11月24日起,京津冀及周边地区经历了2018年以来范围最大、持续时间最长、程度最重的一次污染过程。为应对大气污染,多省(自治区、直辖市)启动了重污染天气Ⅱ级应急响应并加强了环保整治力度,强化环保督查力度,如山西、河北、天津等地均出台了相关政策,勒令不合格企业及工厂停工、停产。

此背景之下,绿色物流再一次成了2019年物流业发展的重要议程。2019年起,物流业的"环保风暴"仍将延续,对违反环保政策要求的企业加大惩治力度,宣传绿色物流发展理念与技术。与此同时,全国范围内铁路运能提升、水运系统升级、公路货运治理、多式联运提速、信息资源整合、城市绿色配送等运输结构的调整行动将成为物流变革的主攻方向。预计2019年全年可以实现铁路货运量6亿吨,水路货运量3亿吨的增加额,本年度的重要任务包括:处理好运输结构调整和经济运行间的关系;充分发挥不同运输方式的比较优势和组合效率;妥善应对运输结构调整给道路运输行业发展带来的阵痛;推进政策制度创新。

与此同时,与运输结构转型相伴的还有企业物流业务的转型,许多物流企业已经认识到了资源整合和结构调整的趋势,开始向车货匹配、无车承运人等方向转型,大力投资新能源车辆。无车承运人具有资源整合能力强、品牌效应广、网络效应明显等特点,利用互联网手段和组织模式创新,有效促进货运市场的资源集约整合和行业规范发展,对于物流货运行业的转型升级和提质增效具有重要意义。预计2019年无车承运人试点将会实现进一步推广,同时无车承运模式也会在更多的行业普及,如航运行业中,部分货主已经开始尝试采用无车承运平台,以期实现运输的提质增效。

3. 中美贸易战可能产生深远的经济影响,物流行业对资本吸引力降温

自美国启动对中国的"301调查"后,美国宣布对价值600亿美元的中国产品加征25%的关税;2018年,美国总统特朗普拟对从中国进口部分商品大规模加征关税,并锁定在科技、通信和知识产权领域,如高性能医疗器械、生物医药、新材料、工业机器人、新能源汽车和航空产品等。中国商务部发布针对美国进口钢铁和铝产品232措施的中止减让产品清单并征求公众意见,拟对自美进口的约30亿美元产品加征关税。此外,美国商务部工业安全局明确针对关键新兴和基础技术及其相关产品出台了出口管制框架,可能会对物流行业中AI(artificial intelligence,人工智能)技术等智慧物流的探索带来一定的阻力。尽管在2018年12月1日,中美元首在阿根廷布宜诺斯艾利斯举行会晤,双方一致同意对贸易战按下暂停键,不再征收新关税,然而,中美贸易战背后其实是潜在的全球经济地位之争,美国打击的也主要是中国的高科技和先进生产制造行业,包括对中兴通讯股份有限公司的制裁和对华为技术有限公司的限制。因此,长期来看,中美贸易战可能产生深远经济影响,对我国进出口物流发展也将带来不利的影响。

近年来,物流行业政策红利不断,吸引了红杉资本、普洛斯(Global Logistics Properties,GLP)、钟鼎创业投资管理公司、经纬中国等各路资本纷纷入局,上演激烈的资本掠夺战。过去的几年间,物流投资成为资本圈热议的话题,物流业规模庞大,市场的巨大和资金的充沛，为行业发展带来了空前的活力。但进入2018年后，物流行业对资本的吸引力逐渐减弱，由图7可得，纵观2007~2018历年融资数据，物流行业在经历了2015~2017年的融资热潮之后，在多种因素影响下，2018年物流融资热度有所下降。2017年物流行业累计融资次数为185，2018年为150，减少了19%，公开部分融资累计金额减少了51%。

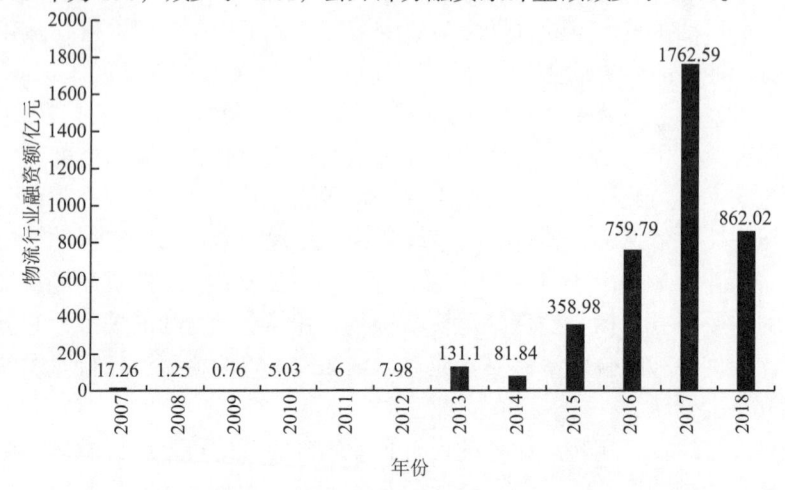

图7 2007~2018年物流行业融资情况

资料来源：2018物流行业投融资报告. http://www.56products.com/news/detail/id/123843.html[2019-01-29]

（二）物流市场运行特征分析

1. 互联网等新兴技术加速变革，物流运作方式迎来智慧重构

网络信息技术升级带动行业新技术、新业态不断涌现。2018年，中国互联网商业已经全面转向新零售，线下与线上的融合更加紧密且线下经济回升。新零售背后的供应链正在面临一次全面的重构，新物流必将与之匹配。新技术驱动之下的物流，将与人工智能、大数据、云计算、区块链等前沿技术紧密结合，不断推动智慧化发展的进程。物流行业中的新兴技术，可以实现物流决策、行政管理、客户响应、智能预警等多方面的变革，帮助行业从业者从海量数据，即运输、仓储、搬运装卸、包装及流通加工等物流环节中涉及的数据、信息中获取有价值的决策建议，提高运输与配送效率，降低物流成本，更有效地满足客户服务要求。通过精确匹配供需关系，形成即时信息平台，并实现高效、智慧的物流运作。

新技术应用及大数据的挖掘利用，对经济发展和政府治理有着很重要的影响，预计2019年，基于数据的服务将会成为物流业新的生产要素、战略性资源及重要的竞争优势。智能机器人、无人机配送等先进的配送技术将得到更多政策支持，包括物流数据共享和政府公共数据开放的标准和机制有望建立起来。智慧重构之下，物流业将与新元素深度融合，产生更多创新业态、流程，不断提升物流运作效率，未来的物流业贯穿流通的全环节、全链条，基于"互联网+"的高效物流是多式联运、一体化运作、一站式服务、多网协同、多业联动的一体化综合性服务行业。

2. 供应链创新与应用持续推进，企业物流新业态发展潜力巨大

2018年，商务部等8部门联合下发《商务部等8部门关于开展供应链创新与应用试点的通知》，在全国范围内确定了试点城市和试点企业名单，2019年，供应链创新与应用工作将会持续推进，进入全面实施阶段。商务部将会同有关部门对试点进行中期和终期评估，研究制定试点绩效评价体系，建立试点绩效评估、动态监督和退出机制，加强对试点的监督管理和经验总结，将对行业引领能力强、绩效评估为优的城市、企业授予"供应链创新与应用示范城市/企业"称号，给予相关激励政策。各试点城市也将加紧推进落实供应链创新与应用的精神，探讨其在企业高速发展、国民经济增长、供给侧结构性改革中的重要作用。供应链发展是重要的国家战略，在当前国内外形势错综复杂的环境下，深入开展供应链创新与应用尤为重要。

预计2019年，依托于供应链创新与应用的试点计划，越来越多的物流新业态将会涌现，物流发展将与更多新技术、新领域实现融合创新。此外，供应链创新将进一步推动产业组织创新、协调技术创新和管理模式创新，形成产业供应链互联网体系，拓宽产业边界，促进产业融合，实现各类资源的协同整合。建立现代化的创新供应链是培育新的经济增长点的需要，也是推进结构性改革和高质量发展的需要。

3. 物流业发展环境继续优化，提质增效成为发展主基调

2018年，国务院相继出台了多项关于大力发展物流业的政策，对物流业的降本增效提出了更多的支持性机制。包括深化"放管服"改革（即"简政放权、放管结合、优化服务"的改革），激发物流运营主体活力；加大降税清费力度，切实减轻企业负担；加强重点领域和薄弱环节建设，提升物流综合服务能力；加快推进物流仓储信息化、标准化、智能化，提高全链条运行效率；深化联动融合，促进产业协同发展；打通信息互联渠道，发挥信息共享效用；推进体制机制改革，营造优良营商环境。

随着我国物流运作的效率不断提升，物流行业的发展环境持续优化，预计2019年物流行业发展仍将保持中高速增长，关键词将由"降本增效"进一步升级成为"提质增效"：社会物流总费用与GDP的比率继续下降，物流运行的质量和效率将进一步提升。但物流运行中的基本矛盾依然存在，如与发达国家相比，社会物流总费用居高难下，物流企业利润率触底难上，供需衔接弱等问题依然存在，因此仍需在国家政策大力支持下，以供给侧结构性改革为主线，推动物流效率变革、动力变革、质量变革，着力解决物流发展不平衡、不充分、不可持续问题，更好地提升我国物流业的竞争力。

（三）物流业发展的主要驱动力分析

1. 基础设施建设与新技术深度整合，枢纽经济驱动物流业高效发展

近年来我国物流运作效率不断提升，2012~2017年实现了五连降，2017年社会物流总费用占GDP比率实现了14.6%，但和发达国家相比仍有差距。目前我国物流业正处于效率提升、需求调整和动力转换的战略转型期，基础设施还在升级过程中，许多操作流程的成本仍然居高不下,有必要加大流通基础设施信息化改造力度,充分利用物联网等新技术,推动智慧物流配送体系建设,科学发展多层次物流公共信息服务平台。新一轮的技术革命将与基础设施深度整合,为物流业的转型创造前所未有的发展机遇。以"互联网+物流"为重点的智慧物流,开辟了物流业发展新路径,智慧物流的成功落地,必须要有与之相适应的、基于新技术的基础设施,包括智慧物流体系、智能流通技术及相应的操作系统与设备。

2018年12月,国家发展和改革委员会与交通运输部联合印发了《国家物流枢纽布局和建设规划》(以下简称《规划》)。该规划目的在于借助经济要素资源的物理聚集平台如陆港、港口、空港、商贸服务和陆上边境口岸等,在综合服务组织支撑下,对商流、物流、资金流、信息流、客流五流合一进行集聚、扩散、疏导,形成国家级物流枢纽。《规划》明确提出,到2020年,要通过优化整合、功能提升,布局建设30个左右国家物流枢纽;到2025年,布局建设150个左右国家物流枢纽,解决物流业系统规划不足、布局不完善等关键节点问题,推动全社会物流总费用与GDP的比率下降至12%左右;到2035年,基本形成与现代化经济体系相适应的国家物流枢纽网络。

2019年,基础设施与新兴技术将实现更深层次的融合,枢纽经济的深入发展也将持续推动物流业降本增效。首先,以物流基础设施建设为主,全面提升基础设施的机械化、自动化及标准化水平,推广物联网、智能终端、智能仓库等在内的技术应用。借助基础设施的升级,进一步实现物流运作方式的智能化、协同化、数据化,加强流通加工的效率。其次,不断驱动物流业与其他产业的深度融合,改变传统物流业的运营模式,更好地支持生产、采购、仓储、运输、销售等供应链全程的优化,为终端客户创造更多的创新服务及增量价值。在此基础上,基于不断拓展的枢纽网络,在多部门的合力支持下,构建枢纽服务平台,实现交通、物流、信息、网络、装备、设施等载体的协调运行,产业要素与资源的快速集聚,强化枢纽基础保障和集聚辐射能力,并构建基于枢纽经济的产业链与经济发展新模式,持续推动物流业降本增效。

2. 资本目光向智慧领域聚焦,加速智慧供应链的普及

随着物流信息化的升级,与数据相关的细分行业将会吸引更多的资本,无人机、无人货车、无人仓储、无人快递等也将获得更大发展和普及,以无车承运人为代表的物流平台企业也将迎来更大发展空间。在2018全球智慧物流峰会上,阿里董事局主席马云表示,阿里和菜鸟网络将投资上千亿元,建设国家智能物流骨干网。在阿里加大智慧物流投入的消息刺激下,物流板块个股出现异动。在贸易战的背景影响下,随着"扩大内需"和"降低关税加大进口"的政策出台,物流板块有望获得更多的资本聚集。

未来的物流将以脑力劳动为主,将把机器变成"人",智能物流的时代将要到来。智慧物流及智慧供应链转型已经成了行业共识,2018年,智慧物流的市场规模不断扩大,据中商产业研究院发布的《2017—2022年中国智能物流行业市场前景及投资机会研究报告》数据[①],2018年中国智能物流行业市场规模预计将达到4090.8亿元,较2017年增长

---

① 沈浪. 货运大数据频频吸引资本入局 下一个互联网巨头可期. www.dsb.cn/79623.html[2018-06-01].

21.3%，到2022年将实现万亿级的市场规模。产业界在智慧物流实践方面投入了巨大的资本，预计2019年，随着智慧物流规模的不断扩大，为提升物流效率和质量，在物流细分领域中，资本将更加密集地聚焦于智慧物流领域。

3. 环保高压政策推进绩效改革，绿色物流探索持续深入

2018年，国家加快产业结构调整，高耗能制造业的增长回落，体现了国家经济创新和绿色发展的理念。这些理念的贯彻落实不但可以带来短期经济增长的质量提升，对中长期的经济增长也有可持续性的提升作用。绿色物流的相关政策密集出台，《国务院办公厅关于推进电子商务与快递物流协同发展的意见》中提出"强化绿色理念，发展绿色生态链"，被国家列为行业关键发展措施之一；《打赢蓝天保卫战三年行动计划》明确提出了对产业结构调整、运输方式转型、新能源汽车使用比例的指导意见。

受国家宏观调控的影响，2019年绿色物流等可持续发展理念仍然是行业发展的重要目标。绿色物流及绿色供应链将引领未来行业发展方向，更大力度的环保政策将陆续出台，生物降解、循环包装、清洁能源运输工具等将逐步推行，倒逼传统物流运作方式发生根本性变化，以满足可持续发展的要求。目前企业层面，对绿色物流的尝试已经不断深入，和国际同行相比，中国快递业在绿色探索方面力度空前，应用范围更广泛。例如，菜鸟网络推动的循环箱、可降解快递袋、无胶带纸箱、社区回收台等已经大面积使用，大量纸张的电子面单、纸箱优选算法等也推广到全国快递业。此外，菜鸟网络、三通一达（即中通快递股份有限公司、圆通速递有限公司、申通快递股份有限公司和上海韵达货运有限公司）、杭州百世网络技术有限公司、天天快递有限公司、苏宁云商集团股份有限公司等企业也以行业联合的形式，在推动物流绿色发展方面开展了非常有益的尝试。

三、物流发展政策建议

2019年，我国经济发展将继续保持平稳增速，物流业作为国民经济中基础性、先导性的支撑，其转型升级也进入了量变到质变的关键时期。政府政策的引导、扶持与约束，将促进我国物流业更加健康、稳定地发展，因此，特提出以下政策建议。

（一）加大物流内需体系建设，挖掘物流业与其他产业融合的深度价值

消费边界的拓宽及不断提升的体验需求，需要高效、敏捷、协同的物流生态网络进行支撑，无缝链接产业端和消费端，才能实现物流全行业的高效流通、精准匹配和价值创造。在此背景之下，物流行业的竞争不再是供应链的竞争，而是生态系统的竞争。在加大物流内需体系建设的同时，物流行业迫切需要与其他行业，如金融行业、IT行业、电子商务、医疗行业等，以"互联网+"为媒介，实现跨界融合发展，即物流业专注于提升核心竞争力，同时也要充分利用其他行业的优势，助力生态系统的构建，如物流业与

金融业的融合，催生了许多供应链金融的产业实践。目前物流业与其他行业融合发展略显不足，如物流业与交通业的融合不畅，造成多式联运发展滞后，运输标准化、信息化水平较低等问题，在一定程度上制约了物流业整体水平的提高。建议政府部门出台相关政策，对涉及产业融合的创新举措，在重点城市、重点企业、重点产业以试点、补贴等形式给予大力支持，并定期评选优秀案例，总结经验，进行复制推广，从而引导和促进产业跨界融合发展，有效降低社会物流总费用，进一步提升综合效率、效益。

（二）从建设现代经济体系出发，推进中长期发展规划的接续规划提前制订

政策的接续能够对经济发展起到连续性的支撑作用，2014年10月4日，国务院印发《物流业发展中长期规划（2014—2020年）》，聚焦于我国物流业转型升级中的主要矛盾：成本高、效率低，条块分割严重、体制障碍仍未打破，基础设施滞后、货运方式现代化程度较低，政策法规体系不完善、市场秩序不规范等，促进了我国物流行业的阶段性快速发展。目前中长期规划需要接续，建议政府尽快开启相关的总结论证工作，并结合物流行业发展的预测进行接续规划的研讨，在接续规划中展示政策的前瞻性、指导性，切实推进智慧物流、绿色物流、信用物流、物流供应链创新、物流运输结构调整等转型方向，从建设现代经济体系出发，确定接续政策的着力点，提前部署2020~2025年物流行业发展的总体思路、主要任务和相应措施等，进一步研究和明确物流提质增效发展的内涵，提出推动我国物流高质量发展的战略思路、实现路径和相应措施建议。

（三）重视在运输结构中的市场经济规律，发挥经济主体在推进结构转型中的重要作用

未来很长一段时间，提质增效都是物流行业的核心命题，运输结构调整作为重要的战略任务，需要在政策引导下，加快推进大宗货物集疏港，由公路运输转向铁路运输，做好中长距离货运由公路运输转向铁路运输，同时积极做好"公转铁"两端公路短驳运输的相关业务调整。在制定合理政策支持的同时，也应该认识到企业是物流行业发展的微观基础，只有充分发挥企业在加快转变经济发展方式中的主体作用，才能以企业物流质量的提高推动物流行业的转型升级。物流企业是物流运输方式调整的实施主体，在运输方式转型过程中应该尊重市场规律，并从财政、用地用海、审批流程简化等方面完善政策制定，大力支持物流企业、物流园区新建或改扩建铁路专用线，简化铁路专用线审核程序，吸引社会资本投入，发挥经济主体在推进结构转型中的重要作用，实现"有形的手"与"无形的手"的良好结合。

（四）全面落实物流信用评价体系，促进物流业理性化发展

在物流运作过程中，一些物流企业出现了过度承诺、贷款潜逃、泄露客户商业信息等信用缺失问题，因此推进物流企业信用记录建设十分必要。首先要健全信用信息采集机制，及时、准确地记录各类物流企业的基础信息和信用记录，积极应用大数据、云计算、物联网等信息技术，针对运输、仓储、代理等不同行业和不同运输方式分别制定信用考核标准，建立具有监督、申诉和复核机制的综合考核评价体系。其次，发挥全国信用信息共享平台作用，建立跨区域、跨行业的守信联合激励和失信联合惩戒机制，完善失信行为通报和公开曝光制度、行业黑名单制度和市场退出机制。最后，政府和社会应加强对守信物流企业的激励，在市场监管和行业服务过程中，将企业信用作为重要考量因素，对诚实守信者在资质审核、资金支持、物流企业分类评估、行业评优评先等方面给予优先考虑和支持。如果相关物流企业出现严重的信用缺失行为，应对违规失信的物流企业及个体经营者，采取与司法性、行政性、行业性、市场性惩戒互为补充的惩戒机制，提高其失信成本。

（五）重视智慧物流深入推进带来的社会问题的长远影响，加快步伐进行政策研究与布局

第一，要加强基础设施投入，满足与物流互联网相关的物流大数据、物流云等智能基础设施的实际需要，实现物流互联网的高效覆盖。第二，建立和完善智慧物流的相关标准。智慧物流的有效运转建立在共同的标准和协议基础上。我国车型及运输单证信息的不统一，容易导致物流信息传递失真。第三，建立有效的监管体系和社会保障制度。智慧物流打破了企业边界和所有权限制，相关的监管制度，特别是财税制度无法适应市场需求，传统的企业雇佣模式面临挑战，社会保障制度面临变革。因此，监管部门要加快研究电子商务与物流企业的数据高质高效流动的新规则，新业态与新商业模式要求政府监管规则变革，形成开放、包容、共享、公平的营商环境。

（六）深度推进面向制度性成本的降本增效，发挥制度创新在物流业发展中的关键价值

首先，明确各部门的责任分工，避免重复冗余，精简各类手续，进一步取消和调整交通运输行政审批事项，实现全国统一化、常态化、制度化和标准化。利用新兴的技术优势，实现跨省大件运输并联许可全国联网，实现一地办证、全线通行。其次，利用信息平台的共享作用，各部门单位之间，如发展和改革、工业和信息化、商务、海关、铁路总公司等，要加强沟通协调，形成横向协同、上下联动的工作格局。最后，制定相关的政策，如研究制定推进物流业与制造业融合发展的政策措施，政府部门和行业协会帮助各行业建立分行业的物流成本对标体系，引导企业对物流成本进行精细化管理，提高物流管理水平。

2019 年国际大宗商品价格走势分析与预测[①]

陆凤彬 汪寿阳

报告摘要： 2018 年国际大宗商品平均价格较 2017 年小幅上涨。作为国际大宗商品价格代表的路透/杰佛瑞商品研究局（Reuters/Jefferies Commodity Research Bureau，CRB）商品期货价格指数，2018 年平均为 194 点，较 2017 年平均的 184 点上涨 5.4%。代表性大宗商品的价格方面，2018 年美国西德克萨斯轻质（West Texas intermediate，WTI）原油期货均价为 64.9 美元/桶，同比上涨 27.6%；伦敦金属交易所（London Metal Exchange，LME）3 个月铜期货均价为 6543 美元/吨，同比上涨 5.5%；农产品方面，美国芝加哥期货交易所（Chicago Board of Trade，CBOT）大豆、玉米和小麦三大农产品均价分别约为 931 美分/蒲式耳[②]、368 美分/蒲式耳和 496 美分/蒲式耳，同比分别变动 −4.5%、2.5% 和 13.7%。不过，受全球贸易争端加剧、全球经济下行风险加大等影响，2018 年内各月国际大宗价格基本呈现冲高回落走势。其中，2018 年 1 月 WTI 原油期货均价为 63.7 美元/桶，10 月涨至 70.8 美元/桶，而后快速明显下跌，12 月回落至 49 美元/桶。

展望 2019 年，全球经济增长预计将放缓，使国际大宗商品需求放缓。全球货币政策收紧的趋势预计仍将延续，不过其收紧速度可能放慢。美国原油产量将明显增加，全球原油供给预计将较为充裕，全球经济增速放缓导致原油需求增速放缓，抑制原油价格；不过，石油输出国组织（Organization of Petroleum Exporting Countries，OPEC）和包括俄罗斯在内的非 OPEC 产油国（OPEC+）原油减产协议执行、美国对伊朗制裁等因素将支撑原油价格。全球铜市场预计将基本保持供需平衡，农产品料将供给充裕。在此基准情景下，预计 2019 年国际大宗商品价格将小幅下跌。预计 2019 年 CRB 商品期货价格指数均值在 184 点左右，同比下跌约 5%。其中，2019 年 WTI 原油期货价格可能将主要在 40~65 美元/桶波动，均价预计在 55 美元/桶左右，同比下跌约 15%；LME 3 个月铜期货价格可能将在 5500~6700 美元/吨波动，均价约为 6100 美元/吨，同比下跌 7%；CBOT 大豆、玉米和小麦均价预计约为 920 美分/蒲式耳、372 美分/蒲式耳和 510 美分/蒲式耳，同比分别变动为 −1.2%、1% 和 3%。此外，2019 年有可能发生的厄尔尼诺现象，一般会威胁农产品（玉米、小麦、橡胶等）生产，短期内可能会刺激相关农产品价格小幅上涨。

[①] 本报告得到国家自然科学基金项目（项目编号：71871213，71771208）、中国科学院预测科学研究中心、中国科学院国家数学与交叉科学中心和中国科学院管理、决策与信息系统重点实验室的资助。

[②] 1 蒲式耳（英国）=3.636 87×10^{-2} 平方米，1 蒲式耳（美国）=3.523 91×10^{-2} 平方米。

一、2018 年国际大宗商品市场走势回顾

受全球经济温和增长等因素的影响，2018 年国际大宗商品整体均价较 2017 年小幅上涨。但受全球贸易争端加剧、全球经济下行风险加大等影响，年内国际大宗价格基本呈现冲高回落走势。作为国际大宗商品价格代表的 CRB 商品期货价格指数，2018 年平均为 194 点，较 2017 年平均的 184 点上涨了 5.4%。从 2018 年各月走势看，CRB 商品期货价格指数呈现小幅上涨后明显回落走势（图 1）。1~5 月 CRB 商品期货价格指数震荡上行，1 月均价为 196 点，5 月均价上涨至 204 点的年内高点；此后 CRB 商品期货价格指数开始震荡回落，12 月回落至 177 点水平，较年初价格明显回落。

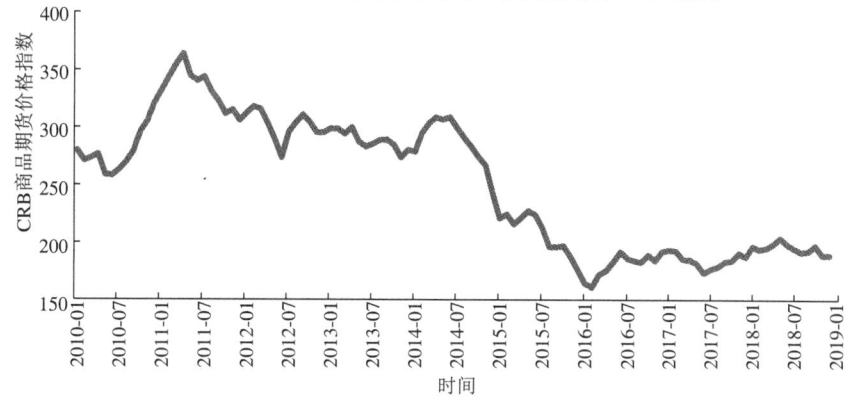

图 1 CRB 商品期货价格指数走势图

资料来源：Wind 数据库

2018 年全球经济整体呈现温和增长态势，为国际大宗商品的价格上涨提供了有力支撑；不过，受全球贸易紧张局势加剧、新兴市场风险等不利因素的影响，未来全球经济下行风险增加，使得大宗商品需求和价格受抑。国际货币基金组织（International Monetary Fund，IMF）在 2018 年 4 月 13 日发布的《世界经济展望》报告称，受益于 2017 年下半年全球投资和贸易持续增长，2017 年全球经济增速达 3.8%，预计 2018 年全球经济增速将进一步提升至 3.9%，达到全球经济自 2011 年以来的最快增长水平。而受全球贸易问题及新兴市场风险的影响，IMF 在 2018 年 10 月发布的《世界经济展望》中，将 2018 年、2019 年全球经济增速预期均由 3.9% 下调至 3.7%。OECD 在 2018 年 11 月 21 日发布的全球经济展望报告显示，预计 2018 年全球经济增速为 3.7%，同时也下调了对 2019 年全球经济增速的预期。

代表性大宗商品的价格方面，2018 年铜和原油价格呈现冲高回落走势，原油期货均价同比明显上涨，铜均价同比略有小幅上涨，小麦、玉米和大豆等农产品均价则基本维持在多年的历史低位水平。其中，2018 年 WTI 原油期货均价为 64.9 美元/桶，同比上涨 27.6%；LME 3 个月铜期货均价为 6543 美元/吨，同比上涨 5.5%；农产品方面，CBOT 大豆、玉米和小麦三大农产品均价分别为 931 美分/蒲式耳、368 美分/蒲式耳和 496 美分/蒲式耳，同比分别变动 -4.5%、2.5% 和 13.7%，其中小麦价格的涨幅较为明显，大豆价

格略有小幅下滑。

原油价格走势方面，2018年WTI原油价格冲高回落，均价较2017年明显上涨（图2）。2018年1月WTI原油期货均价为63.7美元/桶，10月均价涨至70.8美元/桶，而后快速下跌，12月均价回落至49美元/桶。特别地，2018年10月初WTI原油期货价格达到年内最高的76美元/桶上方，而在2018年12月底则大幅下跌至45美元/桶附近，短期内下跌幅度很大。在此背后，OPEC减产、全球经济增速加快带动原油消费增加、全球原油库存下降、美国对伊朗制裁等因素有力支撑油价的上涨；而美国页岩油生产导致其原油产量大幅提升、2018年下半年沙特阿拉伯和俄罗斯原油大幅增长等则对原油价格上涨带来抑制作用。其中，反映供需均衡关系的原油库存方面，美国能源信息署（Energy Information Administration，EIA）2018年12月13日公布数据显示2018年7月OECD和美国石油库存分别为439 419万桶和187 228万桶，低于2017年底的440 896万桶和189 457万桶水平；不过，第二季度后OECD和美国石油库存水平出现一定幅度反弹，表明全球原油供给开始趋于宽裕（图3）。而2018年美国页岩油生产使其原油产量创下新的历史纪录，并自1973年以来首次成为全球最大产油国。根据EIA 2018年12月13日公布的预测，美国2018年原油日均产量同比增加153万桶，达到1088万桶，有望刷新美国历年最高纪录，成为全球最大的石油生产国；而据美国联邦政府数据，先前最高纪录发生在1970年（日均产量960万桶）。

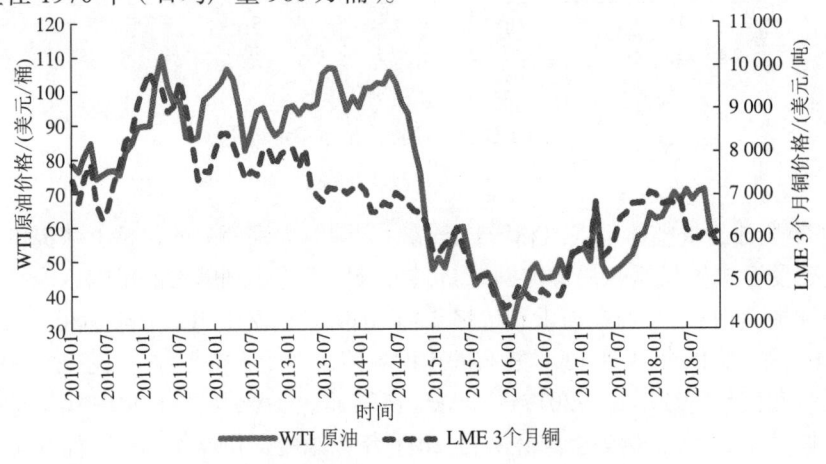

图2 WTI原油价格和LME3个月铜价格（均价）

资料来源：Wind数据库

铜价格走势方面，2018年LME 3个月铜期货均价较2017年小幅上涨（图2）。2018年LME 3个月铜期货均价为6543美元/吨，较2017年均价上涨5.5%。各月走势看，铜价基本呈现回落走势。其中，2018年1月LME 3个月铜均价为7109美元/吨的年内高点，此后受全球贸易紧张局势加剧等因素影响而持续下滑，9月均价跌至6050美元/吨的年内低位水平；10月后铜价略有反弹至6203美元/吨，12月均价再度回落至6082美元/吨，但较1月的高位下跌14%，价格回落明显。全球经济温和增长，使得铜消费需求增加，为铜价提供支撑。不过，最大铜消费和进口国——中国经济增速放缓导致铜需求不旺，2018年第二季度中美贸易摩擦的加剧，全球经济前景看淡，使得年内铜价持续回落。

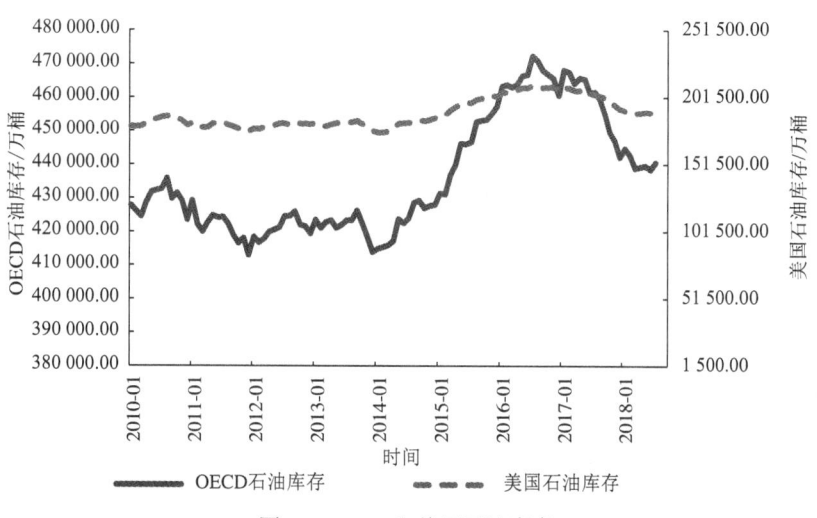

图 3 OECD 和美国石油库存

资料来源：Wind 数据库

农产品价格走势方面，2018年基本维持在多年来的低位水平（图4）。其中，CBOT小麦和玉米价格小幅上涨，大豆价格受中美贸易摩擦影响而小幅下跌。2018年1月CBOT大豆、玉米和小麦价格分别为 970 美分/蒲式耳、353 美分/蒲式耳和 432 美分/蒲式耳，12月价格分别为 898 美分/蒲式耳、376 美分/蒲式耳和 517 美分/蒲式耳。大豆价格出现一定回落，小麦和玉米价格则出现一定幅度的上涨。在此背后，全球农产品供给充裕使得农产品价格维持低位运行；全球谷物产量下滑使得小麦和玉米价格触底反弹，大豆库存增加使大豆价格回落。国际谷物理事会 2018 年 10 月发布的月度报告显示，2018/19 年度全球谷物产量（小麦和粗粮）预计比上年减少 1%，创下近三年（2015~2017 年）来的最低水平 20.81 亿吨；其中，玉米产量增幅（产量同比增加 2600 万吨）被其他谷物产量降幅（小麦减产 3800 万吨，大麦减产 600 万吨）所抵消。联合国粮食及农业组织（Food and Agriculture Organization of the United Nations, FAO）2018 年 11 月发布的月度报告显示，2018/19 年度全球谷物期末库存预计为 7.62 亿吨，比 2017 年创纪录的水平减少 5300 万吨

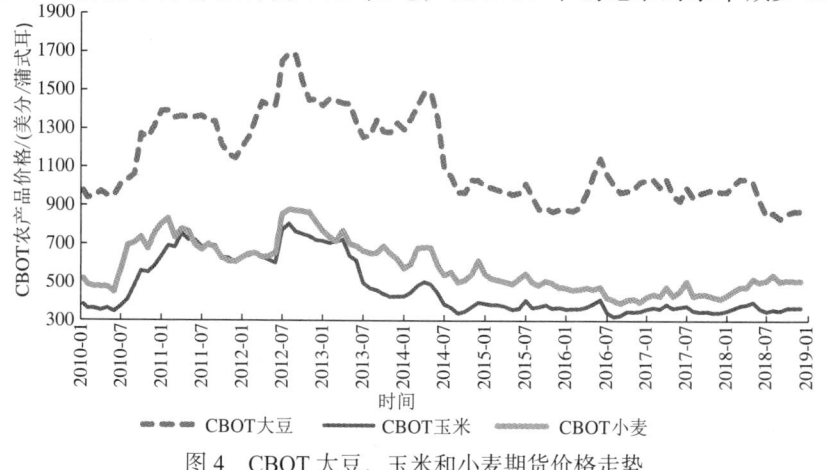

图 4 CBOT 大豆、玉米和小麦期货价格走势

资料来源：Wind 数据库

或 6.5%。美国农业部 2018 年 11 月大豆供需报告将全球大豆的期初库存上调至 1.0130 亿吨，将期末库存上调至 1.1533 亿吨，全球大豆库存明显增加，反映全球大豆市场供应趋于过剩，国际大豆价格承压走低。

二、2019 年国际大宗商品市场因素分析和展望

展望 2019 年，预计全球经济下行风险加大，经济增速预计将下滑，使得大宗商品消费需求放缓，抑制大宗商品价格。全球货币政策收紧的趋势仍将延续，不过受经济下行风险加大的影响，其收紧速度可能放慢。代表性大宗商品的供需方面，全球原油市场可能将趋于宽裕，铜市场将基本维持供需平衡，农产品市场预计将维持供给充裕格局。

（一）2019 年全球经济下行风险加大，经济增速可能下滑

受贸易紧张局势加剧、金融环境收紧等因素的影响，预计 2019 年全球经济下行风险加大，经济增速面临下滑。国际权威机构纷纷下调 2019 年全球经济增速的预测值。IMF 2018 年 10 月报告显示，受全球贸易问题及新兴市场风险的影响，预计 2018 年、2019 年全球经济增速均为 3.7%，较上次预测的 3.9%水平下调 0.2 个百分点。IMF 下调了 2019 年美国和中国的经济增速预期。其中，IMF 维持 2018 年美国增长预期 2.9%，将 2019 年美国增长预期由 2.7%下调至 2.5%；维持 2018 年中国增长预期 6.6%，将 2019 年中国增长预期由 6.4%下调至 6.2%；IMF 将 2018 年欧元区增长预期由 2.2%下调至 2.0%，维持 2019 年预期 1.9%不变。

OECD 2018 年 11 月 21 日发布全球经济展望报告，下调 2019 年全球经济增速预期。预计 2018 年全球经济增速为 3.7%，2019 年为 3.5%（此前预估为 3.7%），2020 年为 3.5%。主要经济体增速预测方面，OECD 预计美国 2018 年经济增速为 2.9%不变，2019 年为 2.7%，2020 年为 2.1%；将中国 2018 年经济增速预期从 6.7%下调至 6.6%，2019 年从 6.4%下调至 6.3%，2020 年为 6.0%；将 2018 年欧元区经济增速预期从 2.0%下调至 1.9%，2019 年从 1.9%下调至 1.8%，2020 年为 1.6%。OECD 认为美联储应当在 2019 年末前将关键利率提高至 3.25%~3.5%，欧洲央行应当在 2019 年底前首次提高关键利率。

特别值得一提的是，全球贸易紧张局势加剧是目前全球前景面临的主要威胁。IMF 2018 年 10 月报告显示，自 2018 年 4 月美国发布建议征收中国产品关税的清单以来，美国贸易保护主义言辞日益转为行动，美国对各类进口商品施加了关税，包括对价值 2000 亿美元的中国进口商品加征关税，贸易伙伴已经或准备采取报复性和其他保护措施。贸易紧张局势的加剧及由此带来的政策不确定性上升可能挫伤商业和金融市场情绪，引起金融市场动荡，导致投资和贸易减缓，威胁全球经济。

整体而言，2019 年全球经济增速可能将放缓，预计将使得全球大宗商品消费疲软，从需求端抑制国际大宗商品价格。

（二）全球货币政策将维持收紧的趋势，不过收紧速度可能放慢

全球主要经济体货币政策方面，美国和欧洲的货币政策料将继续退出，使得全球货币政策继续收紧；不过全球经济增速放缓使得主要经济体货币政策收紧速度可能放缓。

美联储预计仍将多次加息，不过加息次数可能会减少。美联储2018年9月会议后宣布加息；当时公布的点阵图显示，美联储维持此前的加息预期不变，多数美联储官员仍预计，2018年、2019年和2020年分别合计加息四次、三次和一次；美联储公布的经济预测还显示，多数美联储官员预计，长期中性利率为3%，到2020年末，利率会达到3.25%~3.5%的巅峰，高于长期中性水平。2018年10月3日鲍威尔表示，美国经济表现"相当正面"，美联储再也不需要保持超低利率，要循序渐进地转向中性利率，"当前可能距离中性利率还有一段长路"。不过，美联储主席鲍威尔2018年11月28日在纽约经济俱乐部的午餐会上称，他和其他美联储货币政策委员会决策者都认为，美国经济前景稳固，利率"略低于"中性区间。市场将鲍威尔最新讲话理解为，2019年再加息两次这轮加息周期可能就会结束。

欧洲央行虽开始收紧其货币政策，不过受其经济增速放缓预期的影响，未来货币政策预计将依旧非常宽松。欧洲央行在2018年12月13日公布其12月利率决议，维持三大利率不变，确认12月底退出量化宽松政策。将于2018年12月19日后正式终结自2015年实施至今的资产购买计划；与此同时，欧洲央行管理委员会（以下简称管委会）将其改为实施再投资；至少将在2019年夏季结束前维持现有的欧元区三大基准利率水平不变。其中，欧洲央行在声明中表示，该行管委会决定维持欧元区三大基准利率现有水平不变，即：主要再融资利率为0、隔夜贷款利率为0.25%和隔夜存款利率为-0.40%；同时强调，为维持欧元区通货膨胀率在中期持续朝着接近2%的位置发展，必要的情况下，将在更长时间内维持现有利率水平。欧洲央行行长德拉吉表示仍需要货币政策作为刺激，以帮助相关国家国内价格和通货膨胀水平朝着中期目标发展。

整体而言，全球货币政策料将会逐步收紧，这将抑制国际大宗商品价格的上涨。不过，随着全球经济特别是美国和欧洲经济增速的放缓，预计美联储、欧洲央行等主要经济体央行收紧货币政策的步伐将很可能放缓，这将在一定程度上减少对大宗商品市场的不利影响。

（三）2019年，全球原油需求放缓、美国原油产量继续增加，全球原油市场供给可能将趋于宽裕，铜市场可能将维持供需平衡，农产品供给将继续保持充裕

代表性大宗商品的市场供需方面，预计2019年全球原油供给可能将趋于宽裕（甚至过剩），铜市场供需平衡局面可能将维持，大豆、玉米和小麦三大农产品料将维持供给充裕的局面。

（1）预计2019年全球原油市场供给将保持充裕；若OPEC+原油减产未达预期，原油市场将可能过剩。

2018年12月，OPEC+原油减产协议达成，联合减产幅度为120万桶/日，减产时长为6个月，这将减少原油供给，并支撑原油价格。OPEC 2018年12月7日发布政策公报指出，该组织在2018年10月的产量基础上减产80万桶/日，将自2019年1月起生效，持续6个月；同时俄罗斯等非OPEC产油国将减产40万桶/日，双方（OPEC+）合计减产120万桶/日，同样将持续至2019年6月底。俄罗斯能源部长诺瓦克称，油市局势面临挑战，减产将会有助于市场更快实现再平衡，不过油市将会在2019年第一季度与第二季度出现供过于求的情况。沙特阿拉伯能源大臣法利赫指出，2019年绝大部分的供过于求情况将会出现在上半年，若出现供应缺口，OPEC将准备举行额外的会议来填补这个缺口。据悉下次会议将提前至2019年4月举行，届时OPEC+会重新评估减产情况。其中伊朗、委内瑞拉与利比亚不需要承担OPEC减产义务。数据显示，沙特阿拉伯2018年11月产油量为1100万桶/日，预计2019年1月产油量将为1020万桶/日，较2018年11月减少80万桶/日。预计OPEC+原油减产协议的执行将减少国际原油供给，支撑油价；不过，OPEC+原油减产协议的执行情况目前依然存疑。

2019年美国原油将大幅增产。EIA 2018年12月11日公布的短期能源展望报告称，预计2018年美国原油产量将略微低于之前预期，同时维持2019年美国原油产量预期不变。预计2018年美国原油产量为1088万桶/日，此前预期为1090万桶/日；预计2019年美国原油产量为1206万桶/日，较2018年增产118万桶/日。EIA局长琳达·卡普阿诺2018年12月11日宣称："2018年，美国是全球最大产油国。"这是美国自1973年以来首次成为全球最大产油国。2008~2018年，美国石油产出翻了一番多，表明美国页岩油的兴起已经改变全球能源版图。

另据国际能源署（International Energy Agency，IEA）2018年12月13日发布的月度石油报告，OECD对2019年经济增速预期的3.5%可能会让原油需求增速预期下滑10万桶/日。预计2018年全球原油需求增速为130万桶/日，2019年全球原油需求增速预期为140万桶/日，与此前预期均一致。如果OPEC+遵守减产协议，全球原油市场在2019年第二季度前将转入供不应求。不过，该报告显示OECD商业原油库存在2018年10月增加570万桶至28.72亿桶，高于近五年（2013~2017年）均值水平，表明目前原油市场供给较为充裕。

（2）铜市场方面，全球铜市场将基本保持供需平衡，但是全球经济增速放缓将抑制铜价。

国际铜供需方面，预计2019年将基本维持在供需平衡状态。2018年10月国际铜业研究小组（International Copper Study Group，ICSG）会议上，ICSG表示在2017年出现了1.5%的下滑后，全球铜矿山产量将在2018年和2019年分别增长2%和1.2%。精炼铜全球表观消费量预计将在2018年增加2.1%，2019年增加2.6%。中国和印度等主要国家的基础设施建设和全球清洁能源趋势将继续支持铜需求的增长。ICSG预测，2018年将出现约9万吨的短缺，2019年将出现约6.5万吨的短缺。

全球经济特别是世界第一大金属消费国——中国经济增长放缓预计将抑制铜价。其中，2018年11月12日新闻消息，Arc Resources总经理Milton Li日前表示，"下游客户告诉我们，明年的订单基本上与2018年一样多，但明年来自电力、汽车及房地产行业的铜需求可能不会有所增长，这意味整体需求将一般"。全球经济增速放缓（特别是中国经济增速放缓）将使全球铜消费需求疲软，预计将抑制铜价上涨。

不过，全球新增铜矿山产量增速预计将放缓，以及中美贸易摩擦的可能缓和，预计将在一定程度上支撑铜价。据美银美林集团分析师消息，新的铜矿供应将集中在5个矿山（Escondida、Cobre Panama、Quebrada Blanca、Spence 和 Kamoto）。美银美林集团的分析师估计，在2018~2022年，这些矿山产量将占矿山基础产量增长的80%。但如果铜价降至5000美元/吨以下，80%左右的新产量将无利可图，这将抑制铜价下跌空间。此外，中国是全球最大铜消费和进口国，目前中美正在进行贸易磋商，表明未来中美贸易摩擦将有可能缓和，有望短期内刺激铜价反弹。

（3）2019年全球农产品可能将维持供应充裕，但厄尔尼诺天气可能威胁农产品生产。

目前全球主要农产品产量和库存出现一定幅度下滑，不过农产品库存水平依然维持在较高水平，预计全球农产品很可能将维持供应充裕。据FAO、国际谷物理事会公布的报告，预计2018年全球谷物产量和库存下滑。FAO 2018年11月7日发布的月度报告显示，2018年全球谷物产量预计为26.01亿吨，比上年创纪录的水平减少5700万吨或2.1%。预计2018年全球小麦产量达到7.28亿吨，比上年减少4.3%。小麦价格普遍良好，将鼓励欧盟、美国和印度提高小麦播种面积，而天气因素可能制约中国和巴基斯坦部分地区的播种。2018年全球粗粮产量预计为13.6亿吨，比上年减少2.2%。虽然粗粮产量数据较2018年10月预测值略微上调（主要是因为玉米和大麦产量数据上调），但仍是六年（2012~2017年）来的最低水平。初步迹象显示，因为出口需求旺盛，南美玉米播种面积增加。因为价格上涨及作物轮作需求，南非玉米播种面积也预期增加。另据FAO 2018年12月发布的月度报告，预计2018年全球谷物产量为25.95亿吨，略低于2018年11月的预测值，比上年的创纪录水平减少6250万吨或2.4%。全球主要农产品产量和库存下滑预计将支撑其价格上涨，不过种植面积增加将抑制价格上涨幅度。

国际谷物理事会2018年10月发布的月度报告显示，2018/19年度全球谷物产量（小麦和粗粮）预计比上年减少1%，创下近三年（2015~2017年）来的最低水平20.81亿吨。玉米产量增幅（产量同比增加2600万吨）被其他谷物产量降幅（小麦减产3800万吨，大麦减产600万吨）所抵消。整体来看，2018/19年度谷物供应将比上年减少1%，而需求增幅将会保持不变，其中包括食品用量、饲料用量和工业用量。全球期末库存预计降至近四年（2014~2017年）来的最低水平，库存用量比将是2013/14年度以来的最低。库存降幅最大的为玉米，预计减少3800万吨，其中主要出口国的库存减少900万吨，中国库存减少2400万吨。全球小麦期末库存将减少1100万吨，主要集中在主要出口国，而中国的小麦库存将进一步增加。由于主要生产国的播种面积提高及单产改善，2018/19年度全球大豆产量预计增至3.69亿吨，同比增加2900万吨。虽然巴西播种工作快速展开，但是目前对南半球的预测依然是暂时性的。因为饲料用量、食品用量和工业用量提高，全球大豆用量将继续增加，而主要出口国的库存将会增加近30%，尤其是美国。

天气方面，厄尔尼诺现象可能会威胁未来全球农产品生产，不过对大豆生产较有利。2018年12月4日国家气候中心气候服务室首席陈峪表示，预计2018年冬季的时候会形成一次厄尔尼诺事件。他称：从监测来看，赤道中东太平洋海温从8月以来是偏高比较明显的，最近

3 个月就是 8 月、9 月、10 月的平均海温已经达到了偏高 0.5℃。根据现有的监测标准，从 9 月进入厄尔尼诺状态，通过监测及国内外多家模式的预测，预计 2018 年冬季的时候会形成一次厄尔尼诺事件。一般厄尔尼诺天气会影响食糖、水稻、玉米、小麦等农产品产量；而对于大豆来说，在厄尔尼诺年份中，大豆主产国的大豆生产一般是向好的。

此外，中美贸易摩擦未来走向预计将对国际大豆价格产生明显影响。中国是全球最重要的大豆消费和进口国，2018 年中美贸易摩擦加剧，中国从美国进口大豆数量明显下滑。如果未来中美贸易摩擦局势出现缓和，中国预计将开始恢复美国大豆的进口，进而可能使国际大豆价格从目前的较低水平小幅反弹。

三、2019 年国际大宗商品价格预测

在全球经济增速小幅放缓、OPEC+原油减产、全球贸易摩擦不明显加剧、美联储加息步伐放缓、美国和伊朗冲突不急剧加剧等基准情景下，预计 2019 年国际大宗商品价格将小幅下跌。2019 年 CRB 商品期货价格指数均值在 184 点左右，同比下跌约 5%。

代表性大宗商品方面，2019 年原油、铜、大豆、玉米和小麦价格走势如下。

（1）预计 2019 年国际原油价格将明显下跌。2019 年 WTI 原油期货价格可能将主要在 40~65 美元/桶波动，均价预计在 55 美元/桶左右，同比下跌约 15%。全球经济下行风险加大，经济增速可能下滑，使得全球原油需求放缓；美国原油产量预计将继续明显增长，部分地抵消 OPEC+原油减产的努力，抑制原油价格。而 OPEC+原油减产协议执行、中东紧张局势（特别是美国对伊朗的制裁）等因素，将支撑油价。未来 OPEC+原油减产协议的执行情况目前依然存疑，如果其执行情况没有达到预期，预计油价将再度承压下行。而美国重启对伊朗制裁使得未来中东局势面临较大不确定性，不排除短期内局势激化而刺激油价上涨的可能。

（2）2019 年国际铜价格将下跌。预计 LME 3 个月铜期货价格将在 5500~6700 美元/吨波动，均价约为 6100 美元/吨，同比下跌 7%。全球经济增速下滑（特别是中国经济增速下滑）将使得全球铜消费需求不足，抑制铜价。不过，全球新增铜矿山产量增速预计将放缓，以及中美贸易摩擦的可能缓和，有可能刺激铜价较前期低位小幅反弹。

（3）2019 年国际农产品价格预计将保持稳定。CBOT 大豆、玉米和小麦均价预计约为 920 美分/蒲式耳、372 美分/蒲式耳和 510 美分/蒲式耳，同比分别变动为−1.2%、1% 和 3%。目前农产品价格整体位于历史较低水平，原油等大宗商品价格上涨提高农产品生产成本，预计将会影响农产品种植积极性，进而可能使得农产品价格逐步恢复。不过，2019 年全球农产品预计将保持供应充裕，将使得国际农产品价格整体保持稳定。天气方面，2019 年有可能发生厄尔尼诺现象，一般会威胁农产品（玉米、小麦、橡胶等）生产，有望刺激相关农产品价格小幅上涨；不过这会使得大豆主产国的大豆生产向好，有可能抑制大豆价格。另外，如果未来中美贸易摩擦出现缓和，中国预计将加大美国大豆的进口，这将在一定程度上刺激国际大豆价格较目前低位水平小幅反弹。

2019 年中国农村居民收入分析与预测

陈全润　杨翠红

报告摘要：在政府重点关注收入分配改革、提高居民收入的背景下，我国居民收入出现新的增长模式。主要表现为居民收入增速总体快于 GDP 增速，农村居民收入增速快于城镇居民收入增速，收入分配状况不断好转。实现 2020 年城乡居民收入比 2010 年翻一番，农村贫困人口实现脱贫的目标要求，我国农村居民收入尚需保持较快的增长速度。近几年，我国经济由高速增长期进入中高速增长期，经济增速正逐渐放缓。逐级加码的中美贸易摩擦，进一步增加了我国对经济增速下滑的预期。在此背景下，未来我国农村居民增收所面临的形势、全面建成小康社会所面临的压力等问题已成为社会各界关注的重要话题。

2018 年我国农村居民收入保持了平稳增长。前三季度农村居民人均可支配收入为 10 645 元，同比实际增长 6.8%，增长速度快于同期 GDP 增速 0.1 个百分点，快于城镇居民人均可支配收入增速 1.1 个百分点，城乡居民收入倍差进一步下降，但绝对收入差距仍在扩大。从收入来源看，前三季度农村居民人均可支配收入的增长主要来自工资性收入、转移净收入和经营净收入的增长，三者对农村居民收入增长的贡献率分别为 47.4%、27.0%和 21.9%。农村居民人均工资性收入的增长主要得益于外出务工农村劳动力人数上升及月均收入的较快上涨。在夏粮和早稻产量下降及农产品生产价格下降的不利影响下，农村居民经营净收入的增长主要得益于第二产业、第三产业经营收入的增长。财产净收入的增长主要得益于农村居民转让承包土地经营权租金净收入和出租房屋净收入的较快增长。转移净收入的增长主要得益于社会救济补助及报销医疗费的收入增长。

预计 2019 年我国农村居民收入仍将实现稳定增长，但增速相比 2018 年将放缓。主要原因为：第一，长期来看产业结构优化将持续改善收入分配状况，服务业的快速发展将成为就业及居民收入增长的重要推动力；第二，中美贸易摩擦将对农村居民工资性收入增速产生负面影响；第三，农业生产形势稳定及精准扶贫工作将助力农村居民人均经营净收入增长；第四，城镇化的推进将推动农村居民人均经营净收入增长；第五，政府民生改革及人口结构变化将带来农村居民转移净收入的长期增长。

预测结果显示：2019 年我国农村居民人均可支配收入将达到 15 886 元，实际增长速度为 6.4%左右。其中，人均工资性收入为 6532 元，实际增长 6.4%；人均经营净收入为 5702 元，实际增长 4.4%；人均财产净收入为 394 元，实际增长 11.6%；人均转移净收入为 3258 元，实际增长 9.5%。预计 2019 年我国农村居民人均可支配收入增速将快于城镇居民人均可支配收入增速和 GDP 增速。城乡居民收入倍差将进一步缩小，但由于农村居民人均可支配收入的基数明显低于城镇居民，城乡居民绝对收入差距仍将扩大。

针对当前的形势，本报告提出以下促进农村居民增收的政策建议。

（1）将稳定经济增长速度作为经济工作的首要任务。可适当增加政府财政支出，进行基础设施建设，尤其是加强农村地区的基础设施建设。可与精准扶贫工作相结合，新增财政支出向基础设施薄弱的农村贫困地区倾斜。

（2）推进农业适度规模化经营，提高农业劳动生产率。在当前由大量农村劳动力参与的农业分散经营模式下，农村居民依靠农产品增产、农产品价格上涨来增加收入将变得越来越困难。建议完善户籍制度，鼓励和引导农村劳动力向城镇转移，降低农业就业人员数量。同时加快土地流转，实现农业适度规模化经营，提高农业劳动生产率，以此提高农村居民的家庭经营收入。

一、引　言

党的十八届五中全会公报提出将"到二〇二〇年国内生产总值和城乡居民人均收入比二〇一〇年翻一番"[①]作为2020年全面建成小康社会的目标。"十三五"规划纲要进一步明确了到2020年GDP和城乡居民人均收入比2010年翻一番，农业现代化进展明显，人民生活水平和质量进一步提高，我国现行标准下农村贫困人口实现脱贫的目标要求。在政府重点关注收入分配改革、提高居民收入尤其是农村居民收入的背景下，我国居民收入在近几年出现了新的增长模式。主要表现为农村居民收入增速快于城镇居民收入增速，城乡收入倍差不断缩小；居民收入增速总体快于GDP增速，居民收入在国民收入中的比重不断提升，收入分配状况好转。

实现2020年城乡居民收入比2010年翻一番，农村贫困人口实现脱贫的目标要求，我国农村居民收入尚需保持较快的增长速度。近几年，我国经济由高速增长期进入中高速增长期，经济增速正逐渐放缓。逐级加码的中美贸易摩擦，进一步增加了我国对未来经济增速下滑的预期。在经济增速放缓的情况下，未来我国农村居民增收所面临的形势、全面建成小康社会所面临的压力等已成为社会各界关注的重要话题。本报告对2018年我国农村居民人均可支配收入情况进行回顾，并对2019年我国农村居民人均可支配收入进行分析预测，最后针对当前的形势给出促进农村居民收入增长的相关政策建议。

二、2018年我国农村居民人均可支配收入回顾与分析

2018年我国农村居民人均可支配收入保持了平稳增长。前三季度农村居民人均可

---

① 中国共产党第十八届中央委员会第五次全体会议公报. http://www.xinhuanet.com//politics/2015-10/29/c_1116983078.htm[2018-11-30].

支配收入为 10 645 元，同比实际增长 6.8%，增长速度快于同期 GDP 增速 0.1 个百分点，快于城镇居民人均可支配收入增速 1.1 个百分点，城乡居民收入倍差进一步下降，但绝对收入差距仍在扩大（图 1）。

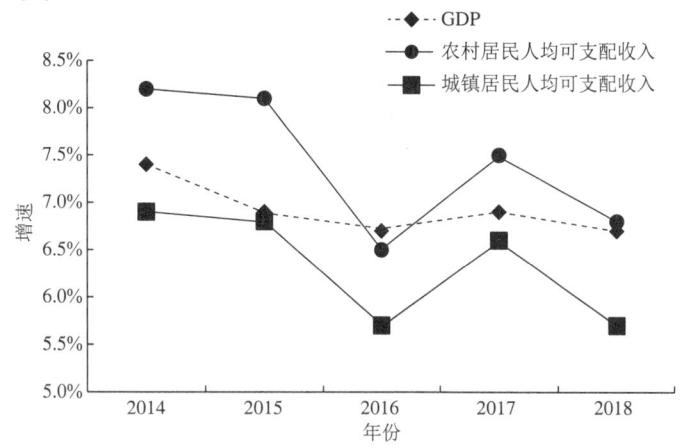

图 1　前三季度 GDP 与居民人均可支配收入增速（2014~2018 年）

资料来源：国家统计局国家数据库

从收入来源看（表 1），前三季度农村居民人均可支配收入的增长主要来自工资性收入、转移净收入和经营净收入的增长，三者对农村居民人均可支配收入增长的贡献率分别为 47.4%、27.0% 和 21.9%。具体情况如表 1 所示。

表 1　前三季度全国农村居民人均可支配收入（单位：元/人）

收入来源	2017 年	2018 年	增加额（贡献率）
可支配收入	9 778（7.5%）	10 645（6.8%）	867
其中：			
工资性收入	4 380（8.4%）	4 791（7.2%）	411（47.4%）
经营净收入	3 194（4.1%）	3 384（3.9%）	190（21.9%）
财产净收入	234（9.2%）	267（11.9%）	33（3.8%）
转移净收入	1 969（11.0%）	2 203（9.7%）	234（27.0%）

资料来源：数据来自国家统计局国家数据库

注：第二列、第三列括号内数字为实际增速；本表数据因进行了约分，可能存在偏差

（1）工资性收入为农村居民收入的第一大来源，2017 年人均工资性收入占农村居民人均可支配收入的比重为 40.9%。2018 年前三季度农村居民人均工资性收入为 4791 元，实际增长 7.2%，对前三季度农村居民人均可支配收入增长的贡献率为 47.4%。农村居民人均工资性收入的增长主要得益于外出务工农村劳动力人数上升及月均收入的较快上涨。国家统计局统计数据显示，2018 年三季度末我国外出务工农村劳动力为 18 135 万人，同比增长 0.9%；外出务工农村劳动力人均月均收入为 3710 元，同比增长 7.3%。

（2）由于增长速度缓慢，农村居民人均经营净收入占总收入的份额正逐年下降，但仍是农村居民人均可支配收入增长的重要收入来源。2017 年人均经营净收入占农村居民人均可支配收入的比重为 37.4%。2018 年前三季度农村居民人均经营净收入为 3384 元，

实际增长 3.9%，对前三季度农村居民人均可支配收入增长的贡献率为 21.9%。第一产业经营净收入在农村居民经营净收入中占有重要比重，因此农村居民的经营净收入与农业生产情况密切相关。2018 年全国夏粮总产量为 13 872 万吨，比上年减少 306 万吨，下降 2.2%；早稻总产量 2859 万吨，比上年减少 128 万吨，下降 4.3%。2018 年前三季度，全国猪牛羊禽肉产量 6007 万吨，同比增长 0.2%。农产品价格方面，2018 年前三季度我国农产品生产价格同比下降 1.4%，其中小麦下降 0.6%，稻谷下降 0.7%，玉米上升 5.5%，生猪价格下降 16.8%。在夏粮和早稻产量下降及农产品生产价格下降的不利影响下，2018 年前三季度农村居民人均经营净收入的增速与 2017 年同期相比下降了 0.2 个百分点。2018 年前三季度农村居民经营净收入的增长主要得益于第二产业、第三产业经营净收入的增长。

（3）人均财产净收入在农村居民人均可支配收入中所占比重较低，2017 年所占份额为 2.3%。2018 年前三季度农村居民人均财产净收入为 267 元，实际增长 11.9%。由于绝对量较小，其对前三季度农村居民人均可支配收入增长的贡献率为 3.8%。财产净收入的增长主要得益于农村居民转让承包土地经营权租金净收入和出租房屋净收入的较快增长。

（4）由于增长速度相对较快，人均转移净收入在农村居民人均可支配收入中的比重不断上升，2017 年所占份额为 19.4%，已成为农村居民可支配收入的重要来源。2018 年前三季度农村居民人均转移净收入为 2203 元，实际增长 9.7%，对前三季度农村居民人均可支配收入增长的贡献率为 27.0%，是带动农村居民人均可支配收入增长的第二大收入来源。农村居民人均转移净收入的增长主要得益于社会救济补助及报销医疗费的收入增长。从全国来看，2018 年前三季度社会救济补助及报销医疗费收入分别增长了 31.5%和 16.0%。

受 GDP 增速下滑影响，2018 年前三季度农村居民人均可支配收入增速比上年同期下降了 0.7 个百分点。除财产净收入以外，其他收入来源增速与上年同期相比均出现了不同程度的下降。其中下降幅度较大的收入来源为工资性收入，与上年同期相比增速下降了 1.2 个百分点。2018 年全年我国农村居民人均可支配收入为 14 617 元，同比增长 6.6%。

三、2019 年我国农村居民增收形势分析及预测

（一）2019 年农村居民增收形势分析

1. 长期来看产业结构优化将持续改善收入分配状况，服务业的快速发展将成为就业及居民收入增长的重要推动力

近几年来我国第三产业在国民经济中的比重不断提升。2018 年前三季度第三产业增加值增长 7.7%，快于同期 GDP 增速 1 个百分点，快于第二产业增加值增速 1.9 个百分点，第三产业在国民经济中的比重继续提升。第三产业比重的提升主要得益于最终需求

结构的变化。近几年随着固定资产投资增速的下滑，资本形成总额占GDP的比重下降，而最终消费（包括居民消费与政府消费）占GDP的比重上升。2018年前三季度最终消费对GDP增长的贡献率为78.0%，高于资本形成总额46.2个百分点。最终消费需求对第三产业的拉动作用远高于投资需求。最终消费比重的提高在很大程度上提升了第三产业在国民经济中的比重。此外，随着收入水平的提高，居民对服务业的需求将增加，服务业支出占居民消费的比重将不断提高。居民消费结构的变化也将带动第三产业在国民经济中所占比重的提升。

与第二产业相比，第三产业具有就业吸纳能力强、劳动者报酬占增加值比重高的特点。图2显示，劳动者报酬占GDP比重与第三产业增加值占GDP比重呈现出明显的正相关关系。第三产业的快速发展及其在国民经济中所占比重的上升将进一步改善我国收入分配状况，成为就业及居民收入增长的重要推动力。然而需要注意的是，第三产业的劳动生产率明显低于第二产业，因此，产业结构优化在改善收入分配状况的同时将伴随着GDP与居民收入增长速度的放缓。

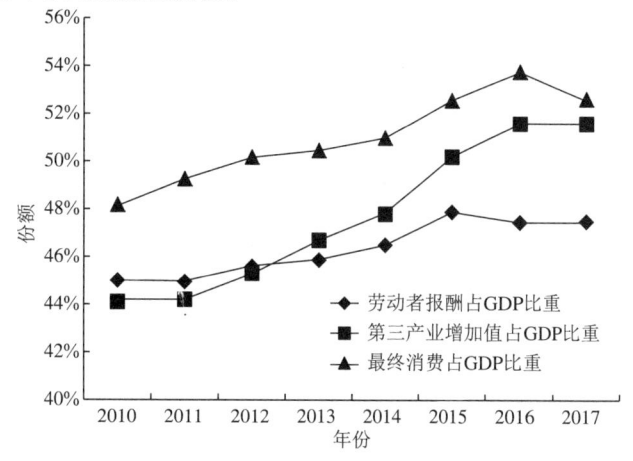

图2 我国劳动者报酬、第三产业增加值与最终消费占GDP比重（2010~2017年）

资料来源：《中国统计年鉴》（2011~2018年）

2. 中美贸易摩擦将对农村居民人均工资性收入增速产生负面影响

2018年我国与美国的贸易顺差约占我国GDP的2%左右。随着中美贸易摩擦的逐级加码，我国的GDP增长及就业势必会受到影响。预计中美贸易摩擦对我国就业的影响将在2019年逐步显现，我国农村与城镇居民的工资性收入增速将因此放缓。从总体来看，由于农村居民人均工资性收入占人均可支配收入的比重（41%左右）低于城镇居民（60%左右），中美贸易摩擦对农村居民人均可支配收入的影响要相对弱于对城镇居民人均可支配收入的影响。

需要指出的是，随着服务业的快速发展，我国农民工就业正在由制造业向服务业积极转移。国家统计局发布的《2017年农民工监测调查报告》显示（表2），2017年从事第二产业的农民工比重为51.5%，比上年下降1.4个百分点。其中，从事制造业的农民工比重为29.9%，比上年下降0.6个百分点。相反，从事第三产业的农民工比重上升为48.0%，比上年提高1.3个百分点。其中，从事交通运输、仓储和邮政业，住宿和餐饮业，居民服务、修理和其他服务业的农民工比重分别为 6.6%、6.2% 和 11.3%，分别比上年提高 0.2 个百分点、0.3 个百分点和 0.2 个百分点。此外，农民工在金融业，教育、文化、体育和娱乐业等服务业的从业比重虽然较低，但占比在逐年提高。农民工就业向服务业的积极转移将在一定程度上缓解中美之间在贸易摩擦方面产生的负面影响，但仍需警惕中美贸易摩擦对我国生产性服务业的间接影响。

表 2　农民工从业行业分布

产业部门	2016 年	2017 年	增减
第一产业	0.4%	0.5%	0.1%
第二产业	52.9%	51.5%	−1.4%
制造业	30.5%	29.9%	−0.6%
建筑业	19.7%	18.9%	−0.8%
第三产业	46.7%	48.0%	1.3%
批发和零售业	12.3%	12.3%	0
交通运输、仓储和邮政业	6.4%	6.6%	0.2%
住宿和餐饮业	5.9%	6.2%	0.3%
居民服务、修理和其他服务业	11.1%	11.3%	0.2%
其他	11.0%	11.6%	0.6%

资料来源：国家统计局《2017 年农民工监测调查报告》

3. 农业生产形势稳定及精准扶贫工作将助力农村居民人均经营净收入增长

从目前来看，我国农业生产形势较为稳定。在玉米价格上涨的影响下，预计 2019 年玉米播种面积将会增加，小麦和稻谷产量将保持稳定，全年粮食产量有较大可能增产。但需注意中美贸易摩擦以双方降低关税，中国大量进口美国农产品降低中美贸易顺差的方式出现缓和的可能。在此情况下，我国的农业生产及国内市场的农产品价格可能会受到美国低价农产品的冲击，从而对农民收入产生不利影响。

精准扶贫是实现"十三五"规划纲要中提出的我国现行标准下农村贫困人口实现脱贫，贫困县全部摘帽的目标要求的重要方略。精准扶贫政策因村、因户、因人施策，改变了贫困人口"等、靠、要"的传统思想，充分调动了群众致富的内生动力。"十三五"期间，精准扶贫工作取得了显著成效。按照 2010 年的标准（每人每年 2300 元），我国的农村贫困人口已由 2015 年的 5575 万人下降到 2017 年的 3046 万人，贫困发生率由 2015 年的 5.7% 下降到 2017 年的 3.1%。精准扶贫工作在促进农村居民经营净收入增长方面发挥了重要作用。例如，在扶贫政策的帮扶下，2017 年云南省怒江傈僳族自治州独龙江乡人均年收入达 4959 元，比 2009 年增长了 4 倍；在驻村扶贫工作队的帮助下，湖南省十八洞村 533 名群众通过发展猕猴桃种植业全部脱贫，人均年收入由 2013 年的 1688 元增长到 2016 年的 5000 元。在精准扶贫政策取得良好效果的同时，国家不断加大扶贫力度，2018 年中央财政专项扶贫年度资金首次超过 1000 亿元。按此成效，至 2020 年实现全部农村人口脱贫的目标可期，农村贫困人口收入将有显著增长。

4. 城镇化的推进将推动农村居民人均经营净收入增长

近几年我国城镇化率保持了较快增长。城镇化率已由 2010 年的 49.9% 上升到 2017

年的58.5%，平均每年提高1.2个百分点。一方面，城镇化通过农村劳动力转移提高农业劳动生产率，进而促进农村居民的经营净收入增长。在城镇化进程中，我国第一产业劳动生产率（第一产业增加值与第一产业就业人员数之比）已由2010年的14 093元/人提高到2017年的31 258元/人（现价）。另一方面，相关研究发现追求收入增长是劳动力流动的主要目的，城镇化过程中新转移到城镇就业的劳动力通常会获得高于转移之前的收入水平。因此，城镇化也将促进新转移劳动力的收入增长。

2014年国务院出台了《国务院关于进一步推进户籍制度改革的意见》，将进一步调整户口迁移政策，统一城乡户口登记制度，合理引导农业人口有序向城镇转移。户口迁移政策的积极调整将进一步推动城镇化进程，从而促进居民收入尤其是农村居民收入的增长。

5. 政府民生改革及人口结构变化将带来农村居民人均转移净收入的长期增长

近几年，政府惠民政策力度的加大在很大程度上促进了农村居民人均转移净收入的增长。新型农村合作医疗补助标准连年提高，企业退休职工养老金连续上调。在政府高度重视民生改革的背景下，作为政府调节收入分配的重要工具，预计2019年政府的转移支付力度仍将加大。另外，未来十年随着20世纪60年代婴儿潮一代逐步进入退休年龄，中国将迎来快速老龄化时期。老龄人口比重的上升将使政府的退休金与医疗费用支出快速增长。在老龄化的背景下，可以预期我国农村居民的人均转移净收入将保持长期快速增长。

（二）2019年农村居民人均可支配收入预测

在对2019年我国农村居民增收形势进行分析的基础上，我们利用系统综合因素预测法对2019年我国农村居民人均可支配收入进行了初步预测。预测结果如表3所示。

表3　2019年我国农村居民人均可支配收入预测结果

收入来源	人均收入/元	实际增速
可支配收入	15 886	6.4%
其中：		
工资性收入	6 532	6.4%
经营净收入	5 702	4.4%
财产净收入	394	11.6%
转移净收入	3 258	9.5%

预测结果显示：2019年我国农村居民人均可支配收入将达到15 886元，实际增速为6.4%左右。其中，人均工资性收入为6532元，实际增长6.4%；人均经营净收入为5702元，实际增长4.4%；人均财产净收入为394元，实际增长11.6%；人均转移净收入为3258元，实际增长9.5%。预计2019年我国农村居民人均可支配收入增速将快于城镇居民人均可支配收入增速和GDP增速。城乡居民收入倍差将进一步缩小，但由于农村居民人均可支配收入的基数明显低于城镇居民，城乡居民绝对收入差距仍将扩大。

四、促进农村居民增收的政策建议

（一）稳定经济增长速度

GDP 是收入分配的起点，保持较快的经济增长速度是增加就业、提高居民收入的前提。历史经验表明，在经济增长速度下滑较快的年份，居民收入增速通常会有较大幅度回落。2008 年，受国际金融危机影响，我国经济增长速度出现较大幅度下滑，同年农村居民人均纯收入增速与城镇居民人均可支配收入增速分别下滑了 1.5 个百分点和 3.8 个百分点。预计中美贸易摩擦对我国经济增长、就业及居民收入的影响将在 2019 年逐步显现。从提高居民收入的角度出发，建议政府仍要将稳定经济增长速度作为当前宏观经济工作的首要任务。可适当增加政府财政支出，进行基础设施建设，尤其是加强农村地区的基础设施建设。可与精准扶贫工作相结合，新增财政支出向基础设施薄弱的农村贫困地区倾斜。

（二）推进农业适度规模化经营，提高农业劳动生产率

受耕地、水等资源限制，当前我国农产品增产的难度越来越大。另外，目前国内主要农产品价格与国际市场价格相比缺乏竞争力。因此，在当前由大量农村劳动力参与的农业分散经营模式下，农村居民依靠农产品增产、农产品价格上涨来增加收入将变得越来越困难。挖掘农村居民经营净收入的增长潜力还需从提高农业劳动生产率入手。建议完善户籍制度，鼓励和引导农村劳动力向城镇转移，降低农业就业人员数量。同时加快土地流转，实现农业适度规模化经营，提高农业劳动生产率，以此提高农村居民的经营净收入。

2019年中国粮食消费形势分析与预测[①]

王会娟　杨翠红　陈锡康　郭婧一

报告摘要： 随着我国城镇化、工业化的发展，以及人口的增长和人民生活的不断改善，粮食消费将会呈刚性增长模式，但是新时期我国人口结构、营养需求、产业供需等都将发生较大的变化，这也将使得粮食消费量和消费结构发生根本性转变。

本报告将从三个维度对粮食消费量进行分析预测：第一，建立粮食消费宏观核算模型，将粮食消费量分为五个组成部分，分别根据国家统计局的数据进行分析预测；第二，依据中国疾病预防控制中心（Chinese Center for Disease Control and Prevention, CDC）的调研报告——《中国居民营养与健康状况监测 2010—2013 年综合报告》，基于食物的详细分类和标准人的定义，测算居民消费的口粮、饲料用粮等；第三，根据中国营养学会制定的《中国居民膳食指南（2016）》，对我国居民口粮的合理需求进行估算。

本报告主要结果如下。

基于粮食消费宏观核算模型，初步预计 2018 年我国粮食消费量为 13 073 亿斤，大于 2017 年的产量 12 358 亿斤。其中，居民口粮 3720 亿斤，工业用粮 2277 亿斤，饲料用粮 5423 亿斤，种子用粮 201 亿斤，其他用粮为 1452 亿斤；分粮食品种来看，小麦消费量为 2036 亿斤，稻谷 2936 亿斤，玉米 4738 亿斤，大豆 2159 亿斤，其他 1204 亿斤。预计 2019 年粮食消费量为 13 092 亿斤，较 2018 年增长 19 亿斤，2020 年为 13 101 亿斤，较 2019 年增加 9 亿斤。其中居民口粮呈现下降趋势，工业用粮、饲料用粮呈现稳定略涨态势。

CDC 调研报告数据的结果为：2002 年居民口粮为 3703 亿斤，2010~2012 年年均为 3621 亿斤。

基于《中国居民膳食指南（2016）》估计的结果为：从均值来看，2017 年居民口粮为 3368 亿斤，如果从最大值、最小值来看，居民口粮分别为 4150 亿斤和 2587 亿斤。

最后对比分析三种不同来源数据的居民口粮测度结果，衡量当前我国居民人均口粮，并针对粮食消费提出政策建议。

一、引　言

我国是世界上最大的农业国，也是世界上粮食消费量最多的国家。我国谷物消费需求约占世界谷物消费需求总量的 1/5，粮食产量和消费量均占发展中国家粮食产量和消费

[①] 本报告得到教育部人文社会科学基金项目（项目编号：18YJC790162）的资助。

量的50%以上。人均耕地面积小是我国的基本国情，合理地核算及预测我国粮食消费量对国民经济发展具有重要的指导意义。

随着我国城镇化、工业化的发展，以及人口的增长和人民生活的不断改善，粮食消费将会呈刚性增长模式，但是新时期我国人口结构、营养需求、产业供需等都将发生较大的变化，这也将使得粮食消费量和消费结构发生根本性转变。本报告将从三个维度对我国粮食消费量进行分析和预测：基于宏观统计数据的居民口粮、饲料用粮、工业用粮、种子用粮和其他用粮五个构成部分的粮食消费量估计与预测；基于CDC的《中国居民营养与健康状况监测2010—2013年综合报告》调研数据，测度我国居民口粮的实际需求量；基于《中国居民膳食指南（2016）》给出的平衡膳食宝塔数据，对我国粮食的合理需求量中三种不同类型的粮食消费量的核算与预测，为我国的粮食生产工作及相关产业发展提供必要的数据支撑。

二、基于宏观统计数据的粮食消费形势分析及预测

2013年以来我国粮食消费量呈现缓慢上涨态势，年度增幅有所下降，近些年粮食消费量稳定在13 000亿斤左右。据估算，2018年粮食消费量约为13 073亿斤，较2017年增长了45亿斤，结构方面，居民口粮消费为3720亿斤，占28.5%，工业用粮为2277亿斤，占17.4%，饲料用粮为5423亿斤，占41.5%，种子用粮为201亿斤，占比为1.5%，其他用粮占比为11.1%，约为1452亿斤。

首先本部分将对2018年我国粮食消费形势进行分析，其次对2019~2020年的粮食消费量进行预测分析。具体如下。

1. 居民口粮

口粮消费总量取决于两个方面：一是人均口粮的消费水平；二是人口数量及结构。

家庭人均粮食消费量受收入水平和食品消费结构的影响。我国城乡经济的二元结构，决定了我国居民人均口粮消费的二元结构。据国家统计局2013年开始的城乡一体化住户收支与生活状况调查，城镇居民的人均粮食（原粮）消费量仅是农村居民人均消费量的70%左右。如图1所示，2013年以来城镇居民、农村居民的人均口粮消费量均呈现了下降趋势，人均每年下降4千克左右（国家统计局人均粮食消费量即为本报告所讨论的人均口粮消费量，没有包括需要转化为肉、蛋、奶等所需要的粮食）。从人均口粮消费量的构成来看，城乡居民口粮消费量中谷物占比均呈现下降趋势，城镇居民由93.4%降至91.9%，农村居民则由95.1%降至93.6%，薯类、豆类则呈现上升趋势，尤其是豆类，在城镇居民口粮消费中占比已经达到6.2%。本报告预测2018年我国城镇居民、农村居民的人均口粮消费量仍将呈现小幅下降趋势，分别约为127千克、152千克，降幅约为2.4%和1.7%。

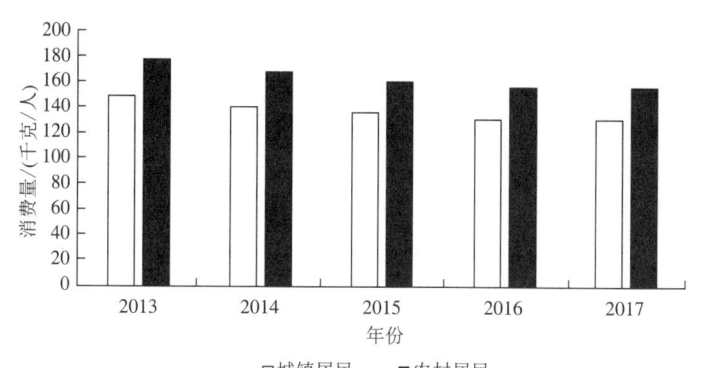

图 1　城镇居民、农村居民人均口粮消费量变化情况

资料来源：《中国统计年鉴 2018》

人口基数、城镇化率及流动人口规模是影响我国口粮消费的重要的因素。我国人口基数大，城乡居民口粮又呈现较大差异，城镇化率的些许变动均可以使得居民口粮消费量发生较大变化。从 2011 年 11 月的"双独二孩"、2013 年 12 月的"单独二孩"，到 2015 年 10 月的"全面二孩"政策，2017 年我国人口出生率为 12.43‰，略低于 2016 年，却是自 2005 年来的第二高水平，自然增长率增至 5.32‰。从城乡二元结构来看，城镇化率逐年提高，2017 年为 58.52%，较上年提高 1.17 个百分点，城镇人口新增 2049 万人，农村人口减少 1312 万人，如图 2 所示。《国家新型城镇规划（2014—2020 年）》提出，到 2020 年我国常住人口城镇化率要达到 60%，国家卫生健康委员会、联合国开发计划署和中国社会科学院均预测到 2030 年中国的城镇化率将达到 70%。鉴于城镇人均粮食消费量小于农村，城镇化率的进一步提升将使得居民口粮小幅下降。

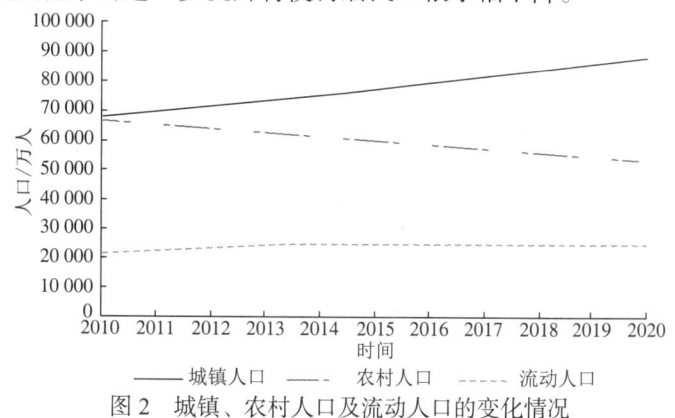

图 2　城镇、农村人口及流动人口的变化情况

资料来源：《中国统计年鉴 2018》及本报告预测

影响居民口粮的因素中流动人口也起到了非常大的影响作用。我国流动人口规模巨大，2017 年我国流动人口规模为 2.44 亿人，比上年末减少了 0.01 亿人，如图 2 所示。受户籍制度改革的影响我国流动人口总量已经连续两年下降，但是我国流动人口仍然保持 2 亿人以上的规模，且在今后较长一段时间，大规模的人口流动仍将是我国人口发展及经济社会发展中的重要现象[①]。从农村到城镇的流动带来了人均口粮消费量的变化，本

---

① 《中国流动人口发展报告 2017》。

报告通过流动人口调整了对应于人均口粮消费量的城镇居民、农村居民，且考虑到流动人口并不是全年均在城镇中生活、其饮食习惯与城镇家庭有差异等因素，给流动人口赋予权重。考虑流动人口这一影响因素后，我国居民口粮将减少118亿斤左右。

综上所述，在人均口粮消费水平下降及人口自然增长率和城镇化率不断提高的共同作用下，预计2018年我国居民口粮消费量为3720亿斤左右，同比下降1.6%，具体分粮食品种来看，稻谷占比约为57.8%，小麦为31.6%，玉米为3.6%，大豆为1.6%，杂粮薯类等其他则占到5.4%左右。

2. 工业用粮

工业用粮是指工业生产中用作原料或辅助材料所消费的粮食，主要包含在食品制造业，酒、饮料和精制茶制造业及农副食品加工业中，它是促使粮食消费总量增加的第二大需求。

在本部分的核算中工业用粮主要从白酒、啤酒、发酵酒精、酱油、豆油、燃料乙醇和淀粉七个方面测度，从工业品的产量和单位产量耗粮计算得到每种工业品当年的粮食消费量。由图3可以看出，在工业用粮中，淀粉耗粮占比较大，是近些年来工业用粮增长的主要动力。预计2018年淀粉产量为2734万吨，较上年增加283万吨，增幅高于上年。

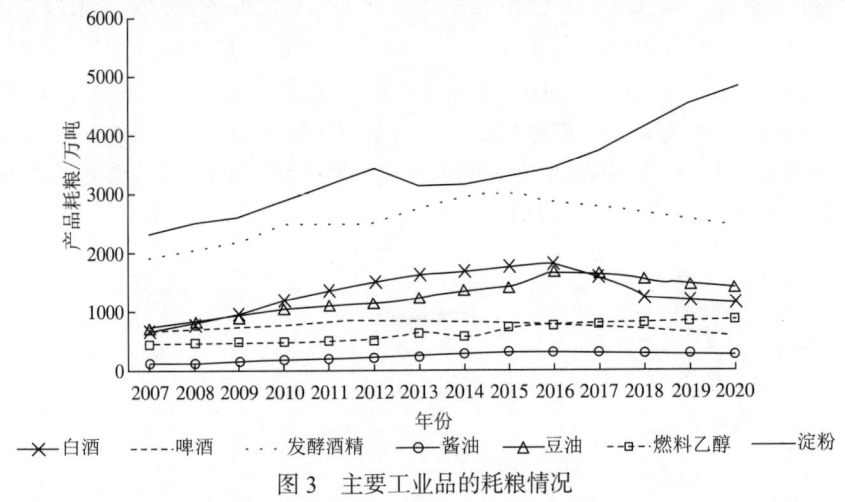

图3 主要工业品的耗粮情况

酒类产品耗粮都在2018年呈现较大幅度下降。截止到2018年11月，白酒累计产量仅为802.2万千升，仅为上年同期产量的71.9%，预计2018年白酒产量仅为900万千升，较上年下降25%左右（2017年增速为-12%）；啤酒产量自2014年以来持续下降，已经由2013年的年产量5061万千升下降至2017年的4402万千升，2018年前11个月产量仅为上年同期的87%，预计2018年全年啤酒产量为3900万千升，降速为10%左右。

目前在我国粮食统计口径中仍包括主要用于榨油的大豆，豆油加工业对大豆的消耗也放入到工业用粮中，测算时我们考虑了大豆在榨油的同时提供饲料的情况。据Wind数据库提供的中国汇易数据，我国豆油的产量逐年增加，由2000年的321.8万吨增长到2017年的1659.5万吨，但是2017年较2016年呈现小幅下降。根据食用植物油产量的月度数据，2018年前11个月的产量仅为上年同期的82%，预计2018年豆油产量将继续下降。

综上分析，预测2018年工业用粮为2277亿斤，较2017年略减少43亿斤，其中分粮食品种来看，玉米占比为48%，大豆占比为19%，小麦占比为15%，杂粮薯类等占比为9%，稻谷占比仅为9%。

3. 饲料用粮

党的十九大报告明确指出，"我国社会主要矛盾已经转化为人民日益增长的美好生活需要和不平衡不充分的发展之间的矛盾"[①]。随着收入水平的提高及温饱阶段的结束，我国城乡居民对粮食需求的边际效应递减，对肉、蛋、奶及水产品的需求量日益增长，尤其是水产品和蛋类，2013年以来在城乡居民人均消费量中均呈现较大上涨幅度。城镇居民的肉、蛋、奶及水产品消费明显高于农村居民（图4），尤其是水产品和奶类，2017年水产品、奶类的城镇居民人均消费量分别是农村居民的2.0倍、2.4倍，农村居民的消费潜力巨大，将会带来我国饲料用粮的稳步上涨。

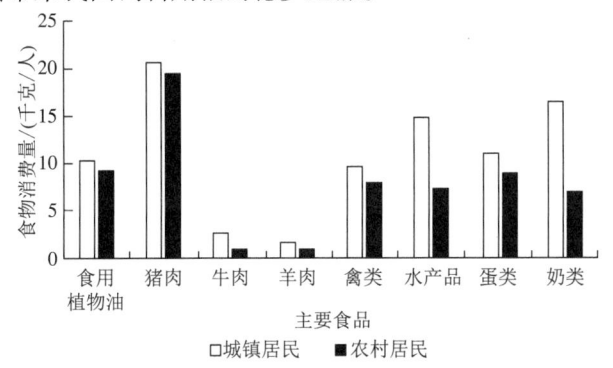

图4 2017年城镇居民、农村居民人均食物消费量

资料来源：《中国统计年鉴2018》

2018年畜牧业供给侧结构性改革继续推进，以绿色发展为导向、以结构调整为重点的发展模式将带来更多的发展机遇。2017年我国畜牧业生产平稳增长，猪肉、牛肉、羊肉均呈现小幅上涨（图5）。2015年、2016年连续两年猪肉产量下滑，受2016年生猪价

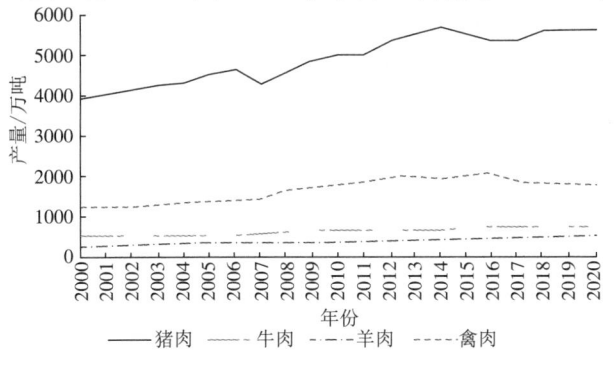

图5 我国2000年以来猪肉、牛肉、羊肉、禽肉产量的变化情况

资料来源：Wind数据库及本报告预测

---

① 习近平：决胜全面建成小康社会 夺取新时代中国特色社会主义伟大胜利——在中国共产党第十九次全国代表大会上的报告. http://www.gov.cn/zhuanti/2017-10/27/content_5234876.htm[2019-04-18].

格上涨、养殖收益高等影响，2017年生猪养殖出现恢复性增长，受非洲猪瘟疫情影响2018年生猪养殖有所下降。据国家统计局数据，2018年我国猪肉产量为5404万吨，较上年同期减少48万吨，下降0.9%；受居民消费升级影响，牛肉、羊肉、禽肉的消费需求持续增加，牛肉、羊肉产量2018年增速为1.5%和0.8%，禽肉为0.6%的增速，本报告预计2018年全年猪肉、牛肉、羊肉、禽肉产量为8517万吨，比上年减少22万吨，下降0.3%。

2015年来，猪肉、牛肉、羊肉等单位肉类耗粮系数呈现小幅上升趋势，生猪、肉牛、肉羊的主产品产量、耗粮数量均有小幅上升，由此带来同等规模肉类产出时的饲料用粮微升。同时注意到生猪的规模化养殖带来了耗粮系数的提升，规模生猪的耗粮数量大于散养生猪，如图6所示，2017年规模生猪单位主产品产量耗粮为1.927公斤，但是散养生猪仅耗粮1.905公斤，1万吨猪肉的产量将相差44万斤粮食。随着我国水资源和生态环境保护力度加大，规模化养殖必将大范围推广，虽然规模化养殖保证了食品安全，增加了抗风险能力，但将使得肉粮比有一定程度的增加，促进饲料用粮的增加。

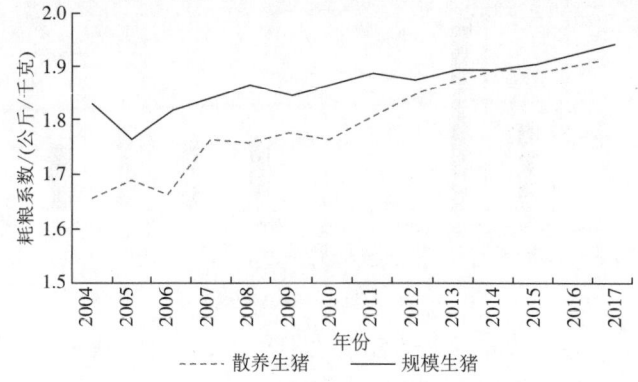

图6 我国2000年以来生猪养殖主产品产量耗粮系数的变化情况
资料来源：《全国农产品成本收益资料汇编》

预计2018年饲料用粮将为5423亿斤，同比增加2%，从粮食品种结构上来看，53%是玉米，25%是大豆，11%是杂粮薯类等其他粮食品种，小麦、稻谷等占比较小，分别为5%、6%。

4. 种子用粮

种子消费量主要取决于粮食播种面积和单位面积用种量。受粮食种植结构调整的影响，2017年粮食作物播种面积下降了1222万亩，主要是因为玉米播种面积下降了1984万亩，预计2018年粮食作物播种面积继续下降，减少300万亩。但是根据《全国农产品成本收益资料汇编》，近些年稻谷、小麦、大豆的每亩用种呈现小幅上升趋势。预计2018年种子用粮为201亿斤，较上年持平。

5. 其他用粮

在测度上述四类粮食消费中并没有考虑饮食中浪费的粮食（仅为主食，不考虑肉类等其他粮食转化产品）、畜禽养殖中病死对粮食的消耗、宠物用粮，以及运输、仓储过程中的损耗，因此我们增加其他项，作为对其他四项的补充，2018年其他用粮合计为1452亿斤

（图7）。具体如下。

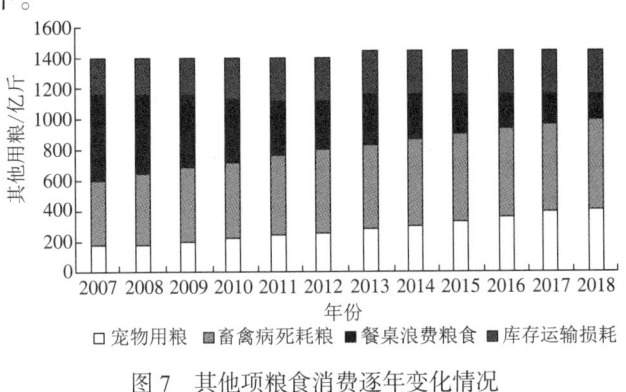

图 7　其他项粮食消费逐年变化情况

餐桌浪费粮食：粮食的餐桌浪费呈现逐年减小趋势，据文献资料，2018年餐桌浪费粮食153亿斤。

畜禽病死耗粮：根据文献给出的猪、牛、羊、禽及水产品的病死率等，计算得到2018年畜禽病死导致的粮食消耗约为586亿斤，占当年饲料用粮的10%左右。

宠物用粮：据《2018年中国宠物行业白皮书》，宠物犬和宠物猫合计1亿只左右，预测2018年宠物用粮为405亿斤。

库存运输损耗：据文献数据，库存损耗率约2%，运输损耗率为0.1%，2018年损耗308亿斤。

6. 供需综合分析

据宏观经济统计数据测度来看，如表1所示，我国年度粮食消费量在13 000亿斤左右，大于粮食产量，但是考虑进出口后，近些年来我国粮食供给大于需求，供需差额（产量+进口−消费−出口）各年均为正，且呈递增的趋势。主要体现在不同粮食品种的供需差异上，小麦、稻谷在我国属于高度自给，玉米需求略大于生产，大豆需求远大于生产。

表 1　我国粮食供需情况对比（单位：亿斤）

年份	粮食消费量	粮食产量	进口	出口	供需差额
2013	13 107	12 039	1 559	23	468
2014	13 111	12 142	1 818	20	829
2015	13 095	12 429	2 288	13	1 609
2016	13 113	12 325	2 118	10	1 320
2017	13 028	12 358	2 452	58	1 724
2018	13 073				

三、2019~2020 年我国粮食消费形势分析及初步预测

2019年我国经济发展存在较大的不确定性，粮食消费在居民收入提高、农业供给侧改革及环境压力加大的情况下，也面临着较多的发展机遇与挑战，综合各方面因素预计2019年、2020年粮食消费将呈现稳定略增态势，居民口粮将继续下降，饲料用粮、工业

用粮将有小幅上涨，种子用粮相对稳定略降，其他用粮小幅上升。

（一）居民口粮稳中有降

党的十九大报告中把提高人民收入水平作为逐步实现全体人民共同富裕时代目标的重要内容，收入的提高将使得居民膳食更加营养健康，无论是在家饮食还是在外就餐，食物多样化、均衡化将成为发展趋势，粮食的消费占比将进一步下降。

同时考虑到人口结构的变动。2016年12月国务院印发了《国家人口发展规划（2016—2030年）》，提出2020年常住人口的城镇化率为60%，2017年城镇化率已经达到58.52%，预计我国城镇化率将稳步提高，或将提前达到60%。流动人口方面，大城市不断攀升的生活成本促使外出务工者回到三四线城市生活，且随着城乡收入差距的缩小及互联网的普及，人口回流趋势将会明显。

（二）工业用粮小幅上涨

2018年燃料乙醇、淀粉深加工需求将进一步带动玉米工业消费量的增长。2017年9月，国家发展和改革委员会、国家能源局、财政部等15部委联合印发了《关于扩大生物燃料乙醇生产和推广使用车用乙醇汽油的实施方案》，提出到2020年在全国范围内推广使用车用乙醇汽油。2018年8月22日，国务院常务会议确定了生物燃料乙醇产业总体布局，将有序扩大车用乙醇汽油推广使用，除黑龙江、吉林、辽宁等11个试点省区市外，2018年进一步在北京、天津、河北等15个省区市推广，到2020年，全国范围内将基本实现车用乙醇汽油全覆盖。目前我国的燃料乙醇产能约260万吨，其中150万吨以玉米为原料生产。如果燃料乙醇向全国推广，则其需求量预计将增长至1198万吨，预计可带动2020年的玉米深加工用量较2017年增加3000万吨[①]。乙醇行业大发展将带来工业用粮的快速增长。

当前玉米淀粉仍然处于产能快速扩张的时期，由于其他替代品的价格居高不下，以及2011~2015年产能扩张停滞，预计未来两到三年淀粉消费仍将继续向好，产能继续扩张。2019年淀粉工业或将迎来发展的黄金时期，虽然会受到环保压力的制约，但是由于玉米淀粉相对于木薯淀粉有较强的价格优势，玉米淀粉将维持2018年的发展态势，进一步提高工业用粮的增长速度。

（三）饲料用粮稳定略增

2018年我国猪肉产量已经出现恢复性增长，预计2019年、2020年两年猪肉产量并不会有大幅度上涨态势，2018年全年生猪存栏量、能繁母猪存栏量均呈现同比下降趋势（图8），但是猪肉价格也存在较强的恢复性增长预期。随着我国生猪养殖业环保政策的

---

① 2017年中国玉米种植行业供需及发展趋势分析. http://www.chyxx.com/industry/201712/589782.html[2019-04-18].

不断加码、环保整顿力度不断加大,生猪的养殖结构发生明显变化,大型养殖企业的市场份额将提高,或将带来猪肉周期波动的减缓。

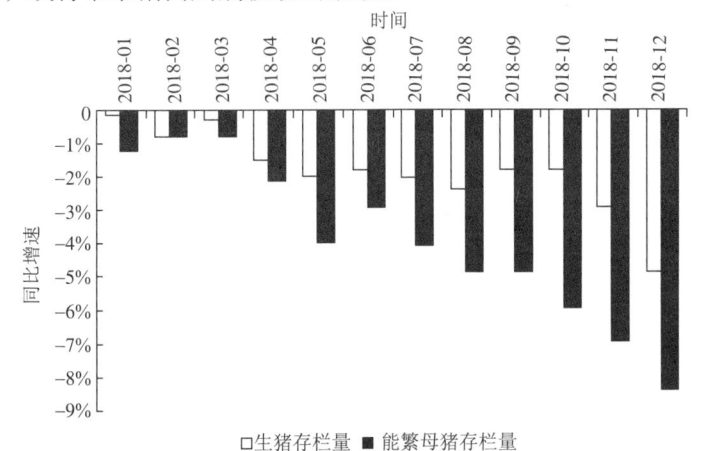

图 8 生猪存栏量与能繁母猪存栏量同比增速

2018年我国奶类产量也呈现出恢复性增长,预计2019年、2020年奶类产量保持小幅增长态势。根据农业部2016年底制定的《全国奶业发展规划(2016—2020年)》,2020年我国奶类产量将达到4100万吨,较2017年提高267万吨。2018年6月11日,国务院办公厅出台了《国务院办公厅关于推进奶业振兴保障乳品质量安全的意见》,加快奶业全面振兴,提升乳制品消费水平。从需求维度分析,首先城乡差异较大,2017年我国城镇居民人均奶类的消费量是农村的2.4倍,农村居民对奶类的需求发展潜力巨大;其次我国奶类的人均消费量远低于发达国家,如图9所示,中国2016年液态奶的人均消费量已经是2003年的4倍,但是2016年日本、韩国、欧盟、美国、英国的人均液体奶消费量分别是我国的1.52倍、1.62倍、2.93倍、3.41倍及4.56倍。我国奶类市场的需求量远未达到天花板,未来仍将具有非常大的成长空间。

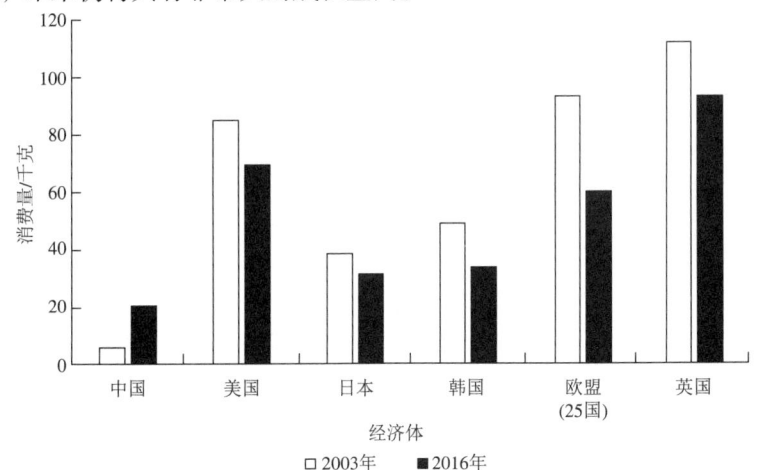

图 9 2003年、2016年中国与其他经济体的人均液态奶消费量对比图

资料来源:Wind 数据库

综上分析，近年来的我国粮食消费量的初步测度和预测结果如表 2 所示。

表 2　我国粮食消费量的初步测度和预测结果（单位：亿斤）

年份	粮食消费量	不同需求					不同品种				
		居民口粮	工业用粮	饲料用粮	种子用粮	其他用粮	小麦	稻谷	玉米	大豆	其他
2013	13 107	4 276	2 094	5 090	198	1 449	2 482	3 338	4 635	1 667	985
2014	13 111	4 053	2 169	5 242	200	1 447	2 387	3 192	4 577	1 787	1 168
2015	13 095	3 876	2 274	5 297	200	1 448	2 225	3 081	4 476	1 962	1351
2016	13 113	3 841	2 319	5 300	204	1 449	2 150	3 043	4 663	2 043	1 214
2017	13 028	3 781	2 320	5 283	201	1 443	2 103	2 983	4 672	2 092	1 178
2018	13 073	3 720	2 277	5 423	201	1 452	2 036	2 936	4 738	2 159	1 204
2019	13 092	3 659	2 306	5 467	200	1 460	1 960	2 900	4 825	2 211	1 196
2020	13 101	3 596	2 330	5 507	198	1 470	1 914	2 869	4 907	2 256	1 155

四、基于 CDC 膳食调查数据的粮食消费预测

CDC 的《中国居民营养与健康状况监测 2010—2013 年综合报告》给出了中国城乡居民食物摄入量情况，具体如表 3 所示。从基础数据来看，城乡居民对米类的消费呈现下降趋势，降幅分别为 16.4% 和 1.5%，但是面类有不同程度的上升；从肉类来看，猪肉上升幅度较大，其他畜肉则有下降，鱼虾类也有 30% 左右的下降；糖/淀粉则上升迅速，分别提高了 34.6% 和 43.9%。

表 3　2002 年和 2010~2012 年我国城乡居民食物摄入量变化（单位：克/标准人日）

食物	2002 年		2010~2012 年	
	城镇	农村	城镇	农村
米类	156.5	226.0	130.8	222.7
面类	107.8	147.4	134.7	150.4
其他谷类	14.4	30.2	15.9	17.6
薯类	31.8	55.7	28.4	42.8
杂豆类	2.2	4.1	2.9	3.7
大豆及其制品	15.3	14.2	12.4	9.4
猪肉	60.3	47.2	68.8	59.9
其他畜肉	15.5	6.8	10.5	6.0
动物内脏	6.0	4.1	2.9	2.2
禽肉	22.6	10.6	16.3	13.1
奶类及其制品	65.8	11.4	37.8	12.1
蛋类	33.3	20	29.5	19.4
鱼虾类	44.9	23.7	32.4	15.4
植物油	40.2	30.1	41.0	33.7
糕点类	17.2	6.2	8.3	6.6
糖/淀粉	5.2	4.1	7.0	5.9
酱油	10.6	8.2	9.1	6.8
酒精饮料			2.2	2.0

资料来源：《中国居民营养与健康状况监测 2010—2013 年综合报告》。

由于该报告数据给出的是每标准人每天的摄入量，标准人就是 18 岁轻体力活动成年人所需要的能量，因此需要根据《中国居民膳食营养素参考摄入量》将每个年龄段折算为标准人。《中国居民膳食营养素参考摄入量》有 2000 版、2013 版两个版本，

该报告中对 2000 年、2010~2012 年标准人的折算也是分别参考了两个版本，因此本报告也分别根据不同的版本进行了折算。以 2010~2012 年调研数据为例，计算过程说明如下。

第一，根据《中国居民膳食营养素参考摄入量》（2013 版），计算每个年龄段转换为标准人的系数，转换时每个年龄段的男女能量都除以 18 岁轻体力活动成年人所需要的能量。

第二，根据《中国第六次人口普查年鉴》，查找 2010 年城镇、农村每个年龄段的人口（区分男女）。

第三，根据第一、第二步骤，各年龄段乘以相应标准人系数后加总，计算 2010 年城市、农村的男性标准人个数和女性标准人个数，然后计算得到城乡的总标准人数。

第四，第三步骤的结果对应乘以调研的食物摄入量数据，得到 2010 年每类食物的年度消费量。

第五，考虑每种食物的耗粮系数，乘以第四步骤的年度消费量，得到年度粮食消费量。

计算结果如表 4 所示，2010~2012 年居民口粮年均为 3621 亿斤，较 2002 年有所下降，工业用粮和饲料用粮均有上涨。因为工业用粮、饲料用粮均是从居民消费维度进行的测算，没有包括肉制品、其他没有在表 3 中列出的食物及浪费，所以工业用粮和饲料用粮会远低于宏观统计模型中从产量端进行的测算。

表 4　基于调研数据的粮食消费情况（单位：亿斤）

区域	居民口粮 2002 年	居民口粮 2010~2012 年	工业用粮 2002 年	工业用粮 2010~2012 年	饲料用粮 2002 年	饲料用粮 2010~2012 年
城镇	1079	1563	254	329	957	1258
农村	2624	2058	264	259	955	885
合计	3703	3621	518	588	1912	2143

五、基于合理膳食指南数据的粮食消费预测

中国营养学会给出了《中国居民膳食指南（2016）》，该指南结合中华民族饮食习惯及不同地区食物可及性等多方面因素，参考其他国家膳食指南的制定科学依据和应用研究成果，对部分食物日摄入量进行调整，提出符合我国居民营养健康状况和基本需求的膳食指导建议。

该指南中给定了中国居民膳食平衡宝塔（2016 年），具体数据情况如表 5 所示，本报告认为《中国居民膳食指南（2016）》中的数据为标准人的营养摄入数据，区分年龄、城乡差异后可计算出 2017 年我国总标准人数。

表 5　《中国居民膳食指南（2016）》（单位：克/日）

食物	摄入量	食物	摄入量
谷类	200~300	禽畜肉	40~75
薯类	50~100	大豆类	15~25

食物	摄入量	食物	摄入量
深色蔬菜	150~250	坚果	10
其他蔬菜	150~250	奶及奶制品	300
水果	200~350	糖	50
蛋类	40~50	油	25~30
水产品	40~75	盐	6

由于《中国居民膳食指南（2016）》中给出的是区间数据，本报告按照每一食物的摄入区间的均值、最小值、最大值分别计算，得到的基于《中国居民膳食指南（2016）》的粮食需求结果如表6所示，居民口粮的需求量为3368亿斤/年，与国家统计局统计数据和CDC调研数据较为近似。

表6　基于《中国居民膳食指南（2016）》的粮食需求情况（单位：亿斤）

不同需求	均值	最小值	最大值
居民口粮	3368	2587	4150
工业用粮	1011	987	1036
饲料用粮	3443	2875	4011

综合对比三个维度的数据情况，由于饲料用粮、工业用粮并没有在居民调查中得到充分调研，因此将计算得到的居民口粮数据进行对比，如表7所示，可以看出根据国家统计局的住户调查数据计算的人均口粮较中国营养学会的《中国居民膳食指南（2016）》数据计算的结果高30斤，当前的居民口粮仍然有下降的空间。CDC的调研数据显示2012年人均口粮已经为267斤，远低于国家统计局住户调查数据，说明了调研口径对数据结果有较大影响，但其仍然高于《中国居民膳食指南（2016）》的人均口粮消费。无论从哪个口径的调研数据来看，居民口粮仍然有较大的下降空间，调整饮食结构势在必行。

表7　三个维度居民口粮对比

不同维度	2017年《中国居民膳食指南（2016）》数据	2017年国家统计局住户调查	2012年CDC调研数据
居民口粮/亿斤	3368	3781	3621
人均口粮/斤	242	272	267

六、政策建议

本报告从三个层面对我国粮食消费情况进行了估算和预测，对比所得结果，提出如下政策建议。

第一，居民口粮消费规模及结构应进一步优化。从国家统计局、CDC的调研数据与《中国居民膳食指南（2016）》数据对比来看，居民口粮消费仍然偏高，在未来一段时间内仍将呈现稳定略降的趋势。同时居民口粮中大豆消费占比仅为1.6%，而《中国居民膳食指南（2016）》数据为5.8%，因此，建议政府及相关部门应该积极引导居民不断降低口粮的消费量,同时提高大豆在口粮中的消费比例。

第二,饲料用粮单位耗粮量应进一步降低。随着居民生活水平的不断提高,饲料用粮将成为粮食消费的主导力量,占比为42%左右。因此建议相关部门加大对肉、蛋、奶等生产部门的技术开发,研发如何通过营养搭配提高粮食到肉类的转化比率,如何在生产环节降低饲料用粮。

第三,工业用粮所在行业的政策应该具有连续性或者前瞻性。通过近些年分析,工业用粮属于政策导向型粮食消费,工业用粮部门多是粮食的深加工部门,宏观经济形势的冷热及相应的政策导向都会对工业用粮产生较大影响,建议相关部门在制定相关政策时应保持连续性或者具有一定的前瞻性,使得工业用粮部门可以做出及时的战略部署。

2019 年中国行业用水分析及需水量预测[1]

刘秀丽 秦明慧 相 鑫[2]

报告摘要: 行业用水分析及需水总量预测将为实现我国水资源消耗总量和强度双控目标提供决策参考,对我国宏观调控水资源供需矛盾,实现经济社会发展要素与水资源协调发展具有重要意义。

2017 年中国人均综合用水量降至 436 立方米,其中天津、北京、山西和山东等 10 个省(直辖市)人均综合用水量低于 300 立方米。2017 年,中国废水排放总量达到 699.7 亿吨,比 2016 年减少 1.6%。全国地表水环境质量总体保持稳定,24.5 万千米的河流中,2017 年 Ⅰ~Ⅲ 类水河长占 78.5%,与 2016 年同比上升 2.1 个百分点,劣 Ⅴ 类水河长占 8.3%,下降 1.5 个百分点。

2000~2017 年,中国农业用水量整体先增后减,2013 年达到峰值 3921.5 亿立方米,此后趋于稳定,2017 年基本与 2016 年持平,为 3790.0 亿立方米,同时其占总用水量的比例也从 2000 年的 68.8%下降至 62.2%。农田灌溉亩均用水量总体持续下降,由 2000 年的 479 立方米降至 2017 年的 377 立方米。但 2016 年中国农田灌溉水有效利用系数仅为 0.542,仍比发达国家平均水平低 0.24。

2011~2017 年工业取水量占全国总取水量的比例呈逐年小幅下降的趋势,2017 年占比为 21.1%,比 2016 年降低了 0.6 个百分点。其中,火电(含直流冷却发电)、钢铁、纺织、造纸、石化和化工、食品和发酵等高用水行业取水量占工业取水量的 50%左右。2017 年中国万元工业增加值用水量为 45.6 立方米,比 2011 年降低了 32.4 立方米。

2011~2017 年,中国钢铁行业取水量由 26.2 亿立方米下降到 25.6 亿立方米;吨钢耗新水量由 4.07 立方米下降到 3.23 立方米,降低了 20.6%左右;重复利用率由 97.4%提高到 98.1%,提高了 0.7 个百分点。2011~2015 年,中国造纸行业新鲜水取水量由 45.59 亿立方米降低到 28.98 亿立方米,万元产值取水量由 67.4 立方米下降到 40.6 立方米,降低了 39.76%。截至 2017 年底,城市再生水日生产能力 2762 万立方米,再生水利用量仅 45.3 亿立方米。

人口的增加和城镇化率的提高是中国生活用水量增加的主要原因,2000~2017 年,中国总人口由 123 626 万人增加至 139 008 万人,其中城镇人口由 39 449 万人增加至 81 347 万人,常住城镇化率由 31.91%升至 58.52%。2017 年城镇人均生活用水量为 221 升/天,农村居民人均生活用水量为 87 升/天。

---

[1] 本报告得到国家自然科学基金(项目编号:71874184)的资助。
[2] 刘秀丽,中国科学院预测科学研究中心,中国科学院数学与系统科学研究院,中国科学院大学;秦明慧,中国科学院数学与系统科学研究院,中国科学院大学;相鑫,中国科学院数学与系统科学研究院,中国科学院大学。

作为生态文明建设的重要部分,"十三五"期间生态补水将更受重视,2019年补水量也将稳定增长。

本报告在综合考虑我国经济增长、产业结构调整、城镇化进程及不同行业用水效率变动等因素的情况下,应用分行业用水效率多因素分解分析模型、回归分析、时间序列分析和专家经验法等预测决策方法,对2019年我国需水总量和四类需水量进行预测,主要结果如下:2019年我国需水总量约为6064.1亿立方米,比2018年略增3.1亿立方米。从四类需水量来看,随着我国农业用水效率的不断提高,预计2019年我国农业需水量约为3746.5亿立方米,占需水总量的61.8%。综合考虑第二产业增加值增长、主要工业用水部门用水效率提高和第二产业的结构升级优化,预计2019年我国工业需水量约为1264.0亿立方米,占需水总量的20.8%左右。随着我国人口的增长和城镇化进程的加快,预计2019年我国生活需水量约为878.6亿立方米,占需水总量的14.5%。随着生态环境建设的加强,预计2019年我国生态需水量约为175.0亿立方米,占需水总量的2.9%。

一、引　言

水是生命的根基,对更包容和可持续的发展至关重要。2016年1月1日启动的联合国大会《2030年可持续发展议程》更是将水资源发展目标放在核心位置。自20世纪50年代以来,世界各国经济快速发展,人口迅速增加,人民生活水平不断提高,对水资源的需求量不断增大,世界总用水量迅速增长。进入21世纪以来,日益严重的水污染、不合理的开发利用等问题使得水资源的可用情况不容乐观,水资源已经成为影响世界经济发展的瓶颈问题之一。预计到2025年,全世界将有30亿人口缺水,涉及的国家和地区达40多个。许多国家早已把水资源管理纳入政府部门的职能。同时,规划管理部门也开始把需水预测作为计划工作的手段,以期达到宏观调控水资源供需矛盾的目的。美国一些州,如加利福尼亚州在1956年就开始需水预测工作。日本从20世纪60年代开始,每十年进行一次国土规划,把需水预测作为规划的一个依据。英国、法国、荷兰、加拿大等国也逐步开展需水预测工作,将其作为宏观管理或制定政策的手段。

我国水文和水资源规划部门1979年开始着手组织全国水资源评价工作,于1986年完成并提出《中国水资源利用》研究报告。此后,随着我国经济社会的快速发展、城镇化进程和工业化的推进,水资源短缺、水资源利用效率低下、水资源污染严重及不合理开发等问题导致水资源问题更加严峻,对我国经济的可持续发展、人与自然、人与社会的和谐,以及社会安全都构成了极大的威胁。"十二五"和"十三五"期间,我国多次以重要文件形式发布关于水资源管理的决定和办法,如表1所示,其中包括《中共中央关于制定国民经济和社会发展第十三个五年规划的建议》《水资源税改革试点暂行办法》《全民节水行动计划》《"十三五"水资源消耗总量和强度双控行动方案》《节水型社会建设"十三五"规划》《扩大水资源税改革试点实施办法》等。同时,水利部会同国家发展和改革委员会等8部门组成实行最严格水资源管理制度考核工作组,以五年为一个考核期，采用年度考核和期末考核相结合的方式对各省、自治区、直辖市落实最严格水资源管理制度情况进行考核。在 2017 年 4 月 19 日，水利部在北京召开第三次全国水资源调查评价工作启动视频会议，全面启动和部署第三次全国水资源调查评价工作。

表 1　1986~2018 年我国出台的主要水资源管理政策

出台时间	政策名	内容简介
1986 年	《中国水资源利用》	全国各省（自治区、直辖市）和各流域（片）水资源供需平衡分析研究
2013 年	《实行最严格水资源管理制度考核办法》	根据此办法，每五年为一个考核期，采用年度考核和期末考核相结合的方式进行。考核内容为最严格水资源管理制度目标完成、制度建设和措施落实情况
2015 年 11 月 3 日	《中共中央关于制定国民经济和社会发展第十三个五年规划的建议》	实行最严格的水资源管理制度，以水定产、以水定城，建设节水型社会
2016 年 5 月 9 日	《水资源税改革试点暂行办法》	河北省从 2016 年 7 月 1 日起，全面推进水资源税改革试点，促进水资源节约、保护和合理利用
2016 年 7 月 2 日	《中华人民共和国水法》修订	建设水工程，必须符合流域综合规划
2016 年 10 月 28 日	《全民节水行动计划》	到 2020 年，规模以上企业工业用水重复利用率达到 91% 以上，缺水城市再生水利用率达到 20% 以上，京津冀区域达到 30% 以上。《全民节水行动计划》还指出，沿海缺水城市和海岛，要将海水淡化作为水资源的重要补充和战略储备
2016 年 10 月 18 日	《"十三五"水资源消耗总量和强度双控行动方案》	到 2020 年，水资源消耗总量和强度双控管理制度基本完善，双控措施有效落实，双控目标全面完成，初步实现城镇发展规模、人口规模、产业结构和布局等经济社会发展要素与水资源协调发展；各流域、各区域用水总量得到有效控制，地下水开发利用得到有效管控，严重超采区超采量得到有效退减，全国年用水总量控制在 6700 亿立方米以内；万元 GDP 用水量、万元工业增加值用水量分别比 2015 年降低 23% 和 20%；农业亩均灌溉用水量显著下降，农田灌溉水有效利用系数提高到 0.55 以上
2016 年 12 月	《水利改革发展"十三五"规划》	"十三五"水利改革发展的总体思路、发展目标、主要任务、总体布局和政策措施，是指导今后五年水利改革发展的重要依据
2017 年 1 月 17 日	《节水型社会建设"十三五"规划》	基于"坚持总量控制、效率优先"、"坚持政府引导、市场调节"、"坚持制度创新、科技引领"、"坚持因地制宜、适水发展"和"坚持全民参与、自觉节水"等基本原则，提出通过控总量、提效率、健体制、强能力、增意识达到全国北方 40% 以上，南方 20% 以上的县级行政区达到节水型社会标准的总体目标
2017 年 4 月 19 日	《第三次全国水资源调查评价工作启动》	要全面摸清近年来我国水资源数量、质量、开发利用、水生态环境的变化情况，系统分析 60 年来我国水资源的演变规律和特点，建立水资源调查评价基础信息平台，并形成规范化的滚动调查评价机制
2017 年 11 月 24 日	《扩大水资源税改革试点实施办法》	自 2017 年 12 月 1 日起在北京、天津、山西、内蒙古、山东、河南、四川、陕西、宁夏等 9 个省（自治区、直辖市）扩大水资源税改革试点
2018 年 2 月 24 日	《深化农田水利改革的指导意见》	创新农业用水方式，加快农业水价综合改革
2018 年 2 月 28 日	《关于水资源有偿使用制度改革的意见》	明确了水资源有偿使用制度改革的总体要求、主要任务等

2018 年 2 月 24 日水利部印发《深化农田水利改革的指导意见》，提出创新农业用水

方式、加快农业水价综合改革等意见。2018年2月28日水利部、国家发展和改革委员会、财政部联合印发《关于水资源有偿使用制度改革的意见》，明确了水资源有偿使用制度改革的总体要求、主要任务等。2018年9月5日，实行最严格水资源管理制度考核工作组发布公告，31个省（自治区、直辖市）（不包括香港、澳门、台湾）2017年度考核等级均为合格以上，其中江苏、山东、安徽、重庆、北京、浙江、上海7个省（直辖市）考核等级为优秀，但部分地区存在水资源消耗总量和强度控制需进一步强化，节水优先方针需进一步落实，水资源保护力度需进一步加大等问题。这些决定、办法和规划目标等表明了我国政府对水资源管理的高度重视，显示了我国政府解决水资源短缺问题的决心。

行业用水分析及需水总量预测将为实现我国水资源消耗总量和强度双控目标提供决策参考，对缓解我国宏观调控水资源供需矛盾，实现经济社会发展要素与水资源协调发展具有重要意义。

二、我国供用水整体情况分析

（一）我国水资源现状

2017年，全国水资源总量为28 716.2亿立方米，比常年值偏多3.8%，比上年减少11.4%，其中：地表水源占71.1%，地下水源占3.5%，地表水与地下水重复量占25.4%。2017年全国平均降水量为664.8毫米，比常年值偏多3.5%；年末全国660座大型水库和3547座中型水库蓄水总量4079.8亿立方米，比年初蓄水总量增加82.6亿立方米。

我国人口基数较大，尽管有着丰富的水资源总量，人均水资源占有量却只达世界平均水平的1/4，情况不容乐观。按照国际公认的标准，人均水资源占有量低于3000立方米为轻度缺水，低于2000立方米为中度缺水，低于1000立方米为重度缺水，低于500立方米为极度缺水，而全国有16个省（自治区、直辖市）人均水资源占有量不足1000立方米，宁夏、河北、山东、河南、山西、辽宁6省（自治区）人均水资源量更低于极度缺水标准线。除了人口因素的影响，水资源空间分布不均匀，与社会经济发展需求不一致更加剧了我国水资源缺乏问题。

（二）我国水资源的开发利用

2017年，全国总供水量6043.4亿立方米，其中：地表水源占81.8%，地下水源占16.8%，其他水源占1.4%。2017年全国总用水量为6043.4亿立方米，比上年增加3.2亿立方米。其中：农业用水3766.4亿立方米，占总用水量的62.3%；工业用水1277.0亿立方米，占总用水量的21.1%；生活用水838.1亿立方米，占总用水量的13.9%；人工生态环境补水161.9亿立方米，占总用水量的2.7%。与上年比较，农业用水减少1.6亿立方米，工业用水减少31.0亿立方米，生活用水增加16.5亿立方米，人工生态环境补水增加19.3亿立方米。

如图1所示，2000年起，全国用水量略有波动，2003年后持续上升，直至2013年开始呈现小幅平稳下降趋势，而万元 GDP 用水量持续显著下降，2017 年万元 GDP（现价）用水量为 73 立方米，说明我国用水效率不断提升。与此同时，各产业用水量占比也不断变化，工业用水整体较为平稳，2010 年起开始缓慢下降；2012 年生活用水中的牲畜用水调至农业用水中，导致农业用水与生活用水分别出现上升与下降的小波动，但从整体上看，农业用水占比持续下降，生活用水占比则不断增加（图2）。

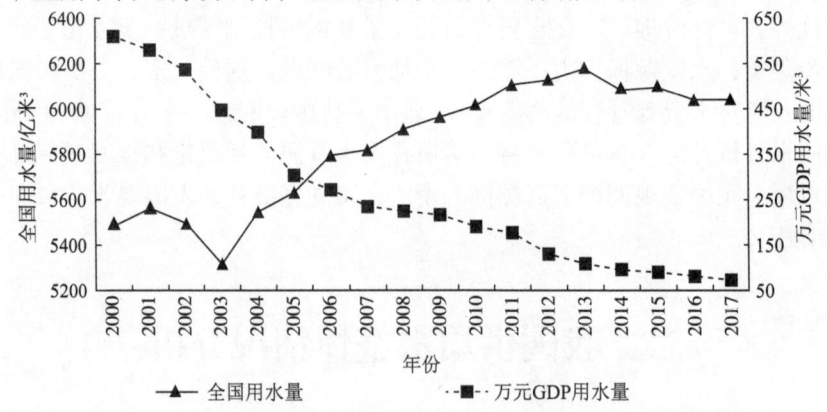

图 1　2000~2017 年全国用水量及万元 GDP 用水量趋势图

资料来源：《中国水资源公报》（2000~2017 年）、《中国统计年鉴》（2001~2018 年）

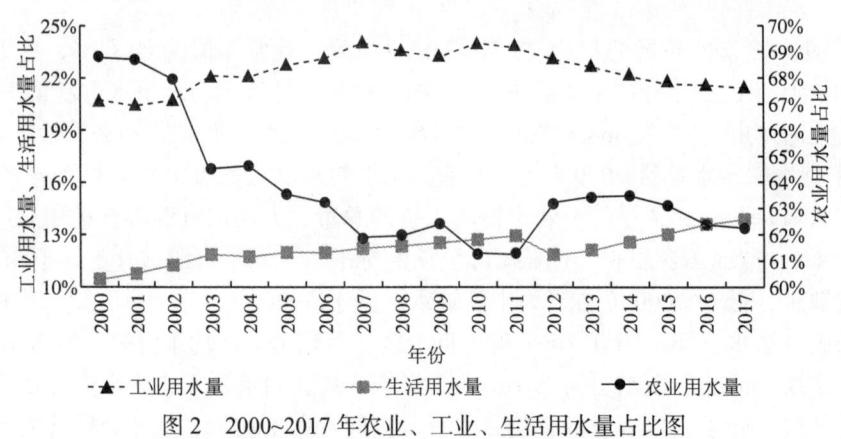

图 2　2000~2017 年农业、工业、生活用水量占比图

资料来源：《中国水资源公报》（2000~2017 年）、《中国统计年鉴》（2001~2018 年）

（三）我国人均综合用水量

自 2000 年以来，我国人均综合用水量整体有所提高，2003 年因粮食减产降低了农业用水，导致人均综合用水量减少至 412 立方米，此后基本稳定上升，2013 年最高达 456 立方米，相较 2000 年增加了 6%，2013 年后则出现小幅下降趋势，2017 年降至 436 立方米（图3）。同时，受人口密度、经济结构、作物组成、节水水平、气候因素和水资源条件等多种因素的影响，各省级行政区的人均综合用水量也呈现较大差异。新疆、宁夏、西藏、黑龙江、内蒙古、江苏 6 个省（自治区）的人均综合用水量超过 600 立方米，而天津、北京、山西和山东等 10 个省（直辖市）人均综合用水量低于 300 立方米，其中天

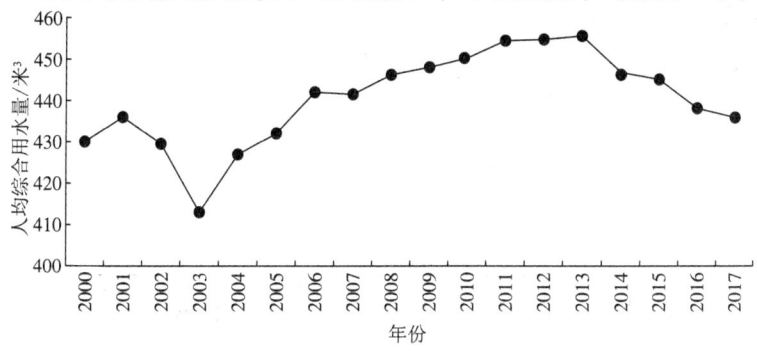

津最低，2017年人均综合用水量仅176.3立方米，不足全国平均量的一半。

图3　2000~2017年全国人均综合用水量

资料来源：《中国水资源公报》（2000~2017年）

（四）我国废水排放情况

2017年，我国废水排放总量达到699.7亿吨，比上年减少1.6%。2016年，工业废水排放量为153.1亿吨，占废水排放总量的21.5%；城镇生活污水排放量为557.3亿吨，占78.4%；集中式污染治理设施（不含污水处理厂）废水排放量为0.62亿吨。

自2000年以来，全国废水排放总量平稳上升（图4），同时废水排放组成发生较大变化。工业废水排放量呈现先增后减趋势，2007年达到峰值246.6亿吨，与之相较，2016年工业废水排放量下降了37.9%，其占比也从2000年的46.8%下降至2016年的21.5%，说明我国工业废水处理效果显著。另外，城镇生活污水排放量持续增加，由2000年的220.9亿吨升至2016年的557.3亿吨，其占比也由53.2%上升至78.4%（图5）。同时，城市污水处理能力的提高尤为明显，由1978年的63.53万米^3/日提高至2017年的1.57亿米^3/日。

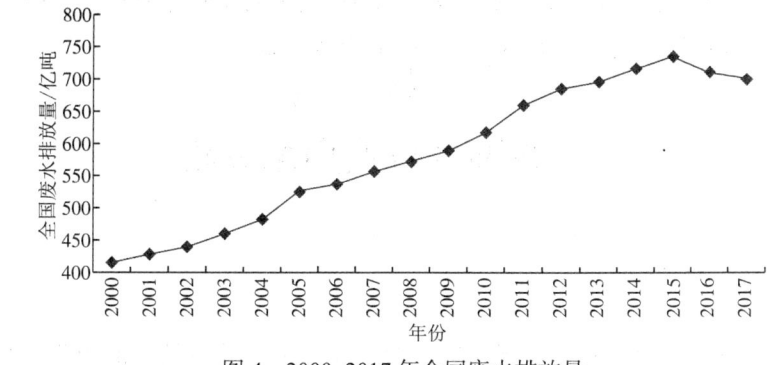

图4　2000~2017年全国废水排放量

资料来源：根据国家统计局数据整理而得

（五）我国淡水水质

2017年，全国地表水环境质量总体保持稳定，24.5万千米的河流中，Ⅰ~Ⅲ类水河长占

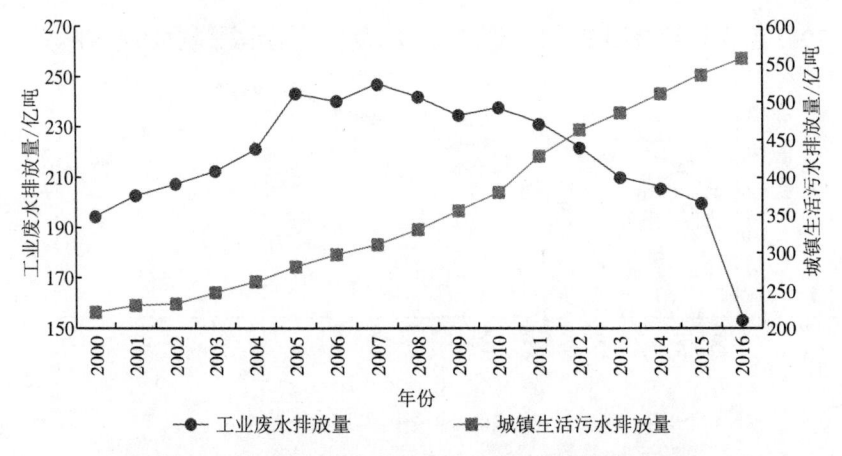

图 5　2000~2016 年工业废水与生活污水排放量对比图

资料来源：《全国环境统计公报》（2000~2015 年）、Wind 数据库

78.5%，与 2016 年同比上升 2.1 个百分点，劣 V 类水河长占 8.3%，下降 1.5 个百分点；同时，123 个湖泊共 3.3 万平方千米水面中，全年总体水质为 I~III 类的湖泊有 32 个、IV~V 类湖泊 67 个、劣 V 类 24 个，与 2016 年相比，I~III 类湖泊比例上升 0.9 个百分点，富营养湖泊比例下降 0.9 个百分点。2017 年 1617 个国家地表水考核断面中，I 类 35 个，占 2.2%；II 类 594 个，占 36.7%；III 类 532 个，占 32.9%；IV 类 236 个，占 14.6%；V 类 84 个，占 5.2%；劣 V 类 136 个，占 8.4%。与 2016 年相比，I 类水质断面比例下降 0.2 个百分点，II 类下降 0.8 个百分点，III 类上升 5 个百分点，IV 类下降 1.8 个百分点，V 类下降 3.4 个百分点，劣 V 类下降 0.2 个百分点。十大流域中，浙闽片河流、西北诸河和西南诸河水质为优，长江和珠江流域水质良好，黄河、松花江、淮河和辽河流域为轻度污染，海河流域为重度污染。此外，2017 年国土资源部门地下水水质监测评价结果显示：水质为优良级、良好级、较好级、较差级和极差级的监测点分别占 8.8%、23.1%、1.5%、51.8% 和 14.8%。水质评价总体较差，需引起注意。

三、我国分行业用水分析

（一）农业用水

2000~2017 年，我国农业用水量整体先增后减，2013 年达到峰值 3921.5 亿立方米，此后趋于稳定，2017 年基本与上年持平，为 3790.0 亿立方米，同时其占总用水量的比例也从 2000 年的 68.8% 下降至 62.2%。农业用水包括农田灌溉用水、林果地灌溉用水、草地灌溉用水和鱼塘补水，其中以农田灌溉用水为主要用水部分。我国农业用水量下降也与近年来农业用水效率的提高密不可分。

我国农业用水效率不断提升，主要来源于农业灌溉用水效率的提高。近年来，农田灌溉亩均用水量虽略有波动，但总体持续下降，由 2000 年的 479 立方米降至 2017 年的

377立方米（图6），其中辽河区、海河区、黄河区和淮河区耕地实际灌溉亩均用水量在全国平均值以下。

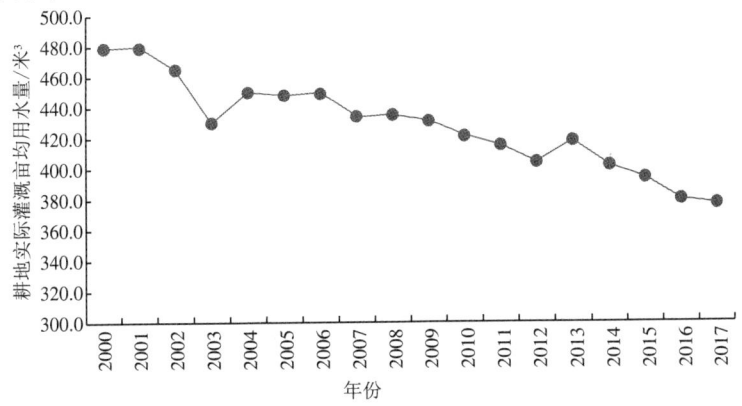

图6　2000~2017年我国耕地实际灌溉亩均用水量

资料来源：《中国水资源公报》（2000~2017年）

按水资源分区统计，2016年水资源一级区耕地灌溉用水量低于200亿立方米的有辽河区、东南诸河区、西南诸河区3个区，在200亿~400亿立方米的水资源一级区有松花江区、海河区、黄河区、淮河区4个区，在400亿~600亿立方米的有珠江区、西北诸河区2个区，高于600亿立方米的有长江区1个区。而按东部、中部、西部地区统计，受作物组成、节水水平、水资源条件等多种因素的影响，农业用水比重东部及中部低、西部高，但农田灌溉水有效利用系数却呈现东部较大，中部、西部较小的分布态势。

另外，我国节水灌溉的耕地面积呈逐年稳步增长的趋势，《中华人民共和国2017年国民经济和社会发展统计公报》数据显示，2017年全年新增耕地灌溉面积109万公顷，新增高效节水灌溉面积144万公顷。而截至2016年底，全国灌溉面积达到11.0亿亩，其中耕地灌溉面积10.1亿亩，占全国耕地总面积的49.6%；全国节水灌溉工程面积4.9亿亩，其中高效节水灌溉面积约2.9亿亩，占节水灌溉工程总面积的59.2%。在高效节水灌溉构成中，喷灌面积6149万亩、微灌面积8782万亩、管道输水灌溉面积14 177万亩。

近年来，随着国家政策的支持、国内节水灌溉技术水平的提高，喷微灌使用面积增长迅速，2017年我国农田灌溉水有效利用系数为0.548，比上年提高0.006，但与以色列、美国、欧洲国家0.7~0.8的利用系数差距很大。在全球范围内节水灌溉技术发展最好的以色列，目前其80%以上的灌溉面积使用滴灌技术；美国有效灌溉面积不足中国的一半，但应用喷灌和滴灌的耕种面积高达87%左右。而我国目前节水灌溉技术仍以渠道防渗（占比约40%）和低压管灌（占比约30%）为主，技术含量高、节水效果好的微灌和喷灌占比仍有待提高。

根据《"十三五"新增1亿亩高效节水灌溉面积实施方案》提出的目标："十三五"期间新增高效节水灌溉面积1亿亩，到2020年，全国高效节水灌溉面积达到3.69亿亩左右，占灌溉面积的比例提高到32%以上，农田灌溉水有效利用系数达到0.55以上，新增粮食生产能力114亿千克，新增年节水能力85亿立方米，同步推进体制机制改革创新，充分发挥工程效益。2015年4月国务院印发的《水污染防治行动计划》中也提出：①推广渠道防渗、管道输水、喷灌、微灌等节水灌溉技术，完善灌溉用水计量设施。在东北、西北、黄淮海等区域，推进规模化高效节水灌溉，推广农作物节水抗旱技术。②到2020年，大型灌区、重点中型灌区续建配套和节水改造任务基本完成，全国节水灌溉工程面积达到7亿亩左右，农田灌溉水有效利用系数达到0.55以上。此外，依据2018年3月16日住房和城乡建设部与质量监督检验检疫总局联合发布、2018年11月1日起实施的《节水灌溉工程技术标准》，对于渠道防渗输水灌溉工程，大型灌区灌溉水利用系数不应低于0.50，中型灌区、小型灌区及地下水灌区分别不应低于0.60、0.70、0.80。

我国水资源匮乏且分布不均、农业灌溉用水利用效率低下，基于国家多项促进提高节水灌溉效率的相关政策与指导意见，从水利、农业、农业综合开发、土地整理及城市园林等行业和领域入手加大对节水灌溉工程的投入，必能有效发展节水灌溉，缓解我国水资源紧张，从而构建节约型社会、建立起水生态文明体系。

（二）工业用水

我国工业取水量占全社会总取水量的1/4左右，其中火电（含直流冷却发电）、钢铁、纺织、造纸、石化和化工、食品和发酵等高用水行业取水量占工业取水量的50%左右。"十二五"期间，最严格水资源管理"三条红线"控制指标基本实现省、市、县三级行政区全覆盖，万元工业增加值和万元GDP用水量大幅下降，其中单位工业增加值用水量年均降低35%，超额完成30%的规划目标。并且工业节水政策体系和标准体系日趋完善，工业节水技术改造和创新力度不断增强，工业节水宣传和试点示范工作稳步推进，工业节水工作取得了明显成效。

1. 我国工业用水特点

1）工业取水总量逐渐下降

2017年我国工业取水量为1277.0亿立方米，较2011年下降12.6%。2011~2017年工业取水量占全国总取水量的比例呈逐年小幅下降的趋势（表2）。

表2 2011~2017年全国工业用水情况

年份	总取水量/亿米^3	工业取水量/亿米^3	占比
2011	6107.2	1461.8	23.9%
2012	6131.2	1380.7	22.5%
2013	6183.4	1406.4	22.7%
2014	6094.9	1356.1	22.2%
2015	6103.2	1334.8	21.9%
2016	6040.2	1308.0	21.7%
2017	6043.4	1277.0	21.1%

资料来源：《中国统计年鉴2018》

2）工业用水效率显著提高

2017年我国万元工业增加值用水量为45.6立方米，比2011年降低了32.4立方米（表3）。

表3 2011~2017年全国工业用水效率指标

年份	万元工业增加值用水量/米³	重复利用率
2011	78.0	83.1%
2012	69.0	87.0%
2013	60.0	—
2014	67.0	—
2015	58.3	—
2016	52.8	—
2017	45.6	—

资料来源：水利部《中国水资源公报》（2011~2017年）2012年后没有发布工业用水重复利用率数据

3）大力推动非常规水源，再生水利用率仍然偏低

2016年12月，国家发展和改革委员会与国家海洋局联合印发《全国海水利用"十三五"规划》（以下简称《规划》），《规划》指出，到"十三五"末，我国海水淡化总规模将达到220万吨/日以上，沿海城市新增海水淡化规模105万吨/日以上，海岛地区新增海水淡化规模14万吨/日以上，海水直接利用规模达到1400亿吨/年以上，海水循环冷却规模达到200万吨/小时以上，海水淡化装备自主创新率达到80%及以上。

2017年，全国海水直接利用量为1022.7亿立方米，主要作为火（核）电的冷却用水。海水直接利用量较多的省区市有广东、福建、浙江、山东等。截至2016年底，全国已建成万吨级以上海水淡化工程36个，产水规模1 059 600吨/日；千吨级以上、万吨级以下海水淡化工程38个，产水规模117 500吨/日；千吨级以下海水淡化工程57个，产水规模10 965吨/日。全国已建成的最大海水淡化工程规模为20万吨/日。其中，海水淡化水用于工业用水的工程规模为791 385吨/日，占总工程规模的66.61%。其中，火电企业为31.60%，核电企业为4.61%，化工企业为5.05%，石化企业为12.30%，钢铁企业为13.05%。我国海水淡化规模日益扩大，为工业用水提供大量水资源。虽然我国各项水处理技术在不断进步，但我国城镇再生水利用率仅10%左右，截至2017年末，我国城市年污水处理总量462.6亿立方米，再生水利用量仅45.3亿立方米。

4）工业废水排放量略有下降

2016年我国工业废水排放量153.1亿立方米，占废水排放总量的21.5%，与2011年的230.9亿立方米、占比35.0%比较，下降较为明显（表4）。

表4 2011~2017年全国工业废水排放情况

年份	废水排放总量/亿米³	工业废水排放量/亿米³	占比
2011	659.2	230.9	35.0%
2012	684.8	221.6	32.4%
2013	695.4	209.8	30.2%
2014	716.2	205.3	28.7%
2015	735.3	199.5	27.1%
2016	711.1	153.1	21.5%
2017	699.7		

资料来源：环境保护部《中国环境统计公报》（2011~2017年）、《中国统计年鉴2018》

2. 重点工业行业用水趋势

1）火电行业

"十一五"期间，我国火电行业年取水量（不含直流冷却）由85.5亿立方米下降到

83.7亿立方米(表5);单位发电量取水量由3.00立方米下降到2.45立方米,降低了18.3%;废水年排放量由24.2亿立方米下降到10.9亿立方米,降低了55%。

表5 2006~2010年我国火电行业用水情况

年份	取水量/亿米³	单位发电量取水量/米³
2006	85.5	3.00
2007	78.9	2.90
2008	78.5	2.80
2009	81.3	2.70
2010	83.7	2.45

资料来源:《重点工业行业用水效率指南》

在各类能源中,电能生产耗费水资源量远超过石油开采业和煤炭开采业,电力行业成为主要用水部门,用水量占能源行业的80%以上。火电行业为我国工业取水中比重最大的行业,火电取水量由2001年约占工业取水量的25%剧增至2006年的40%左右。此外,我国工业用水效率总体上较低,目前国内超过50%火电厂的工业用水不能实现闭路循环,排放大量工业废水,使水质恶化,加剧了水资源短缺形势。因此,火电行业做好节水增效,对进一步提高工业用水效率具有重要的现实意义。

2018年1~6月,全国主要发电企业电源工程完成投资970亿元,同比下降7.3%。其中,水电223亿元,同比增长4.1%;火电295亿元,同比下降5.5%;核电204亿元,同比增长11.6%;风电190亿元,同比下降7.8%(图7)。水电、核电、风电等清洁能源完成投资占电源完成投资的69.5%,比上年同期降低0.6个百分点。火电投资的同比下降,预示着未来火电行业对工业取水量需求不会大幅度提高[①]。

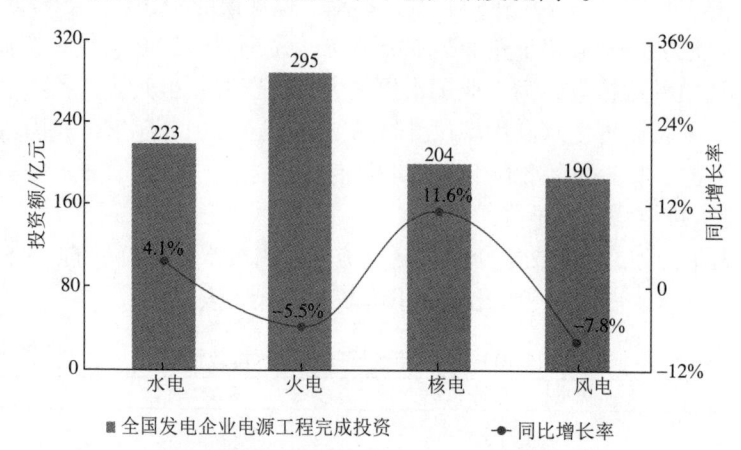

图7 2018年1~6月全国发电企业电源工程完成投资统计及增长情况

资料来源:根据前瞻产业研究院数据整理而得

2)钢铁行业

2011~2017年,我国钢铁行业取水量由26.2亿立方米下降到25.6亿立方米;吨钢耗新水量由4.07立方米下降到3.23立方米,降低了20.6%左右;重复利用率由97.4%提高

---

① 罗林. 电力行业发展现状分析6月全社会用电量累计32291亿千瓦时. https://d.qianzhan.com/xnews/detail/541/180808-708bf9a4.html[2018-08-08].

到98.1%，提高了0.7个百分点（表6）。

表6 2011~2017年我国钢铁行业用水情况

年份	取水量/亿米³	吨钢耗新水量/米³	重复利用率
2011	26.2	4.07	97.4%
2012	27.1	4.03	97.5%
2013	27.2	3.83	97.5%
2014	26.4	3.66	97.6%
2015	25.3	3.55	97.8%
2016	24.2	3.41	98.0%
2017	25.6	3.23	98.1%

资料来源：取水量来自《中国钢铁工业环境保护统计月度简析》（2011~2017年）；其他数据来自《中国钢铁工业年鉴》（2011~2017年）、中国工业协会网站

3）造纸行业

2011~2015年，我国造纸行业新鲜水量由45.59亿立方米降低到28.98亿立方米；总用水量由128.77亿立方米下降到118.35亿立方米，下降了8.09%；重复利用率由64.60%提高到75.50%；万元产值取水量由67.4立方米下降到40.6立方米，降低了39.76%（表7）。

表7 2011~2015年我国造纸行业用水情况

年份	新鲜水量/亿米³	总用水量/亿米³	重复利用率	万元产值新鲜水用量/米³
2011	45.59	128.77	64.60%	67.4
2012	40.78	121.30	66.37%	57.2
2013	34.46	121.13	71.55%	48.9
2014	33.55	119.65	71.96%	46.2
2015	28.98	118.35	75.50%	40.6

资料来源：《中国造纸工业协会年鉴》（2013~2017年）

（三）生活用水

生活用水包括城镇生活用水和农村生活用水，其中城镇生活用水由居民用水和公共用水（含第三产业及建筑业等用水）组成；自2012年，原包括在生活用水中的牲畜用水被调至农业用水。2000~2017年我国生活用水量由575亿立方米逐步增加至845亿立方米，占总用水量的比重由10.5%增加至13.9%。

人口的增加和城镇化率的提高是我国生活用水量增加的主要原因，2000~2017年，我国总人口由123 626万人增加至139 008万人，其中城镇人口由39 449万人增加至81 347万人，城镇化率由31.91%升至58.52%。表8显示，城镇人均生活用水量要明显高于农村居民人均生活用水量。

表8 2012~2017年城乡人均生活用水量对比（单位：升/天）

年份	城镇人均生活用水量（含公共用水）	农村居民人均生活用水量
2012	216	79
2013	212	80
2014	213	81
2015	217	82
2016	220	86
2017	221	87

资料来源：《中国水资源公报》（2012~2017年）

此外，我国人民收入水平不断提高，人均GDP由2000年的7942元增加至2017年的59 660元，生活水平提高，居民对水资源的需求随之增大，成为我国生活用水量增加

的另一个重要原因。

（四）生态补水

生态补水是指通过采取工程或非工程措施，向不满足最小生态需水量的系统调水，以补充其生态系统用水量，维护生态平衡。2004~2008 年，我国生态补水总水量从 82 亿立方米逐步增至 120 亿立方米，而 2010~2014 年又逐渐递减至 103 亿立方米，占总用水量的 1.7%，此后在 100 亿~120 亿立方米波动，2015 年逐年上升，2017 年达至 145 亿立方米（图 8）。

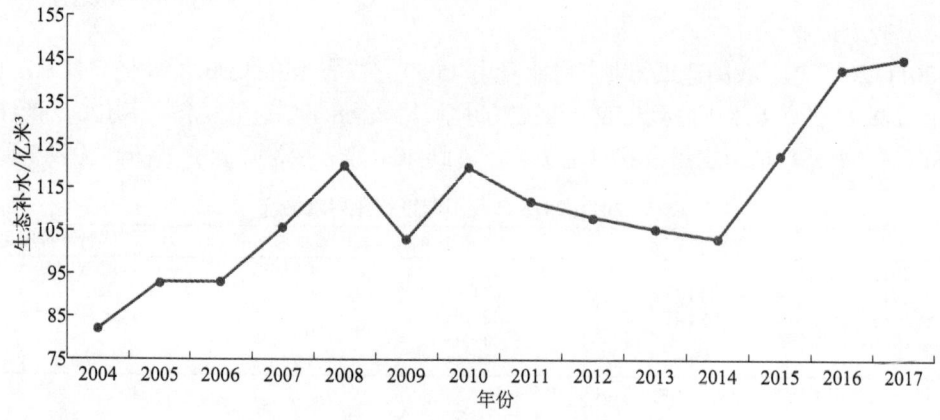

图 8　2004~2017 年我国生态补水量

资料来源：根据国家统计局数据整理

在党的十七大报告中，第一次提出"建设生态文明"并列入全面进入小康社会的目标之一；2015 年 10 月，随着党的十八届五中全会的召开，增强生态文明建设更是首度被写入国家五年规划。据《人民日报》报道，截至 2018 年 6 月 30 日，南水北调中线完成首次生态补水，累计向河北、河南、天津等省市生态补水约 8.7 亿立方米，其中向河南补水 4.67 亿立方米、河北补水 3.51 亿立方米、天津补水 0.47 亿立方米[1]。2018 年 9 月起，正式开始对滹沱河、滏阳河、南拒马河重点河段进行地下水回补，到 2019 年 8 月结束，计划补水 7.5 亿~10 亿立方米[2]。2018 年，向塔里木河下游生态输水和向胡杨林区生态补水任务为 12 亿立方米，截至 10 月 21 日，已经输水 16.39 亿立方米（其中：向塔里木河下游生态输水 5.66 亿立方米，胡杨林区生态补水 10.73 亿立方米），完成全年计划任务的 137%，目前输水仍在持续进行中[3]。作为生态文明建设的重要部分，"十三五"期间生态补水将更受重视，补水量也应稳定增长。

---

[1] 赵永平. 南水北调中线完成首次生态补水 南水滋润北方 30 条河. http://www.nsbd.gov.cn/zx/mtgz/201808/t20180803_718644.html[2018-08-03].

[2] 董达. 开展地下水回补试点 河北省生态补水效果初显 已完成生态补水 1.05 亿立方米. https://baijiahao.baidu.com/s?id=1614116107729425495&wfr=spider&for=pc[2018-10-12].

[3] 杨晓东. 今年塔里木河流域生态输水已达 16.39 亿立方米. http://www.iyaxin.com/content/201811/08/c280383.html[2018-11-08].

四、2018 年、2019 年需水量预测

综合考虑我国经济的增长、产业结构的调整、城镇化进程及不同行业用水效率的变动等因素的情况下，应用分行业用水效率多因素分解分析模型、回归分析、时间序列分析和专家经验法等预测决策方法，对 2018 年、2019 年我国需水总量和四类需水量进行预测，结果如表 9、表 10 所示。

表 9　2018 年、2019 年我国需水总量和四类需水量预测结果（单位：亿米^3）

年份	需水总量	农业需水量	工业需水量	生活需水量	生态需水量
2016	6040.2	3768.0	1308.0	821.6	142.6
2017	6043.4	3766.4	1277.0	838.1	161.9
2018（预计）	6061.0	3760.6	1269.2	861.2	170.0
2019（预计）	6064.1	3746.5	1264.0	878.6	175.0

表 10　2018 年、2019 年我国需水结构

年份	农业需水	工业需水	生活需水	生态需水
2016	62.4%	21.7%	13.6%	2.4%
2017	62.3%	21.1%	13.9%	2.7%
2018（预计）	62.1%	20.9%	14.2%	2.8%
2019（预计）	61.8%	20.8%	14.5%	2.9%

注：本表的数据未经修约，可能存在比例合计不等于 100% 的情况

表 9、表 10 显示，预计 2018 年我国需水总量约为 6061.0 亿立方米，比 2017 年略增 17.6 亿立方米。从四类需水量来看，随着我国农业用水效率的不断提高，预计 2018 年我国农业需水量约为 3760.6 亿立方米，占需水总量的 62.1%；工业需水量约为 1269.2 亿立方米，占需水总量的 20.9% 左右；生活需水量约为 861.2 亿立方米，占需水总量的 14.2%；生态需水约为 170.0 亿立方米，占需水总量的 2.8%。

预计 2019 年我国需水总量约为 6064.1 亿立方米，比 2018 年略增 3.1 亿立方米。从四类需水量来看，随着我国农业用水效率的不断提高，预计 2019 年我国农业需水量约为 3746.5 亿立方米，占需水总量的 61.8%。综合考虑第二产业增加值增长、主要工业用水部门用水效率提高和第二产业的结构升级优化，预计 2019 年我国工业需水量约为 1264.0 亿立方米，占需水总量的 20.8% 左右。随着我国人口的增长和城镇化进程的加快，预计 2019 年我国生活需水量约为 878.6 亿立方米，占需水总量的 14.5%。随着生态环境建设的加强，预计 2019 年我国生态需水量约为 175.0 亿立方米，占需水总量的 2.9%。